U0529784

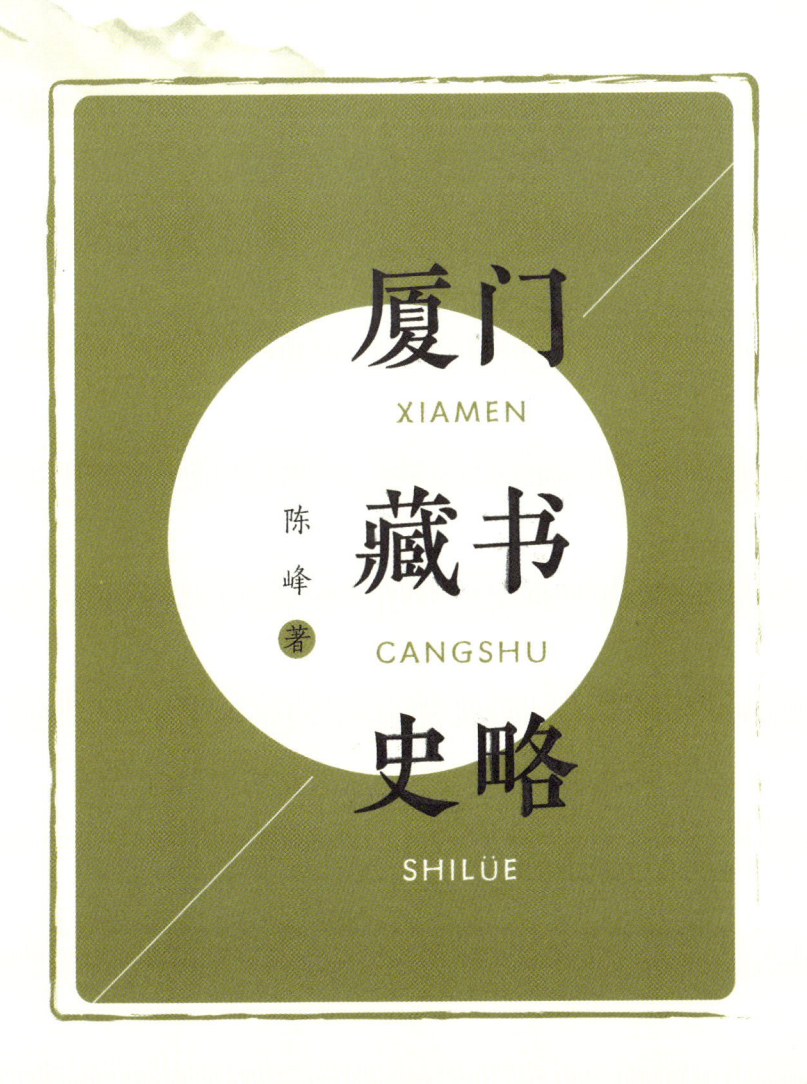

厦门藏书史略

XIAMEN CANGSHU SHILÜE

陈峰 著

厦门大学出版社
XIAMEN UNIVERSITY PRESS
国家一级出版社
全国百佳图书出版单位

图书在版编目(CIP)数据

厦门藏书史略/陈峰著.—厦门:厦门大学出版社,2021.1
ISBN 978-7-5615-7994-7

Ⅰ.①厦… Ⅱ.①陈… Ⅲ.①藏书－图书史－厦门 Ⅳ.①G259.29

中国版本图书馆 CIP 数据核字(2020)第 238707 号

出 版 人	郑文礼
责任编辑	章木良

出版发行　厦门大学出版社

社　　　址	厦门市软件园二期望海路 39 号
邮政编码	361008
总　　　机	0592-2181111　0592-2181406(传真)
营销中心	0592-2184458　0592-2181365
网　　　址	http://www.xmupress.com
邮　　　箱	xmup@xmupress.com
印　　　刷	厦门集大印刷厂

开本	720 mm×1 000 mm　1/16
印张	17.25
插页	3
字数	248 千字
版次	2021 年 1 月第 1 版
印次	2021 年 1 月第 1 次印刷
定价	68.00 元

本书如有印装质量问题请直接寄承印厂调换

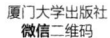

厦门社科丛书

总 编 辑：中共厦门市委宣传部
　　　　　厦门市社会科学界联合会
执行编辑：厦门市社会科学院

编委会

主　　任：李辉跃
副 主 任：潘少銮
委　　员：戴志望　温金辉　傅如荣　纪　豪　彭心安
　　　　　陈怀群　庄志辉　吴文祥　李建发　曾　路
　　　　　洪文建　赵振祥　陈　珍　徐祥清　王玉宗
　　　　　魏志坚　李建钦　陈振明　朱　菁　李　桢

编辑部

主　　编：潘少銮
副 主 编：陈怀群　庄志辉　吴文祥　王彦龙　李　桢
编　　辑：李文泰

序

我们知道,书籍,是人类文明的重要载体;读书,是传承文化的重要方式。全民读书、藏书的风气,同时又是彰显一个城市文明程度的重要标志。近年来,厦门在发展社会经济的同时,也成为看书、读书的好地方。随着爱书人的不断增多,淘书、藏书这种既传统又高尚的爱好,正在成为这座温馨美丽的城市的另一种风雅。因而,系统全面地梳理厦门自古至今,从同安官书到书院、寺院、私人藏书,到近代学校和公共图书馆藏书的发展历史,是一件很有现实意义的事。

陈峰兄的新著——《厦门藏书史略》是厦门第一部比较系统、完整地论述一个特定地区藏书、图书馆历史的专著。在厦门这个地方文献与其他地区相比并不丰富,历史上藏书之名也不显著,而且相关的史料文献都比较琐碎、零散的条件下,如果不是长期从事图书馆工作,在地方文献、古籍版本等领域有着专业知识的积累,想要完成这部书的写作,是不可思议的。当然,此中还有陈峰兄对专业研究方面的认真与执着,和他抱病甘坐冷板凳的毅力,这些都始终让我敬佩不已。

这部专著的论述是以时代的演进为序。它脉络清楚,资料翔实,客观真实地反映了厦门藏书和图书馆事业的前世今生。古代厦门自五代官书创办以后,直至明清两朝,官府、书院和寺院的藏书,对科举文化的发展和循吏贤才的培养,都起到了不可或缺的作用。清末民初,由于"西学东渐",中国的藏书和图书馆文化进入一个由封建形式转变为近代形式的变革时期。西方人于1875年所创办的博闻书院,成为这种变化发展的嚆矢。由于受到时代潮流的影响,民众阅报所、公共图书馆等各种藏书机构也开始在岛上涌现。和民国时期的中国藏书事业一样,厦门的藏书和图书馆事业同样也进入一个曲折起伏的发展时期。有关民国时期的这部分内容,作者主要围绕厦门市图书馆

（含鼓浪屿中山图书馆）、厦门大学和集美学校等图书馆在此期间的藏书建设与利用，及其在抗战前后受灾、内迁等变故进行全面深入的论述，客观地揭示这个阶段其成熟与动荡的发展过程。尤为难得的是"民国时期的厦门藏书机构"这一章节还将富有特色的海疆私立学术资料馆，以及同安、马巷的一些地方图书馆也都涵盖进去，不仅丰富了全书的内容，更是为新中国成立以后，厦门市图书馆事业的蓬勃发展铺垫了基础。

由于作者广泛使用了厦门地方文献，注意吸收学术界研究成果，因此这部专著所阐述的内容既有宏观的概括，又能紧扣厦门藏书和图书馆事业发展的步履。其另一特点是，对于厦门藏书、图书馆发展史上的若干细节都有大体准确的把握。比如清末民初博闻书院由封闭走向开放的尝试，民国时期黄仲训的瞰青别墅藏书，厦门市图书馆的兴衰演替，海疆私立学术资料馆研究海疆和海洋文化的特色等，都有比较客观翔实的叙述。又比如对林浍、朱熹、刘存德、林鹏扬、吕世宜、李廷钰、龚植父子和陈延香等人在厦门藏书史上的地位都有比较公允的把握，其中有些人物事迹相当感人，如抗战时期厦门市图书馆余超馆长为保护古籍的奉献精神，藏书家、诗人苏大山"归舟载书"的风雅轶事等，都增加了这部专著的可读性。

作者在书中大笔书写了新中国成立以后，厦门市图书馆事业蓬勃发展的进程，并将其划分为新生与开创、跃进与停滞、改革与复兴，以及现代化跨越等四个阶段，其中不避讳"文革"对藏书和图书馆业的干扰与破坏。这四个阶段的划分，无疑是客观、科学的，这也体现了作者实事求是、思想解放的精神。改革开放以来，厦门的图书馆工作进一步从规范、壮大走向拓展。目前，厦门的图书馆已步入跨越式发展阶段。这些令人鼓舞的成绩，在这部专著里面都有充分的表述。

陈峰兄在写成初稿时，一再要求我提些意见。我于此道只是兴趣，实在并无多少研究，于是临命发怵。突然想起昔日读浦江清教授的《清华园日记》，他于1942年10月到访过长汀时期国立厦门大学的图书馆，对其设在仓颉庙的藏书印象良深，他个人认为其质量与西南联大相比，毫不逊色。浦先生在日记中写得很详细，似乎可做补充。此外，还有海澄人江煦，字仲春，居鼓浪屿,亦菽庄诗社吟侣,1942年移居澳门后,部分藏书归厦门市图书馆,其藏书之事似亦可挖掘。

陈峰兄退休前在图书馆坐拥百城,曾有《厦门古代文献》《厦门古籍序跋汇编》《厦门古籍序跋补编》等成果寿世,今我又先睹为快,获读《厦门藏书史略》这部力作,得益良多。悉为世交同学,谨作此文,为其出版鸣锣开道。

何丙仲
庚子仲秋序于云顶岩麓之一灯精舍

目　录

引　言 …………………………………………………………… 1
　一、中国古代藏书体系与厦门地方藏书的产生 ………………… 1
　二、中国近代图书馆事业对厦门藏书的影响 …………………… 7
　三、现代图书馆事业与厦门藏书的发展 ………………………… 13
第一章　古代厦门藏书 …………………………………………… 19
　第一节　古代厦门官府藏书 ……………………………………… 19
　　一、同安官书：厦门地区最早的图书收藏 …………………… 20
　　二、厦门官学藏书的沿革与发展 ……………………………… 23
　第二节　古代厦门书院藏书 ……………………………………… 27
　　一、古代厦门书院之兴衰沿革 ………………………………… 28
　　二、古代厦门书院的藏书活动 ………………………………… 32
　第三节　古代厦门寺院藏书 ……………………………………… 36
　　一、唐宋时期的厦门寺院藏书 ………………………………… 36
　　二、明清时期的厦门寺院藏书 ………………………………… 38
　第四节　古代厦门私家藏书 ……………………………………… 41
　　一、宋代厦门的私家藏书 ……………………………………… 41
　　二、明代厦门的私家藏书 ……………………………………… 46
　　三、清代厦门的私家藏书 ……………………………………… 51
第二章　清末民初厦门藏书的转型 ……………………………… 66
　第一节　博闻书院：近代厦门新型藏书的滥觞 ………………… 67
　　一、博闻书院的创建与性质 …………………………………… 67
　　二、博闻书院的管理与服务 …………………………………… 70

第二节　民众阅报所：以开通民智为目的的新型藏书 ………… 73
　　一、清末民众阅报所形成的历史背景 ………………………… 73
　　二、厦门民众阅报所的出现与变迁 …………………………… 75
第三节　厦门公共图书馆的形成 …………………………………… 78
　　一、厦门公共图书馆诞生的必然趋势 ………………………… 78
　　二、厦门图书馆的诞生 ………………………………………… 81
　　三、鼓浪屿中山图书馆的诞生 ………………………………… 85
第四节　厦门近代学校图书馆的创办 ……………………………… 87
　　一、厦门学校图书馆兴起的时代背景 ………………………… 88
　　二、近代厦门学校图书馆的滥觞 ……………………………… 90
　　三、集美学校图书馆：厦门第一所学校图书馆 ……………… 92
　　四、厦门大学图书馆：厦门第一所大专院校图书馆 ………… 96
　　五、中小学校图书馆的兴起 …………………………………… 98
第五节　转型时期私家藏书之演变 ………………………………… 101
　　一、瞰青别墅藏书：持守传统的私家藏书 …………………… 102
　　二、龚植父子藏书："彝鼎图书尽化烟" ……………………… 105
　　三、菽庄藏书：甚好归宿即公藏 ……………………………… 107
　　四、阳翟图书馆：从私人藏书楼演变而来的图书馆 ………… 109

第三章　民国时期的厦门藏书机构 …………………………………… 113
　第一节　民国时期的厦门市图书馆 ……………………………… 114
　　一、20世纪30年代短暂的兴盛发展 ………………………… 114
　　二、逐趋成熟的藏书建设与利用 ……………………………… 116
　　三、火灾之谜与伪市立图书馆 ………………………………… 120
　　四、光复后的艰苦复业 ………………………………………… 123
　第二节　民国时期的中山图书馆 ………………………………… 125
　　一、20世纪30年代中山图书馆的变迁 ……………………… 126

二、动荡岁月的中山图书馆 ················· 128

第三节　民国时期的同安公共图书馆 ················· 130
一、同安阳翟图书馆 ················· 130
二、同安县民众教育馆图书室 ················· 132
三、同安马巷巷声图书馆 ················· 133

第四节　民国时期的厦门大学图书馆 ················· 136
一、继往开来的图书馆管理 ················· 136
二、蓬勃发展的业务建设 ················· 139
三、播迁长汀时的磨砺与坚守 ················· 142

第五节　民国时期的集美学校图书馆 ················· 145
一、成熟时期的稳步发展 ················· 145
二、迁徙安溪时的艰辛与曲折 ················· 147

第六节　私家藏书：红兰馆与海疆资料馆 ················· 150
一、苏大山的红兰馆 ················· 151
二、陈盛明与私立海疆学术资料馆 ················· 155

第四章　新中国成立后的厦门藏书与图书馆事业 ················· 161

第一节　厦门藏书事业的新生与开创 ················· 161
一、各类图书馆的接管与改造 ················· 162
二、开创厦门的图书馆新局面 ················· 165
三、厦门图书馆事业开始起步 ················· 169

第二节　厦门藏书事业的跃进与停滞 ················· 173
一、"大跃进"热潮中的厦门各图书馆 ················· 173
二、"大跃进"热潮后的调整与反思 ················· 176
三、"文革"风暴：对图书馆事业的破坏 ················· 179
四、"文革"风暴：对私家藏书的摧残 ················· 182
五、"文革"后期的恢复与调整 ················· 184

第三节　厦门藏书事业的改革与发展 …………………… 188
　一、图书馆工作从规范走向拓展 ……………………… 188
　二、公共图书馆的"大家庭"开始壮大 ………………… 192
　三、教育发展形势催生大批学校图书馆 ……………… 196
　四、新中国成立后的首轮馆舍建设高潮 ……………… 201

第五章　信息时代的厦门藏书与图书馆事业 …………… 206
　第一节　厦门图书馆事业的现代化转型 ………………… 206
　　一、自动化管理：图书馆自动化的起步 ……………… 207
　　二、图书馆网络化：由局域网而至互联网 …………… 209
　　三、数字图书馆：全方位开放的资源保障 …………… 212
　第二节　厦门图书馆事业的现代化跨越 ………………… 215
　　一、新一轮现代化馆舍建设的高潮 …………………… 216
　　二、数字化环境下图书馆馆藏的巨变 ………………… 223
　　三、信息技术环境下图书馆管理与服务的变革 ……… 227
　　四、信息时代资源共享的图书馆联合服务 …………… 231
　第三节　当代厦门私家藏书 ……………………………… 235
　　一、当代厦门私家藏书活动 …………………………… 236
　　二、当代厦门著名藏书家 ……………………………… 239

结　语 ……………………………………………………… 249
　一、厦门藏书事业的社会职能与作用 …………………… 249
　二、厦门藏书事业发展的基本规律 ……………………… 253
　三、厦门图书馆事业的未来方向 ………………………… 258

参考文献 …………………………………………………… 263
后　记 ……………………………………………………… 265

引 言

图书文献是人类表达思想、保存记忆、交流经验的工具，它伴随着人类文明之发端而产生。图书文献的收藏，则是人类为了使这些表达、记忆与交流能超越自己所生活的直接的自然环境，并且能世代相传下去而采取的手段。因此，作为人类文明智慧的结晶，图书文献的收藏，同样自文明之发端就出现了。图书文献的收藏，又与社会政治、经济与文化的背景是不可分割的。它是社会文明盛衰的标志，折射着人类文化发展的印迹，一个国家的藏书是如此，一个地区的藏书也是如此。厦门藏书是厦门地方的重要文化现象，其实际功用不仅体现在保存本地的丰富文化典籍，还体现在促进地方文化的发展与繁荣。厦门藏书又是中国藏书史的一个缩影，它与中国历史发展的大背景是息息相关的，无不打上中国藏书事业的深深烙印。因此，要了解厦门地方藏书的历史，不能不结合中国藏书事业的历史去识读。

一、中国古代藏书体系与厦门地方藏书的产生

中国藏书事业的历史源远流长，自殷商时期的甲骨文收藏始，依次出现官府藏书、私家藏书、寺院藏书和书院藏书，形成了中国古代四大藏书体系。厦门古代的地方藏书，也同样存在四种类型的藏书，只不过其产生的年代、形成的规模和发展的趋势有所不同，而具有本地区的历史背景和时代特征。

中国古代四大藏书体系，最早出现的是官府藏书。早在殷商时代我国就有了早期文献——甲骨文的收藏。清光绪二十五年（1899年），在河南安阳小屯村殷墟遗址发现的10万片甲骨，记录着那个时代征伐、狩猎及宫廷生活等内容。这些甲骨文按一定顺序集中存放，说明那时已有文献收藏。春秋时期，出现了主管藏书的机构与官员，《史记》称老子曾任周朝的"守藏室之史"，掌管四方之志、三皇五帝之书。这"藏室"即为早期的藏书机构。先秦文献还

记载有策府、天府、盟府、周室等收藏文献的处所,并由史官管理。中国古代藏书在周代开始成型。秦代的藏书处称"石室"。汉代初定天下就广征图书,分太常、太史、博士、延阁、广内、秘室六处收藏,同时,对藏书进行校勘、分类、编目,建立起我国古代的藏书制度。曹魏时设有秘书、中、外三阁国家藏书处;晋沿魏制,图书收藏皆归兰台与秘书两处。此后,自隋唐、两宋至明清历朝,官府的藏书积累越来越丰富,制度越来越完善,如明代皇家藏书楼文渊阁藏书最盛时曾达到近百万卷,多是宋元刻本和抄本;清乾隆年间编纂了《四库全书》,收录图书3503种79337卷。为了收藏抄写成七部的《四库全书》,清廷修建宫廷四阁和江南三阁,并建立了较完善的藏书组织、借阅管理制度和管理机构。不仅如此,官府藏书还发展成了从中央的皇家藏书、政府机构藏书到地方官府藏书的官府藏书系统。政府机构藏书主要有翰林院、国子监等;地方官府藏书包括各州、府、县等官署内收藏的书籍和府、州、县官办学校的藏书。这些藏书是供各级政府官员和各级官学的生员们使用的。

　　私家藏书是官府藏书之外的另一种藏书类型。私家藏书起始要比官府藏书稍晚一点,它是与私学的出现相应而生的。我国私家藏书最早出现于史籍记载中,乃春秋战国时期。《墨子·贵义》中称"子墨子南游使卫,关中载书甚多",记载了墨子出游时携带自己的藏书之事;《庄子·天下篇》中称"惠施多方,其书五车",则是中国名家学派创始人惠施的私家藏书之记载。① 秦汉之际,私家藏书始有规模,如河间献王刘德、淮南王刘安、著名学者刘向父子,以及富参、扬雄等都有较多藏书。东汉时期,藏书就比较普遍,据《后汉书》记载,班固、刘梁、蔡邕、华佗等人,家皆富有藏书,其中蔡邕是我国第一个藏书数千卷的藏书家。三国两晋南北朝时期,私家藏书有较快的发展。西晋的张华、范蔚,东晋的殷允、郗俭之,南朝的王俭、沈约等,北朝的颜之推,隋代的许善心等为著名,藏书皆有万卷。到了唐代,由于社会安定和经济发展,形成了中国传统文化发展的一个高峰,私家藏书在万卷以上者不下20家,官至中书侍郎的著名学者李泌藏书最多,达3万多卷。其次还有韦述、苏弁、柳中郢、杜

---

① 谢灼华.中国图书和图书馆史[M].武汉:武汉大学出版社,2005:55.

遹等,各有藏书万卷以上。始于唐代的雕版印刷术在宋代大兴,私家藏书之风愈来愈甚,藏书家遍及全国,而藏书量愈来愈多,数量最多的荣王宗绰有书达7万多卷,而藏书万卷以上者更胜于前朝,著名的有李昉、叶梦得、郑樵、陈振孙等。到明清时期,私家藏书之风遍吹大江南北,藏书达几万卷者数以千计,而江、浙、闽三个地区脱颖而出,成为私家藏书的中心区域。明代的宁波范氏天一阁、常熟毛氏汲古阁、山阴祁氏澹生堂、江阴李氏得月楼和常熟赵氏脉望馆等,清代的常熟瞿氏铁琴铜剑楼、归安陆氏皕宋楼和杭州丁氏八千卷楼等,都是江浙著名的私家藏书。至此,我国私家藏书规模达到顶峰。古代藏书家大多学识渊博,爱书如命,且具有"眼别真赝"的真功夫,极力搜集异本、珍本,从而为后人保存下丰富的文化遗产。至民国时期,随着新型图书馆的出现,私家藏书才渐渐萎缩。[①]

寺院藏书是中国古代藏书的第三种类型。两汉时期,佛教从印度传入中国。魏晋南北朝时,随着佛教的流行和寺院的兴盛,产生了寺院藏书。佛教寺院既是译经传经之地,也是佛教典籍收藏之所,故藏经众多,如盛唐时期的长安西明寺、庐山东林寺,藏书均达万卷之多。北宋时期寺院藏书之量更为丰盛,仅开宝年间开雕的《大藏经》就有5048卷之多,被誉为《开宝藏》。寺院藏书来源较广,有朝廷颁赐,有官府或私人捐赠,亦有寺院自行购置。但其藏书的内容窄,多为佛教典籍。这些佛经虽秘藏于寺院之中,但其分布广,几乎有寺院就有经书。读者不仅仅是僧尼居士,而且善男信女亦诵经其中,故成为中国传统藏书的一大类型。

第四种类型是书院藏书,其形成迟于其他三种类型的藏书。书院是中国古代最重要的教育机构之一,由民间的学堂发展而来。有史书记载,最早的书院藏书,是创立于唐龙纪元年(889年)之前江西德安陈氏所办的东佳书院,有"书楼、堂庑数十间,聚书数千卷"。据考证,东佳书院是民间儒家学者自办的义塾式学堂。由于这些书堂除了讲学还兼有聚书,因此可视为书院藏书之滥觞。书院发展成为兼有讲学、研究、著述等多种功能的文化教育机构,则是

---

① 焦树安.中国藏书史话[M].北京:中国国际广播出版社,2011:2-5.

在宋代,商丘睢阳的应天书院、长沙的岳麓书院、九江庐山的白鹿洞书院、郑州嵩山的嵩阳书院为古代四大书院。为适应其教育需要,书院都备有书籍,有专门楼库收藏,有专门人员管理。书院藏书主要供学者和生徒使用,藏书利用相对较为普遍。尤其是大型书院藏书丰富,在教学和研究活动中发挥了较大的辅助作用。明代以后,书院由政府控制,其作用由讲学发展而至考课,其藏书更成为生徒的重要参考资料。

千百年来,不管是官府藏书还是私家藏书,不管是书院藏书还是寺院藏书,不同的藏书系统,满足了不同阶层、不同文化之需要。而其中,地方藏书虽不比中央藏书丰富,但其在保存文化遗产尤其是地方文献典籍、促进地方学术文化的发展上发挥了巨大的作用。它与中央藏书系统相辅相成,构成了我国古代藏书体系。

古代厦门藏书的出现,要迟于中原地区,甚至迟于我省的闽北、闽中地区。厦门地处东南之滨,昔为同安故地,秦汉之际乃荒蛮僻域,文化生态今已无从稽考。魏晋南北朝时期,中原士民不堪战祸频起之苦,陆续南迁入闽避乱,其中不少移民渐次徙迁厦门,使这片荒蛮之地得以开发,华夏文化亦随之远播厦门地区。随着厦门的开发,唐贞元十九年(803年)析南安县地置大同场,开始有了厦门之政区建制。也是这时候,厦门才有文献滥觞。

唐代中晚期,北方处于藩镇割据状态,中原地区动荡不安。朝廷以"教化南方"为国策,推动福建等南方区域的开发。主政泉州的地方官员,倡导儒学、科举取士,读书习文之风盛起,惇礼尚义之士渐出,"缦胡之缨,化为青衿"。此时,泉南出现了欧阳詹、林蕴、林藻、许稷等一批名士,而开发厦门的士族中,也有习文之士崛起。生活于唐永贞至乾符年间的陈黯,一生笃志读书,著有《颍川先生集》与《裨正书》两部文献,是为"厦门文献第一人"。继陈黯之后,又有唐末的厦门第一位进士谢翛,以《谢升之集》接踵而出。陈黯、谢翛及其著作,导厦门文献之先河,故厦门地区之有文献问世,始于唐代。

唐末五代,割据福建的王潮、王审知兄弟采取保境安民之策略。泉州太守王审邽"以道义为自任,开学育才",大力招揽文学之士,"作招贤院礼之",一时名士济济,文风袭袭。在王氏兄弟影响下,各级官吏重视文学成为风气,

引　言

促进了闽南地方文教之发展。[①] 后唐长兴四年(933年),朝廷正式建置同安县,首任同安县令陈洪济始建县学于同安城登龙坊,"兴学教士,为王氏循吏之冠"。这是有明确记载的闽南地区最早建立的县学。有县学一般就有藏书,但是,五代时期同安县学的藏书并未见文献记载,故厦门之有图书收藏,则是五代之后。然五代的兴教之风,无疑催生宋代厦门藏书之兴起。

北宋时期,社会重教兴学,厦门文教渐盛。北宋庆历四年(1044年),朝廷通令诸州、县立学;熙宁年间(1068—1077年),又发起了大规模的兴学运动。在兴学风气日盛的时代背景下,同安知县林渎于宋熙宁元年(1068年)重兴县学,同时创建起厦门地方最早的官府藏书——同安官书。[②] 熙宁年间的同安官书并未在地方史料中留下多少记载,只有朱熹在《官书序》与《同安官书后序》两篇序文中述及。这两篇序文,是南宋绍兴二十五年(1155年)朱熹任同安主簿兼职学事期间对整理县学藏书的记述,是厦门地方藏书的最早史料记载。两宋时期,可能是厦门官府藏书最为兴盛的时期,此后的元、明、清,就鲜见有关儒学藏书之记载,反而是书院藏书取代了其地位。

厦门古代私家藏书之出现,有史可稽者,亦始于宋代。北宋元祐年间身居丞相高位的同安在坊里人苏颂就是个藏书家。但苏颂致仕之后则定居润州丹徒(今江苏镇江),其所积存下来的藏书,当归之丹徒。从小随其祖父移居丹徒的苏象先,即长侍其侧,耳闻目睹,染上蓄书之癖好,并秉承家传,也聚书不倦。虽然苏氏藏书未能落叶归根,但宋代同安本地的藏书家仍有其人。曾任泉州长史的同安人石元教和其从侄石起宗叔侄俩就是薪火相传的藏书家。明清两代,厦门的藏书家逐渐多了起来,代代沿袭,生生不息。

专门记载厦门古代书院藏书和寺院藏书的史料不多,然从有关书院或寺院的历史文献中,我们仍可寻觅到蛛丝马迹。

厦门最早的书院是元至正九年(1349年)同安县尹孔公俊在同安县学偏东处所建的大同书院。明代,又有林希元倡建的文公书院。清代,则有创办

[①] 徐晓望.闽南史研究[M].福州:海风出版社,2004:101.
[②] 朱熹.官书序[M]//吴锡璜.(民国)同安县志.北京:方志出版社,2007:734.

于同安的文昌、银同、双溪书院,创办于马巷的舫山书院,创办于灌口的凤山书院,创办于县西文圃山下的华圃书院,创办于高浦的鳌江书院,创办于厦门岛上的玉屏、紫阳和禾山书院。这些书院,除了讲学、祭祀外,藏书是其三大功能中不可或缺的。

闽南素有"佛国"之称,厦门的寺庙为数亦不少。而其中最为著名的是始建于唐代末期的南普陀寺,当时称泗洲寺,宋治平年间改名为普照寺。曾两度被废,清康熙二十二年(1683年)复建,改称南普陀寺。寺中建有"三殿七堂",位于大悲殿后的藏经阁,颇有规模,收藏经书甚为丰富,是厦门古代寺院藏书的代表。

中国古代藏书在保存丰富的文化典籍、促进学术文化的发展上发挥了很大的作用,然而,在中国两千多年漫长的封建社会制度下,建立在自给自足的小农经济之上的中国古代藏书活动,基本上围绕着购求、鉴别、抄录、校雠、装订、编目、收藏等各项藏书工作,并产生版本学、校雠学、目录学和文献学等为收藏服务的学科。这种藏书活动,体现了以收藏为主要目的的藏书思想。在四种类型的藏书中,官府藏书基本上是皇家贵族的御用机构和达官显贵与士大夫阶层的专用设施;寺院藏书是为宗教服务的,重在经书的收藏。这两种藏书或是秘不示人,或只是为少数人服务,因此是严格控制利用的,封闭性是其基本特性。相对而言,私家藏书和书院藏书虽然其服务范围有限,但作为官府藏书的重要补充,在我国古代的学术研究、知识传播和文化发展中发挥一定的作用。尤其是书院藏书,以"化导士子"为目的,其服务对象相对会广泛些,体现了教育性和社会性。各类藏书虽有所区别,但整体上是以"藏"为其首要。这种"重藏限用"的格局,两千多年没有多少变化,使得历代积累下来的丰富文献资源未能得到更广泛、更有效的利用。厦门古代藏书发展之走势,与我国古代的藏书事业是基本一致的,并没能摆脱"重藏限用"的格局。因而,其过程与功用在本地史志中留下的记载不多。

二、中国近代图书馆事业对厦门藏书的影响

19世纪中叶的"西学东渐",为中国的藏书事业打开了一个清新亮堂的窗

口。第一次鸦片战争后,清政府被迫签订《南京条约》等不平等条约,割让香港,开放五个通商口岸。西方传教士带着基督教义和西方文化进入了中国,而国人亦"睁眼看世界",面向西方探求救国之策。"西学东渐"之风,使西方近代的图书馆思想和图书馆模式也随之进入中国。这些思想与模式,是通过以下三种途径传入中国的:"一是国人对西方图书馆的翻译介绍和宣传;二是国人走出国门对欧美和日本图书馆的考察和回国以后的宣传介绍;三是西方传教士对西方图书馆的介绍和在中国从事的图书馆活动。"[①]通过这三种途径的输入,西方的图书馆思想和模式对中国的藏书事业产生了极大的影响,并促成中国近代图书馆形成和发展。在这三种途径中,前两种途径的影响较大,但后一种,即以传教士为主的西方侨民在西学传播中所起到的重要作用也不可忽视。

我国最早出现的具有近代图书馆性质的藏书机构,即 19 世纪中叶以传教士为主进入我国的西方侨民传播西学的产物。

鸦片战争后,原来活动于南洋的传教士将其活动基地迁到中国东南沿海,而上海是他们的主要聚集地,是他们传教和传播西学的活动中心,也就成为西方侨民的图书馆活动中心。清道光二十七年(1847 年),天主教耶稣会在上海徐家汇兴工修筑耶稣会修院总院时,即开始筹办被称为"徐家汇天主堂藏书楼"(外文名称"Bibliotheca Zi-Ka-Wei")的藏书机构。这是外国人在中国创办的首家近代藏书机构,也是上海近代图书馆的起点。而后,上海租界的西方侨民自发组织"书会",并于清咸丰元年(1851 年)改名为"上海图书馆"(Shanghai Library)。这个图书馆的董事会规定"全日开放本图书馆成一公共阅览室介于晨九时至晚七时之间"。它延用"书会"的管理方式,并由会员选出董事来管理图书馆业务,这些举措已具有西方近代公共图书馆的公共管理观念,可视为上海最早的公共图书馆。清同治十年(1871 年),英国传教士兴办的亚洲文会北中国支会图书馆,收藏"多半是专述东方事情",被称为"一个在中国境内最好的东方学图书馆",这是上海最早的专门图书馆。清光绪元

[①] 程焕文.晚清图书馆学术思想史[M].北京:北京图书馆出版社,2004:50.

年(1875年),英国人傅兰雅(Dr.John Fryer)和华人徐寿主倡并邀中西士绅捐资,在上海英美公共租界北海路创办格致书院,仿中国书院形式创建集讲学、藏书于一体的教育机构。①

这些以传教士为主的西方侨民所创办的藏书机构,大部分只向其会员或师生提供服务,服务对象有较大局限性,如徐家汇天主堂藏书楼"专供耶稣会会士研究参考之用。后来有所发展,凡教会中人,或者由教会中人介绍,经藏书楼主管同意后,亦可入内阅览,但为数极少"②。西方侨民创办的"上海图书馆"则是为交纳会费的西方侨民服务的,因此,程焕文教授评论说:"与其说'上海图书馆'是上海的一所新式公共图书馆,还不如说它是上海的一所'洋人'公共图书馆。"虽然如此,这些外侨创办的藏书机构所带来的近代化的西方图书馆观念、管理模式与服务手段,对中国近代图书馆的产生与发展起着启蒙与示范的作用。而这种影响,在厦门的藏书史中得到了印证。

厦门第一家具有近代图书馆性质的藏书机构,也是西方侨民倡办的。第一次鸦片战争后,厦门与上海一样,作为五口通商口岸而被迫开放。清光绪元年(1875年),驻厦的外国领事积极介入厦门的社会活动,在厦门倡办了一家有近代公共图书馆性质的藏书机构——博闻书院,拉开了厦门藏书事业变革的帷幕。博闻书院的创办,就是仿效上海格致书院,欲创办一个提倡科学、不传宗教的"聚会讲论"之新型书院。博闻书院创办的时间,与上海格致书院同一年,但与上海格致书院所不同的是,博闻书院不是以讲学为主,而是以修学为主,"创办人的用意在于为中国人提供一个读书的处所。它免费向所有的人开放"③。因此,其创建伊始,即采用书刊阅览的服务手段,向本地"仕宦绅商文雅之士"提供服务。其创建时制定的《条规》规定:"本书院内所有各书各报,欲看之人俱请来院阅看。"④虽然其服务对象还是有限,但实际上已具有

---

① 程焕文.晚清图书馆学术思想史[M].北京:北京图书馆出版社,2004:74-90.
② 葛伯熙.徐家汇藏书楼简史[J].图书馆杂志,1982(2):69-70.
③ 许妥玛.海关十年报告之一[M]//厦门海关志编委会.近代厦门社会经济概况.厦门:鹭江出版社,1990:281.
④ "中央研究院"近代史研究所.中国近代史资料汇编:海防档[G].台北:"中央研究院"近代史研究所,1957:206-208.

引　言

近代公共图书馆的"公开"性质。因此,厦门海关税务司许妥玛在其撰写的《海关十年报告(1882—1891年)》中称它是当时"本地唯一的一座公共图书馆"。

作为厦门近代公共图书馆的滥觞,博闻书院的创办是受到西方侨民在中国从事图书馆活动的影响,其倡办时向兴泉永道呈送的函件就直接声称是"仿照上海规模"①,但实际上,其所提供的服务,不仅在时间上早于1894年创办的圣约翰大学罗氏图书馆和1901年才正式设置的上海格致书院藏书楼,而且在对国人开放服务方面,更早于徐家汇天主堂藏书楼和"上海图书馆"。就此来看,博闻书院是西方图书馆文化在中国传播的一个典型案例。它虽是"仿照上海规模",但更多的是直接引进西方近代图书馆的理念,对随之发展起来的厦门近代图书馆起了一定的示范作用。

厦门藏书向近代图书馆转变,更主要的是受到清末"公共图书馆运动"和民国初年"新图书馆运动"的影响。公共图书馆运动影响的是藏书的观念,而新图书馆运动则直接推动厦门近代图书馆的产生。

公共图书馆运动源于鸦片战争前后国人对西方文明的介绍、宣传和洋务运动时走出国门对西方的考察以及"康梁"变法维新思想。其时,一批"究心泰西政治、实业之学"、立志变革的有志之士,在传播西方先进理念的同时,也积极鼓吹设置新式的藏书机构。作为近代中国睁眼看世界第一人的维新运动重要先驱林则徐,是晚清时期中国翻译介绍西方图书馆的第一人。其组织翻译的《四洲志》中,就有不少对欧美各国藏书和图书馆的记述。西文"图书馆"(library)一词是他最早译为中文的"书馆",比西方传教士译为"书院"更加准确,易被中国人所理解。其后,奉派出洋考察的大臣、驻外外交使节,也在了解、考察西方文化与科学技术的同时,把西方图书馆及其观念介绍到国内来。更有一批维新派思想家、政治家如郑观应、康有为、梁启超、李端棻等人,大力提倡"开大书藏"的思想,推动中国近代图书馆的兴起。维新派思想家郑

---

① "中央研究院"近代史研究所.中国近代史资料汇编:海防档[G].台北:"中央研究院"近代史研究所,1957:206.

观应,在《盛世危言·藏书》中,对中国古代藏书两千多年来的弊病与症结提出了批判,大力倡导普遍设立近代图书馆,并要对读者全面开放,以让"寒儒博士","可遍读群书"。[①] 郑观应的观点反映的是近代图书馆"公共""公开""公益"的特点,是晚清时期中国图书馆思想的典型代表。

  19世纪末,在康有为、梁启超等人的引导下,在维新派强学会"开大书藏"的实践推动下,各地学会学堂纷纷设立藏书楼、阅报所,搜集新学西学文献,供人们阅览使用。这些藏书楼、阅报所对广大会员乃至非会员开放。1896—1898年间成立的苏州苏学会、扬州匡时学会、两粤广仁善堂圣学会等,均"广购图书",设置"藏书皮器之所",或曰"图书院",或曰"书室"。例如通艺学堂所设置的就称为"图书馆","可能是我国第一个正式使用'图书馆'名称的图书馆"[②]。

  晚清的"开大书藏"实践,推动一系列新式藏书楼的问世,开启了中国的藏书事业从古代藏书思想向近代图书馆思想的转变。最早出现的是1894年湖南学政江标在长沙创建的校经书院藏书楼,第一家公共图书馆则是1901年安徽省安庆太守方连珍等人集资创办的私立皖省公共藏书楼,而最典型的代表是1903年向社会公开开放、公共使用的私立"古越藏书楼"。1905年,湖南开明士绅在长沙创办了湖南图书馆,"图书馆"正式成为中国藏书机构的名字。

  1900年的庚子事变,使穷途末路之中的清政府迫不得已宣布实行"变法新政""预备立宪"。虽然"新政"的主观动机在于挽救摇摇欲坠的腐败统治,但客观上推动了一些制度的变革,一场"公共图书馆运动"就是在这场变革中兴起的。

  光绪三十二年(1906年),清政府宣布预备立宪,提出了九年计划。其中有1909年的"颁布图书馆章程""京师开办图书馆"和1910年"行各省一律开办图书馆"的改革。此三项改革,使原本民间自发性的近代图书馆走向"官制",从地方士绅的个人行为上升到清政府的国家行为。自1906年始,湖南、

---

  ① 程焕文.晚清图书馆学术思想史[M].北京:北京图书馆出版社,2004:158.
  ② 程焕文.晚清图书馆学术思想史[M].北京:北京图书馆出版社,2004:213.

安徽、奉天、江南、山东、山西等省地方官吏纷纷奏设图书馆，开始了我国近代图书馆的发展历程。

清末的公共图书馆运动，推动着全国省级及大城市的公共图书馆建立。而地处东南滨海的厦门，其近代图书馆的兴起却是辛亥革命之后的事了。时间上显得迟些，但公共图书馆运动对厦门近代图书馆的兴起无疑是具有影响的，它从观念上孕育了厦门近代图书馆的产生。20世纪20年代创立的厦门图书馆、鼓浪屿中山图书馆等，办馆的模式也是从士绅创办的私立图书馆转为公立图书馆；其向社会民众开放的观念，就烙有公共图书馆运动的印记。

清末公共图书馆运动将几千年来中国传统的藏书楼转变为近代的图书馆，但其图书馆特性还只是"形似"阶段，真正达到"公共""公开""公益"的"神似"阶段，则是在辛亥革命成功之后的"新图书馆运动"时期。

辛亥革命对我国社会政治、经济、文化的发展影响是巨大的，对藏书事业的发展也不例外。以孙中山为首的革命派所倡办的各种形式的阅报所和图书室，在藏书内容和管理方法上，着力于改变旧的传统，而努力于开辟新的模式。在厦门市图书馆成立之前，厦门也曾出现以公开阅览、公共使用为标志的民众阅报所。据史料确切可查的是1908年先后在鼓浪屿河仔墘（今泉州路）和大河墘（今龙头路）设立的"鼓浪屿阅报所"和"闽南阅报社"。这两所阅报所是革命党人为掩护革命工作、宣传民主思想而设置的，但它也对民众开放，提供均等求知的机会，具有近代公共图书馆服务的某些功能。

辛亥革命胜利之后，新成立的民国政府积极提倡社会教育，通过推进各种文化设施的建设，对普通民众进行普及性的教育。1915年，民国政府教育部相继颁布了《图书馆规程》和《通俗图书馆规程》两个规程，明确提出各省市县应设立图书馆，并规定了免费使用。这一年，以陈独秀、李大钊、胡适、蔡元培等文化先驱发起了"反传统、反孔教"的新文化运动。在新文化运动推动下，一批受过西方教育的中国先进知识分子如沈祖荣、刘国钧、杜定友等仿效西方近代图书馆运动的精神与办馆理念，掀起一场从1917年至1936年持续近20年的新图书馆运动，力图革除封建藏书楼的陋习，提倡图书馆平民化教育，建立起"藏是为了用"的藏书理念。

新图书馆运动并非只是一个纯粹的宣传教育运动,而是一场图书馆理论与实践相结合的图书馆事业建设运动。广大图书馆人将欧美特别是"美式"图书馆模式当作中国图书馆的发展范式,进而在发展的过程中不断扬弃和开拓,以创建中国特色的图书馆事业。因此,新图书馆运动的变革,改变了藏书楼的服务职能与服务对象。在服务职能上,表现为不只是守馆内所藏之书,而且使馆内图书皆为人所阅读,并且主动运用各种方法吸引民众来利用藏书;在服务对象上,其藏书是为多数人而设的,故不仅仅是官员、学者与教士,还普及到教师、学生、工人、农民、商人、儿童等各界人士,包括阅读能力欠缺的视障与残障人士。图书馆的性质因此发生了巨大的变化,不仅是藏书机构,而且是社会文化教育机构。

在这场新图书馆运动中,具有近代图书馆性质的各类藏书机构也在厦门纷纷亮相。1918年,爱国侨领陈嘉庚先生创办了厦门第一所学校图书馆——集美学校图书馆;1919年,地方官宦士绅倡议设立了厦门第一所公共图书馆——厦门图书馆;1921年,爱国侨领陈嘉庚先生在创建厦门大学之时,设立"图书课",次年改名为"厦门大学图书馆",是厦门第一所高校图书馆;1924年,同安西柯乡阳翟村人陈延香先生捐出私家藏书,筹资开办同安县第一家新式图书馆——阳翟图书馆;1924年,李汉青、叶清泉在许卓然等倡议和赞助下,在鼓浪屿开设书报阅览室,日后发展为具有公共性质的中山图书馆。

从上述中国近代图书馆形成的过程,可以认识到,它是多元文化融合的产物。以传教士为主的西方侨民是中国近代图书馆的推动者,而清末民初知识分子是西方图书馆观念的传播者,是中国古代藏书楼的扬弃者,是中国近代图书馆的奠基者。中国近代图书馆既不是"国故",也不是"舶来品",而是多元文化融合的产物。它是为适应社会而走向变革、开放、兼容并蓄的历史必然。

厦门的藏书机构也就是如此扬弃古代的藏书楼而走向近代的图书馆。从民国初期到抗战前,厦门的图书馆发展较为迅速且粗具规模,初步完成从"重藏轻用"的传统藏书业到"公共、公开、公益"的近代图书馆的转变。

公共图书馆有厦门图书馆、鼓浪屿中山图书馆和同安民众教育馆图书室,而同安阳翟图书馆也兼具公共性质。此外还有一些阅报所和巡回图书馆。这些图书馆面向社会开放,为民众提供借阅。

学校图书馆规模较大、藏书较丰富、设备较完整的,乃厦门大学图书馆和集美学校图书馆。此外,鼓浪屿的英华中学、毓德女子中学、慈勤女子中学,厦门本岛的中华中学、厦门中学、双十中学、同文中学、大同中学等学校,也都建立具有一定规模之图书馆(室)。在同安,阳翟图书馆于1935年将藏书移交同安公立中学,改为中学图书馆。

日本帝国主义侵略中国造成深重的灾难,图书馆也不能幸免。厦门沦陷期间,学校和社会教育机构多遭敌伪摧毁,岛上几无图书馆活动。厦门大学图书馆于战前随校内迁,主要图书装箱运去,而留存厦门的书刊则遭到严重毁损。厦门市市立图书馆(即厦门图书馆)被火烧毁,藏书无存。中学图书馆(室)随着学校的关闭而被封,仅存伪市立男子中学和女子中学2所。伪市府设立的伪市立厦门图书馆,藏书则无几多。太平洋战争爆发后,中山图书馆也被伪市府夺占,改为伪鼓浪屿图书馆,惨淡维持。

抗战胜利后,厦门的图书馆活动得以恢复,然四年内战期间,没有多少发展。唯一硕果,即1946年成立的私立海疆学术资料馆,为厦门的藏书事业增添一所专业研究型的图书馆。1944年,同安马巷曾建立一所民办的巷声图书馆,因宣传抗日和出借进步书刊,于抗战胜利之年遭到国民党军警的查封。

三、现代图书馆事业与厦门藏书的发展

1949年,中华人民共和国成立了,中国的图书馆事业也从饱受战乱的废墟中恢复过来,迎来了新的时代。共和国的建立,从政治、经济与文化等方面为我国图书馆事业提供一个良好的发展环境。70多年来,中国图书馆事业经历了新生与开创阶段(1949—1957年)、跃进与停滞阶段(1958—1977年)、改革与复兴阶段(1978—1991年)、现代化跨越阶段(1992年至今)四个发展过程,在曲折的发展道路上不断探索,最终走上了今日的辉煌。

1949—1952年,人民政府接收、改造旧中国遗留下来的公共图书馆和高校图书馆,将其纳入了国家计划的轨道。中国图书馆事业完成了从半封建半

殖民地图书馆事业向社会主义图书馆事业的转变，真正成为人民的藏书事业。为了促进我国图书馆事业的发展，从中央到地方政府都颁布了相关政策法规，确立了以马列主义、毛泽东思想为指导的原则，推动图书馆事业步入稳定的发展轨道。

1953年起，共和国进入了大规模的社会主义建设时期——第一个五年计划。随着国家工业化的进展、农业合作化高潮的到来，以及"提高质量，全面规划，加强领导，又多、又快、又好、又省地积极稳步地发展图书馆事业"方针的制定，中国图书馆事业开始进入建设与发展阶段，从而呈现出蓬勃向上的生机。各类型图书馆都秉承为人民服务的宗旨，以"藏用并举、藏以致用"的藏书理念为指导思想，努力地改变工作手段，将图书馆的藏书变成为社会成员人人可以享用的财富。

1958—1960年的"大跃进"运动，造成了经济工作中的急于求成和急躁冒进，使国民经济受到重大的损失。由于"左"的思想占据中国政治生活主导地位，中国的图书馆事业不可避免地受到影响，出现了违背图书馆发展规律的"拔苗助长式"冒进思想和形而上学的工作作风。如一些图书馆实行"开门办馆、送书上门"的举措，制定了"跃进指标"，并热火朝天地投入实施。然而，仅凭一时热情，未能认真做到长远安排，在人力、技术设备等客观条件不成熟的情况下，贸然上马，终以失败告终。

1961年1月的中共中央八届九中全会，采取"调整、巩固、充实和提高"的方针，调整发展速度，使国民经济有了一定的恢复和发展。各系统的图书馆也对曾经的冒进工作进行反省，根据现行的条件与能力调整了工作内容，如一些公共图书馆缩减了"一窝风"的图书流通站，合理布局，量力而为，实事求是地提高服务水平。

20世纪60年代，正当中国图书馆事业在调整、巩固中稳步前进之时，一场灾难性的"文化大革命"横扫神州大地。这场运动严重地破坏了社会主义建设的发展步伐，国家经济濒临崩溃。图书馆事业也遭受到空前的浩劫和灾难。图书馆的性质、职能受到歪曲，事业建设停滞，设施遭到破坏，许多馆藏书刊被列为"封、资、修"的"毒草"而焚毁或封存，而大部分图书被禁止流通。

图书馆失去其用以服务社会的基本资源,业务几近停顿,中国图书馆事业遭受巨大的损失,到1973年才稍有恢复,但极左思潮仍束缚着图书馆事业发展的步伐,直至1976年"四人帮"的灭亡。

自中华人民共和国成立至改革开放前夕近30年间,虽然受"左"的思想影响,曾经历"大跃进"时期的冒进和过后的"急刹车"调整,经历"文化大革命"的十年浩劫,但在特定社会背景下,中国图书馆也以其相应的表现形式和内容,去完成其使命。

这一时期的厦门图书馆事业,同样也经历曲折的道路,但30年来总体上还是趋于向前发展,其主要表现为整体规模逐渐扩大,馆藏图书不断增多。

整体规模逐渐扩大。30年的时间,新建的图书馆如雨后春笋般地冒了出来。大专院校有工人业余大学、中共厦门市委党校、福建工艺美术学校、福建化工学校、福建集美水产学校、集美轻工学校、集美财经学校、厦门卫生学校等新建图书馆或资料室;中学有厦门三中、五中、六中、七中,华侨中学、灌口中学、海沧中学,以及同安一中、二中、三中、六中等创办图书馆或图书室;科研单位有国家海洋局第三海洋研究所、福建省亚热带植物研究所、厦门大学南洋研究所等新创办情报资料室;工会新创办工人文化宫图书室,从而形成了公共、高校、中学、科技、工会五大系统图书馆的格局。

馆藏图书不断增多。厦门大学图书馆馆藏从1949年的13万册增至1966年的80万余册,居厦门各类藏书机构之首;厦门市图书馆于1949年接收时只有3.6万余册,中山图书馆接收时也只有3万余册,而至"文革"前夕,两馆全部馆藏已达33万余册;同安县文化馆图书室的藏书,也从新中国成立初的几百册发展到"文革"前夕的万余册。

虽然,1966—1972年间,厦门地区的各类图书馆也不可避免地遭受损失,即馆舍关闭,业务停顿,藏书禁毁,人员下放……但在粉碎林彪反革命集团之后,各图书馆逐步恢复起来。厦门市图书馆于1972年接收因闭馆多年的集美学校图书馆,改为公共性质的"集美图书馆";"文革"期间解散的中共厦门市委党校图书资料室,于1973年重新建立起来;"文革"期间关闭的工人文化宫图书室,于1974年恢复开放;各中学、科技院所等系统的图书馆也逐步恢复起来。

　　1976年10月,中共中央政治局执行党和人民的意志,一举粉碎"四人帮",结束了"文革"十年内乱,为中国的图书馆事业带来了新的生机。1978年12月举行的中国共产党第十一届三中全会,重新确立解放思想、实事求是的指导思想;做出中国今后发展目标是以经济建设为中心,大力发展生产力,实行改革开放的重大战略决策。这是具有深远意义的伟大转折,引导我国走上了建设中国特色社会主义的正确道路,中国图书馆事业也进入了现代化发展时期,从改革与复兴走向现代化跨越。

　　1978年以后,中国图书馆事业从恢复到正常化,从规范化建设而至全面改革探索。在理论上,重新明确图书馆的性质、职能、方针、任务与方向;在工作上,颁布一系列的图书馆工作规章与文献国家标准,使图书馆的工作走向标准化;在服务上,不断打破各种束缚,拓展服务项目,水平提升。

　　20世纪80年代末以来,是中国图书馆事业进入现代化的跨越发展阶段。随着席卷全球的信息化浪潮,中国的图书馆走上自动化建设的发展之路:从80年代末的单项业务计算机管理起步,到90年代初的图书馆计算机集成管理,是发展图书馆管理系统的自动化初级阶段;与集成管理建设同步的90年代的网络建设,是网络化服务的发展阶段;直至2000年以后的数字化建设,是进入数字图书馆的自动化高级阶段。在三个阶段的发展过程中,新观念、新思维、新载体、新技术层出不穷,推动着图书馆事业实现了前所未有的跨越。

　　改革开放40多年,中国图书馆事业的发展变化令人目不暇接,主要有以下三个方面的巨大变化:

　　首先,科学技术的发展促使文献载体的大变化,现代图书馆的藏书已变成多种载体图书并存的集合,它不再只是单纯的纸质图书报刊,更多的是包括缩微制品、视听资料、电子出版物等多种载体以及数字化资源。所以为区别现代收藏与传统收藏,人们引入"文献"一词,泛指图书馆的藏书。厦门各类藏书机构的馆藏结构由此而发生极大的变化,数字化资源在各个馆所占的比重越来越大,有的甚至超过传统的实体文献。如厦门市图书馆2019年纸本文献337.2万册(件),而电子书刊有536万册,约为纸本文献的1.6倍;厦门大学图书馆2018年的馆藏总量为1141万册,其中,纸本馆藏总量431万册,电子数据库达160多个(折合馆藏约710万册),为纸本文献的1.6倍;集美大学图书馆2019年的纸本文献有309万余册,而电子图书有1000多万册,约为纸本文献的3.2倍。

其次,科学技术的发展还带来了社会文献信息的激增,人们更多地利用文献收藏机构以获得所需的信息,而且要求收藏机构必须广、快、精、准地向社会传递信息。因此,现代图书馆已不再停留在"藏用并举、藏以致用"的阶段,而是充分运用现代化的网络技术、信息技术,通过图书馆事业的整体化建设、社会文献信息的资源共享和用户的个性化服务等一系列创新手段,来实现"广、快、精、准"的服务目标。1993年,厦门大学图书馆和厦门市图书馆率先使用图书馆计算机集成管理系统对图书采访、编目和流通等各项业务进行管理,带动本市各级各类图书馆的自动化建设。而后,又大力加强数字资源的建设,包括大量购进各种资源数据库和自建具有本地特色或本学科领域特色的资源数据库,不仅丰富馆藏的类型与数量,而且提供更为快捷的文献检索。进入21世纪,又通过整体化建设实现资源共享。厦门大学、集美大学等高校图书馆先后参与"中国高等教育文献保障系统(CALIS)"的建设。厦门市图书馆牵头联合本市各公共图书馆,建立了"厦门市公共图书馆服务联合体"实现全市范围内的书刊资料"通借通还"和数字资源共享。同时,还加入国家数字图书馆,引入国家图书馆的资源为本地民众服务。其他各类型的图书馆也通过本系统甚至跨系统的合作,实现文献信息资源的共建、共知、共享,从而发挥最大的社会效益。

最后,随着社会教育一体化、社会文化价值取向多元化等社会变革,形成新的社会阅读需求,对图书收藏机构的社会职能提出新的、更高的需求。图书馆的职能已不只是文献的收藏与利用,更进一步突出了社会教育、开发智力的职能,并延伸出文化休闲的职能。社会的需求决定了图书馆不只是保存图书文献的空间,还成为文化、学习、交流和休闲的公共空间。改革开放40多年来,厦门地区各图书馆秉承"以人为本"的原则,不断提升开放程度,不断创新服务模式。从20世纪80年代末的开架外借服务到21世纪初的"藏、借、阅、检、咨"一站式开放服务以及基于移动互联网技术和智能化管理技术之上的智能化服务,图书馆不断改进服务模式,最大限度地向读者敞开图书馆的大门,为其提供方便快捷的服务。在此基础上,创新图书馆的延伸服务,通过举办讲座、展览、培训、读书竞赛、文化沙龙等读者活动,积极拓展图书馆社会教育功能,增强服务辐射能力,从而努力地把图书馆打造成全社会的"知识中心、学习中心和交流中心"。

第一章　古代厦门藏书

中国的藏书事业源远流长，自殷商时代的早期文献甲骨文收藏算起，已有三千多年的悠久历史。古代厦门为东南僻壤，开化迟于中原，故其藏书历史无法与中原相比。然自晚唐始，文献渐兴。宋代之"正简流风""紫阳过化"，开文教昌明之风，儒士君子接踵而出，文风科举彬彬日盛，成就了厦门"海滨邹鲁"之声名。而作为文化盛衰标志的藏书，亦与其表里相济，在移风易俗、兴文育贤中发挥了推动的作用。从宋代同安官书的兴起，至明清历代私家藏书与书院藏书的昌盛，八百年的岁月，古代厦门藏书活动虽时盛时衰，然绵绵不绝，官府藏书、书院藏书、寺院藏书和私家藏书相辅相成，构成了古代厦门地方藏书体系。虽然，地方史料中有关古代厦门藏书活动的记载不多，但从片言只语中，我们亦能管中窥豹，品味其隽永的意义。

第一节　古代厦门官府藏书

官府藏书，也称公家藏书，因属于官府或公家所有，故名。官府藏书又可细分为皇家藏书、中央政府机构藏书和各地方官府藏书三个部分。皇家藏书是宫廷之内的藏书，其规模宏大，自不待言。中央政府机构藏书包括翰林院、国子监等政府机构的藏书，其藏书也甚为丰富。而相对于国子监等中央官学的藏书，地方政府也就有了府学、州学和县学等地方官学的藏书，这些是古代地方官府藏书的主体部分。厦门地方官府藏书，始于北宋熙宁元年（1068年）建立的同安官书。它也是厦门地方史料有记载的最早藏书活动，可谓古代厦门藏书事业之始。而后，元、明、清历代官学均有藏书，直至官学彻底消亡之时。

一、同安官书：厦门地区最早的图书收藏

史料可查的厦门地区最早图书收藏，乃同安官书。同安，正式置县于南唐长兴三年（932年），其管辖范围大致为今之厦门市、金门县的区域。同安官书则是古代同安县的官学藏书，是古代厦门地方藏书体系的一个主要组成部分，在古代厦门施行教化、培养人才上发挥过一定的作用。

官学是我国古代培养官吏和人才的官办学校，它依附于文庙（孔庙），以传授儒家理论为宗旨，故又称庙学、儒学。官学分为中央官学和地方官学。中央官学乃始于晋的国子学，隋以后改称国子监，又称"太学""国学"，是国家设立的最高学府和教育行政管理机构。地方官学则是设于府、州和县的府学、州学和县学，是各级地方政府的官办教育机构。官学出现于先秦时期，其是以推广儒学为基本职能的官学体系，始于汉武帝"废黜百家、独尊儒术"之时。汉元朔五年（前124年），汉武帝为博士设置弟子员五十人，传授经学。到了唐代，唐太宗于贞观四年（630年）下诏在州县都设立孔庙，地方官学逐渐发展。

古代厦门官学始创于五代末（959年左右），时任同安县令的陈洪济在同安县治南登龙坊兴办县学。北宋建隆二年（961年），同安知县林滂迁学宫于县治西北隅两科太守坊内。大中祥符九年（1016年），同安知县张师颜请建于县东南旧巡检廨地。① 同安学宫初创的半个世纪内，屡屡迁址，规模似为不大，亦不见县学藏书之记载，而藏书之记载，始于北宋熙宁元年（1068年）知县林渎的"新庙学，聚图书"。

北宋庆历四年（1044年），宋仁宗起用范仲淹，实施新政。其中教育方面的改革，即通令诸州县立学，规定应试科举的士人须在学校习业三百日，方许应举。庆历新政虽实施不过一年多即告失败，但"庆历兴学"还是促成了宋代学校教育的兴起，一些改革措施对后世起着重大影响。北宋熙宁年间

---

① （清）朱奇珍修，厦门市同安区地方志编纂委员会办公室整理.大同志[M].福州：海峡书局，2018：49.

(1068—1077年),在王安石主持下,又发起了大规模的兴学运动,史称"熙宁兴学"。在这兴学风气日盛的时代背景下,时任同安知县的林渎于熙宁元年(1068年)重兴县学,而作为县学中不可或缺的组成部分——同安官书,就是在这个时候创建起来的。

同安官书有文可稽者乃朱熹之《大同集》中所载的《官书序》和《同安官书后记》,它记下了厦门地方官学藏书之发端。其中,《官书序》作于绍兴二十五年(1155年)五月,为朱熹整理同安县学旧有藏书时编制的藏书目录之序言,记述朱熹整理同安官书之事,并考证同安官书之由来与始作俑者。其文如下:

> 同安县故有官书一楔,无籍记文书,官吏传以相承,不复警省。至某始发视,则皆故敝残脱,无复次第。独视其终篇,皆有识焉者,曰宣德郎守秘书丞、知县林姓,而名亡矣。按县治壁记及故庙学记,林君名渎,字道源,以治平四年为是县。明年,熙宁初元始新庙学,聚图书。是岁戊申,距今绍兴二十五年乙亥,才八十有八年。不幸遭官师之懈弛,更水火盗贼之余,其散灭而仅存者止是耳,而使之与尘埃虫鼠共敝于故箱败箧之间,以至于泯泯无余而后已,其亦不仁也哉!
>
> 因为之料简,其可读者,凡得六种一百九十一卷。又下书募民间,得故藏去者复二种三十六卷,更为装裏,为卷五十有三,着籍记,而善藏之如故,加严焉。且刻其卷目次第,缺其所亡者揭之,使此县之人于林君之德尚有考也。而某所聚书,因亦附见其后云。
>
> 夏五月丁未朔,具位朱某序[①]

南宋绍兴二十三年(1153年),朱熹莅任同安主簿兼职学事。上任之后,朱熹力兴教化,"推崇魏公,以为表率"。次年,朱熹着手整顿县学,颁布了《谕学者》《谕诸生》等学宫条例;重建县学四斋,设讲座,增修讲问之法,并亲为诸生讲《论语》,在同安开创讲学之风。为了给生员们提供参考教材,朱熹于绍兴二十五年(1155年)春着手对县学官书进行组织整理。朱熹发现,往任官员

---

① (宋)朱熹.官书序[M]// 朱熹撰,陈峰校注.大同集.厦门:厦门大学出版社,2019:191.

管理懈弛，县学故有的官书没有登记之文书，也不做察核，因而散失许多，所余者"皆故敝残脱，无复次第"，"与尘埃虫鼠共敝于故箱败箧之间"。朱熹对这些残余的图书进行整理，得书籍6种共191卷。又征集散落于民间的官学藏书，又得2种计36卷，整理、装订为53卷，并编纂条款严密的目录。

朱熹在《官书序》中还对建置官书的前任知县林渎做一考证，以纪念其在同安兴学育才的功绩。林渎，字道源，授宣德郎，曾任专管文书的秘书丞一职。北宋治平四年（1067年），林渎出任同安知县。他十分重视地方文教之发展，上任第二年即熙宁元年（1068年）便重兴县学，并为县学设置一批藏书。朱熹的《官书序》记录下厦门地区有史可征的最早图书收藏活动。

朱熹不只是整理旧藏和回收散落于民间的藏书，还想方设法补充县学藏书，以保证县学生员研读之需。在整理县学旧藏之前，朱熹就专门呈送一纸公文至当时福建最高地方衙门的福建路安抚司（宋初为威武军大都督府，故文中称其为"大都督府"），向安抚使方滋[①]申请拨充图书。此事记载于《同安官书后记》，其文曰：

> 绍兴二十有五年春正月，熹以檄书白大都督府廷中，已事，而言于连帅方公曰："熹为吏同安，得兼治其学事。学有师生诵说，而经籍弗具。学者四来，无所业于其间，愿得帅府所有书以归，使学者得肄习焉。"公幸哀其愚，不以为不可，即日减省少府用度金钱，属工官椠以予县，凡九百八十五卷。熹与诸生既受赐，则相与群议，所以敛藏、守视、出内、凉暴之禁戒，以复于公，皆报施如意。
>
> 熹窃惟公之举是赐也，盖将以幸教此县之人，而非私于熹之请。熹乃幸得以菲薄奉承，惧不能称，且无以垂示久远，故敢具刻公所出教，而弁叙其指意如此，揭之以示县之父兄子弟，与学官弟子之有秩于典领者，使承公志，永永不怠，此熹之职事也。

---

① 方滋（1102—1172），字务德，严州桐庐人，方元修子。以荫入仕。历知秀、楚、静江、广、福、明、庐、镇江、鄂、建康、荆南、绍兴、平江等州军府。绍兴二十四年（1154年）七月，以右朝奉大夫、敷文阁学士任福建安抚使。

夏四月丁丑,具位谨记。①

此篇后记提供了两条紧要的信息:一是福建路安抚使方滋很快就批准朱熹的请求,从"少府"节省的开支中拨款购置985卷书籍给同安县学。此说明县学藏书乃由政府拨款支撑,故其属于官府藏书无疑。二是朱熹收到此批图书后,为加强管理,当即召集县学生员商议,制定了县学藏书的征集、保管、出纳、曝晒等一系列规则,上报安抚司同意之后实施。这是厦门地区最早的藏书管理记载。虽然这些规则与县学藏书目录均未留下只字片言,今天我们无法探究其具体内容,但是从中可知,早在南宋时期,厦门地区就有了较为规范的藏书管理。

不仅如此,朱熹还于整理县学藏书的同时,在文庙大成殿后新建经史阁,"爰即学宫,创为杰阁,庶缄縢之慎固,绝虫鼠之觊觎"②。朱熹专门撰写《县学经史阁举梁文》,以纪念此事。该文乃当今可考的同安县学最早藏书楼之记载,也可能是厦门有史以来最早的藏书楼,其建筑规模、收藏数量与管理,无疑是前任"故有官书一楱,无籍记文书"之状况不可相比。

二、厦门官学藏书的沿革与发展

朱熹建经史阁、整理官书,为同安官学藏书的建设奠定了一个较好的基础。此后,由于政府积极倡导兴学,官学有一定的学田保障,经费相对充足,因此,历代主政同安的官员对官学藏书多有维护与补充,使其断断续续地维持至清代。

经史阁是同安县学专用于庋藏官书的处所,作为藏书的基本条件,它在同安官书建设中往往被首先关注,故志书中多有记载。自朱熹建经史阁之后,自元至明、清,县学的经史阁或因寇毁,或因风圮,故有多次修葺与重建。据《同安县志》记载,元大德年间(1297—1307年),曾重建经史阁。元至正十

---

① (宋)朱熹.同安官书后记[M]//朱熹撰,陈峰校注.大同集.厦门:厦门大学出版社,2019:200.
② (宋)朱熹.县学经史阁举梁文[M]//朱熹撰,陈峰校注.大同集.厦门:厦门大学出版社,2019:255.

四年(1354年),学宫因寇患而烧毁,经史阁亦在劫难逃。到了明洪武二年(1369年),知县吕复以大同书院旧址重建县学。

明正统九年(1444年),英宗皇帝敕谕天下郡县学宫,凡有废坏,咸与更新。于是,福建按察司佥事陈祚巡视泉州,捐俸鸠工,"督邑令重加修饬"同安学宫,然"缮完未数载,寻废于飓风淫雨,堂庑斋舍倾圮不可支"。为此,明天顺五年(1461年),县丞刘珣器重建县学,建明伦堂,筑兴贤育才坊及尊经阁,重修高士轩。《大同志》(即清康熙《同安县志》)中,右都御史朱鉴所作之《天顺修学记》有一段文字记述了这一次重建之变化:

……天顺二年春,邑丞永新刘君珣器,以才德兼备举,奉命来官。首谒文庙,顾瞻废堕,慨然兴思曰:"为政首务,吾岂可以苟安容与,不加意以经营耶?"适以公务往会府,即竣事,因见海滨所市材多可为栋梁,乃谋于寅友故旧,贷百金以易之,舟运而返。仍劝邑之殷富好义者,量出金帛以助工费,遂重建明伦堂五间,东西斋各二间,儒学大成门、兴学育才坊,咸兴废而新之。棂星门造之以石,圣贤像复增新饰。罍爵之类,更铸以铜;竹筵木豆,饰以丹漆。以暨学宫廨宇、诸生书室、馔堂庖厨、藏器之所,靡不悉备。……适臬司佥宪四川年公俸按节是邦,登堂课诸生,目学宫轩豁宏敞,大嘉珣器贤。遂以公帑七千缗,属珣器鼎建尊经阁于堂北,以贮圣贤经史,国朝圣制,乃全其美。于是,珣器又重年公之举,益捐俸资,鸠匠庀材,卜日兴工,逾数月而杰阁巍然矣。……①

此次重建县学,县丞刘珣器不仅修复了明伦堂等建筑,并装饰一新,而且对县学建筑之布局做了新的调整。朱熹原建于大成殿之后的经史阁,改建于明伦堂之北,与作为读书、讲学、弘道、研究之处所的明伦堂前后相邻,为学子们提供索书之便。藏书楼之名称亦由经史阁改为尊经阁,与各地儒学名称一致。县学格局由此一直延续至清末。

---

① (明)朱鉴撰.天顺修学记[M]//朱奇珍修,厦门市同安区地方志编纂委员会办公室整理.大同志.福州:海峡书局,2018:286.

第一章　古代厦门藏书

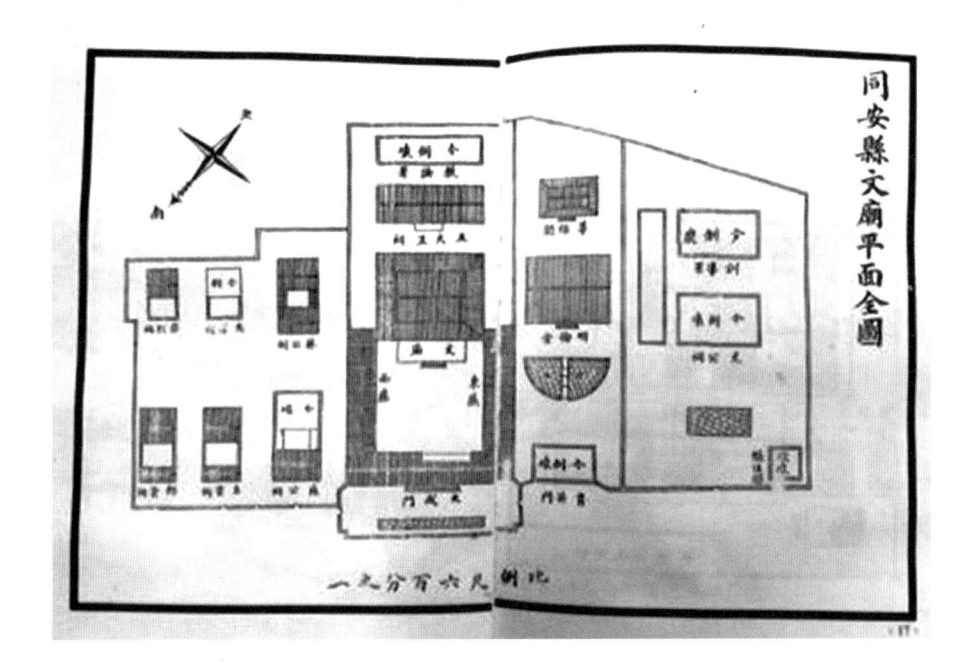

同安县文庙平面全图

明嘉靖三年（1524年），又有教谕陆佶重修尊经阁。福建提学邵锐撰文《嘉靖重建尊经阁记》，感叹曰："巍乎！壮乎！窈乎！"其时，同安宦绅刘存德曾与挚友刘汝楠偕同邑儒学教职登阁观览，赋有《与南郭同诸广文登尊经阁》一诗，赞赏尊经阁"高阁陵三极，雄观瞰八埏"[1]，虽是诗词之夸张手法，但亦可见该阁规模之宏伟。

到了清雍正十一年（1733年），"知县唐孝本重建尊经阁，垒石为址，高出明伦堂丈许，上构三楹，以安奉御碑《广训》，下三楹祀文昌"[2]，建筑规模有所扩大，且将雍正皇帝所作之《圣谕广训》奉藏在内。《圣谕广训》是训谕世人守法和应有的德行道理之官修典籍，源于康熙皇帝的《圣谕十六条》，雍正皇帝继位后加以推衍解释。该书于雍正二年（1724年）刊行，清政府在各地推行宣

---

[1] （明）刘存德著,陈峰校注.结甍堂遗稿[M].厦门:厦门大学出版社,2014:58.
[2] 厦门市地方志编纂委员会办公室.（民国）厦门市志[M].北京:方志出版社,1999:430.

讲,并定为考试内容,成为清雍正及其后各朝学子的必读之书,"凡童子应试、初入学者,并令默写无遗,乃为合格"①。为此,同安知县刻碑安奉于尊经阁内,以训谕学子。

同安官书历代多有补充,补充的途径以政府颁赐为主,如明天顺五年(1461年),县丞刘珣器建尊经阁后,"贮经史暨奉累朝颁降书籍于其中"②的记载,即可证县学用书通常为官府所颁降。由于古代官学的功能是为朝廷培养封建官吏,其教材以程朱理学为思想准绳,禁止一切不利于皇权统治的思想言论,因此,《清史稿》中提到的四书、五经、性理、通鉴诸书,其兼通十三经、二十一史等官学典籍,均为各级官学的收藏主体。可惜历代编制的厦门官学书目已亡佚无存,我们今天无法了解古代同安县学藏书具体的收藏内容,但与《清史稿》所叙及的官学典籍应不会相差太远。

除了政府颁赐的书籍外,同安官书还通过募集、筹资购置、捐俸购置和接受捐赠等渠道补充藏书。宋绍兴二十五年(1155年),朱熹曾"下书募得民间故藏"。明正德十一年(1516年),时任福建省督学刘玉与同安县知县杨敦发起筹资购书的活动,"购书凡若干种,厨之学宫,以公肄业者之所从事,端其习而化焉"。刘玉等人还特意请出由四川巡抚任上请辞归乡的莆田名宦林俊为此次购书撰写了一篇《儒学藏书记》。文中云:"夫金匮石室,出内秘书楼。一家之书,孰若合庠共物,嘉惠之无穷哉!"③其意在于鼓励人们捐赠书籍,储之学宫,以做共物,嘉惠全体学子。此意颇有点今人之共享意识。地方官员也时有捐俸购置图书藏于县学者,如清康熙十年(1671年),"县令邓麟采视学篆,重建启圣公祠于圣殿后,视旧祠加宏敞焉。复捐俸购《通鉴》《十三经》《性理》等书,制橱收贮,与诸生以时讲诵"④。

---

① 圣谕广训提要[M]//金毓黻等抄校.文溯阁四库全书提要.北京:中华书局,2014.
② (清)彭时撰.天顺重修儒学记[M]//朱奇珍修,厦门市同安区地方志编纂委员会办公室整理.大同志.福州:海峡书局,2018:287.
③ (明)林俊.儒学藏书记[M]//朱奇珍修,厦门市同安区地方志编纂委员会办公室整理.大同志.福州:海峡书局,2018:293.
④ (清)朱奇珍修,厦门市同安区地方志编纂委员会办公室整理.大同志[M].福州:海峡书局,2018:51.

明朝后期,科举日益腐败,官学日渐衰落,而随着力毁天下书院的张居正于万历十年(1582)卒去,书院渐次复兴。万历三十七年(1609年),同安知县李春开重修了文公书院;清康熙至乾隆年间,又有玉屏、鳌江等十数所书院在同邑各处创建起来,有取代官学之势。随着书院的兴起,书院藏书逐渐成为士子们利用的主要对象,官学藏书的作用似乎减弱了,清代史料中关于它的记载也少了。光绪三十一年(1905年),科举废除,县学彻底消亡,同安官书也随之退出了历史舞台。

官学是由政府举办的学校,其藏书目的是为生员提供学习教材,为官员提供施政参考,因此,同安官书既有学校藏书的特性,又有地方官府藏书的性质。其服务的对象虽只是少数生员与官吏,但自宋以降,许多同安士子利用官书,服习诗书,修身明道,研究学问,著书立说,可见同安官书对同安文风科举的发展和循吏贤才的培养,起着一定的促进作用。据统计,南宋152年,同安中进士23人;有明276年,同安出进士92人,而举人、贡生则难以计数。在地处东南海隅,远离中原文明中心的同安,有如此之盛的科举硕果,同安官书功不可没。

第二节　古代厦门书院藏书

书院是我国古代封建社会一种特有的聚书讲学场所,对中国古代教育、学术的发展和人才的培养曾产生重要的影响。元代欧阳玄在《贞文书院记》中说:"唐宋之世,或因朝廷赐名士之书,或以故家积书之多,学者就其书之所在而读之,因号为书院。及有司设官以治之,其制遂视学校。"可见,书院是由民间私学发展起来的。史书记载,最早的书院藏书是创立于唐龙纪元年(889年)之前江西德安陈氏所办的东佳书院,有"书楼、堂庑数十间,聚书数千卷"。但是,据徐晓望教授的考证,东佳书院和其后建于五代时期的洪州华林书院、范阳窦氏书院等,都是民间儒家学者自办的义塾式学堂。"五代时期的义塾已有学府的雏形","已经很接近宋代的书院"。① 由于这些书堂除了讲学还兼有聚书,因此可视为书院藏书之滥觞。五代时期,缘于兴学育才之需要,各地名儒、学者和地方官吏纷纷兴办私学,"学堂""学舍""精舍"等名称命名非官府主办的教育机构不断出现。书院发展成为兼有讲学、研究、著述等多种功能的文化教育机构,则是在宋代。北宋时期,私人办学在各地兴起,朝廷也因笼络人心之需,鼓励兴学,这些以聚书讲学、培育人才为宗旨的教育机构,逐渐改称为"书院",如应天书院(在今河南商丘)、岳麓书院(在今湖南长沙)、嵩阳书院(在今河南郑州)、白鹿洞书院(在今江西九江)。以后中央政府明令地方兴办,把书院逐渐纳入封建统治者的控制之中。书院遂转为集藏书、奉祀和讲学三大职能于一身的教育机构。此后,书院经历北宋后期的衰落、南宋的复起、元代的官学化、明末的折毁和清初的兴盛,而终衰亡于清末。近千年来,书院的发展虽然起起落落,但藏书一直是其重要的特征,因此书院藏书是我国古代藏书中的一种重要类型,在厦门也不例外。

一、古代厦门书院之兴衰沿革

厦门最早的书院是元代在同安创办的大同书院。

元代,统治者为缓和蒙汉民族的矛盾,笼络汉族士心,对书院采取保护提倡的政策,同时也逐渐加以控制。元至元二十八年(1291年),政府下令江南诸路及各县设立小学,其他先儒过化之地、名贤经行之所可设立书院。各级学官由官府选派,使元代书院日益呈官学化趋势。

在此历史背景下,紫阳过化之区的同安,在县学之外又建起了书院。据《大同志》(即康熙《同安县志》)记载,"大同书院,元至正间尹孔公俊建"。该书还收录元代永福人林泉生的《大同书院记》,叙述了孔公俊创办大同书院的经过。孔公俊,字师道,孔子后裔,孔氏南宗末代衍圣公孔洙之孙,浙江衢州人。元至正九年(1349年)任泉州路同安县尹,后迁邵武路任邵武县尹。作为孔子后裔,孔公俊对弘扬儒家学说怀有很强的使命感,故下车伊始,"乃谋其

---

① 徐晓望.唐五代书院考略[J].教育评论,2007(3):102-106.

邑人曰：'昔先正朱文公主是邑簿，民至今称之。今国家表章理学，凡文公旧所讲习之地，悉为立学设师弟子员，闽中最盛，同安独阙焉，非所以致尊崇也。吾将兴举坠典，何如？'"①于是，孔公俊于至正十年（1350年）在同安县学偏东处开建书院。书院建筑模仿孔庙，主建筑为祭祀孔子的"先圣殿"，先圣殿前建有戟门，戟门外有棂星门，基本上是孔庙的建筑样式。先圣殿后面为祭祀朱熹并配祀乡贤吕大圭的"朱子祠"，两旁建有讲堂、斋室，规格有"如邑学"。书院"既成，名之曰大同书院"，由泉州路总管府上报闽海道肃政廉访司；廉访使、覃怀（今焦作市）人许从宣"请额以朝"，元顺帝遂颁赐"大同书院"匾额，"以列学宫，邑人荣之"。②

大同书院于元末毁于战乱，其址于明洪武二年（1369年）为知县吕复改建为县学。明成化十二年（1476年），知县张逊重建大同书院于儒学之东，中建讲堂三间，额以"大同书院"，而前门楼又额以"文公书院"。后方庭北建退轩，以朱熹寓同所居的"畏垒庵"命名，设朱熹像以祀。后来，大同书院"鞠为府馆"，即被改为县衙的办公场所。

明嘉靖九年（1530年），同安宦绅林希元因感叹大同书院屡建屡圮，由"昔文公守漳，建书院于开元禅寺之后"而受启发，即建言于督学邵锐，倡建文公书院，择址于大轮山，"欲作书院于禅刹之后，以补东门书院之阙"。然而，由于官员屡屡调换，此项工程一拖就是20余年，直至嘉靖三十一年（1552年），才在福建督学朱衡的督责下，由时任知县彭士卓"召匠兴工"，"两阅月而工告成"。③

由于明朝政府采取发展官学、禁锢书院的文教政策，明代时期书院处于沉寂状态，厦门地区的书院也就没能发展起来，故清代之前，厦门地区只有同安的文公书院和金门的浯江书院两所。文公书院于明万历三十七年（1609

---

① （元）林泉生.大同书院记[M]//朱奇珍修，厦门市同安区地方志编纂委员会办公室整理.大同志.福州：海峡书局，2018：269.
② （元）林泉生.大同书院记[M]//朱奇珍修，厦门市同安区地方志编纂委员会办公室整理.大同志.福州：海峡书局，2018：269.
③ （元）林希元.文公书院记[M]//朱奇珍修，厦门市同安区地方志编纂委员会办公室整理.大同志.福州：海峡书局，2018：272.

年)由同安知县李春开捐俸重修,后维持至清朝,屡建屡毁,屡毁屡葺,一直到清乾隆末年有多次修治。浯江书院创办于元代,然很快就倾废了,直至清乾隆四十六年(1781年)才得以重建。

入清,统治者对书院从开始的抑制转为后来的积极兴办、加强控制的政策,政府在书院的兴建、山长的聘用、生员的考核和经费的拨给等方面多有插手。在这种政策的推动下,书院在厦门各处逐渐兴盛起来。

康熙四十二年(1703年),贡生郑羽飓在同安县西安仁里高浦乡(今厦门市集美区杏林街道高浦社区)请建鳌江书院,以明洪武时江夏侯周德兴所筑高浦营署地而建之。因场所陋旧,为风雨所损,乾隆十八年(1753年),太学生"郑绍仁倡募重建,增其廊庑,规模大于昔日"①。

康熙四十五年(1706年),知县陈国柱在同安南门内县学旁建文昌书院。康熙末年,在同安县学内建银同书院,移文昌书院肄业生徒于此。乾隆二年(1737年),双溪书院创办于县衙东,银同书院因生童被分流,遂归入县学。因此,这两所书院存在时间较短。

雍正二年(1724年),在厦门岛内朝天宫后建紫阳书院。据考证,该书院为厦防同知冯鉴所倡建,并于雍正四年(1726年)进行拓建。乾隆十六年(1751年),兴泉永道在厦门城内创办玉屏书院后,紫阳书院便从西门外迁到厦门港巡检司署西南面的紫阳祠。清光绪中叶以后,紫阳书院一度和玉屏书院合并,称玉屏紫阳讲院。光绪二十九年(1903年)恢复紫阳书院。宣统元年(1909年),改为新式的两等小学堂,前后办学近180年之久。②

乾隆二年(1737年),知县唐孝本在同安县城东蔡复一故宅地建成双溪书院。此后,乾隆十八年(1753年),邑绅庄仰旻续建书室;道光年间,宦绅苏廷玉提倡捐资修葺;同治四年(1865年),知县白冠玉修复书院,并增建考棚,以补县学生童考试场所之不足。这所书院一直办到清末科举制废除之时,光绪三十三年(1907年),书院改为新式的两等小学堂,前后办学也有170年。

---

① 厦门市地方志编纂委员会办公室整理.(民国)厦门市志[M].北京:方志出版社,1999:440.

② 李启宇.厦门书院史话[M].厦门:鹭江出版社,2015:32-34.

乾隆十一年(1746年),在同安知县张荃倡议下,里中绅士于县东之民安里(今厦门市翔安区马巷镇)建舫山书院;又于县西安仁里凤山(今厦门市集美区灌口镇)建凤山书院。舫山书院曾于同治六年(1867年),由马巷厅通判鲍复康择址马巷通利庙后埕重建,规模宏大。而凤山书院则屡有兴废。虽是如此,这两所书院也持续办到清末改为两等小学堂。

乾隆十六年(1751年),南澳总兵代理福建水师提督倪鸿范与分巡兴泉永道白瀛、厦防同知许逢元,会同地方士绅黄日纪、林翼池、刘承业、廖飞鹏等人共同谋划创办书院,择址厦门岛内东北隅玉屏山麓的文昌殿旧学舍。先前,该处办有义学,海氛时废圮。清康熙二十二年(1683年)台湾平定后,威略将军吴英驻防厦门,于康熙三十七年(1698年)在旧时义学的遗址上创建文昌殿、萃文亭,又作降乩作诗的小堂一间,名曰"卖诗店"。康熙五十九年(1720年),又有户部郎中雅奇建集德堂,增置学舍,作为士子课文之所。但后来生徒寥落,学舍为僧人所占。于是,倪鸿范等逐僧徒、迁佛像,劝募捐金二千余,在文昌殿右辟地折旧屋,盖讲堂一所,其旁斋庑八间。以其中两间斋庑供馆役住宿,其余作为学舍。乾隆十七年(1752年)十一月竣工,因背靠玉屏山而命名"玉屏书院"。乾隆二十九年(1764年),黄日纪复买文昌殿左侧瓦屋二十余间,建崇德堂、芝兰室、潄芳斋以充学舍。嘉庆年间,厦防同知叶绍荃、薛凝度也先后劝捐修理书院。清道光十五年(1835年),分巡兴泉永道周凯倡议重修玉屏书院,采用"各修法",由捐资人直接认领修复项目,拓建了御山阁、崇德堂、潄芳斋、芝兰室等二十多处建筑,斋舍堂阁"次第兴举,彼此争美,较前又加华焉"[①]。清光绪三十二年(1906年),科举考试停止,玉屏书院改组为厦门中学堂。

乾隆二十七年(1762年),邑绅黄涛在同安县西积善里文圃山(位于今漳州角美和厦门海沧两地的交界处)倡建华圃书院。文圃山原为唐代谢翛、南唐洪文用、宋代石蕡读书处,宋代杨志建有三贤堂以祀先贤。明代以后,三贤

---

① 厦门市地方志编纂委员会办公室.(民国)厦门市志[M].北京:方志出版社,1999:296-297.

堂渐至坍废。黄涛与其叔黄砥园及富商潘君雅、潘振承等人捐款,在遗址的基础上建紫阳祠、栖贤堂等。而分巡兴泉永道谭尚忠自厦门玉屏书院的办学经费中拨出一笔款,并倡里中士绅资助,扩建了讲堂等建筑,书院规模略具。清咸丰年间(1851—1861年),书院圮坏,举人潘正昌募款重修。直至进入20世纪,光绪二十七年(1901年),尚有训导潘江筹款重修。宣统元年(1909年),华圃书院改为两等小学堂。

禾山书院,址在鹭岛禾山后院社(今后坑资福院附近)。同治年间(1862—1874年),有侨商于海外醵金来建,已成堂室十余间。然因其与董事会意见相左,书院遂断了资金来源而停办。光绪十年(1884年),厦防同知丁惠深意重兴禾山书院,"爰将洋药局每月津贴厅署五十圆银,拨充修伙",分巡兴泉永道孙钦昂"亦捐廉四百圆银,以作绅商乐输之嚆矢",遂有"重兴盛举"。[①] 惜禾山书院办学不长,于光绪二十六年(1900年)后即停办。

从康熙至乾隆的百余年时间内,区区厦门就新建成8所书院,加上重修、重建前朝的文公和浯江2所书院,以及同治年间建的禾山书院,清代共有书院11所,足见清代厦门书院的兴盛。

二、古代厦门书院的藏书活动

书院即以聚书讲学为务,藏书是不可或缺的重要条件。藏书建设,首先要有收藏图书的场所,藏书楼或藏书室便是书院庋藏图书的地方。然而,在厦门地方史料中,关于书院的藏书场所,很少详细述及,笔者所见的是清马巷通判黄家鼎的《马巷舫山书院碑记》,文中有一段描述舫山书院规模的文字,较为确切地指明其藏书处所,特抄录如下:

……同治间,新安鲍君复康来宰是厅……择地于后埕营造。周围广八十余丈,缭以高墙……外为照墙,深凡三进。头门以内明堂平旷,树木苍郁,荫可数亩;二进则分为三门,中为平房三间,东、西翼于学舍各三

[①] 厦门市地方志编纂委员会办公室.(民国)厦门市志[M].北京:方志出版社,1999:299.

间;三进则正厅三间,左右有房,山长所居。东西廊墙外学舍各四间。再进则月台夹以花墙,外植花果,每当春华秋实,香气拂,从画槛出。最后三楹,中供朱子塑像,虚其左右室,可庋典籍。其上为楼。……①

由这段文字可见,舫山书院在其后进的楼下左右室专门设置藏书室。古代书院的建筑布局,较为突出的有两种类型:一种是较大型的书院,分为前、中、后三进的建筑,与儒学的布局相似,藏书楼一般位于后进,即在大成殿之后。另一种属于较小型的书院,分前、后两进,藏书处所或与祠堂合一,如舫山书院;或与斋舍合一,如文公书院、凤山书院等。厦门书院的规模一般不是很大,因此藏书处所的设置可能多偏于后一种类型。

就地方史料来看,厦门书院的藏书场所,基本上没见到藏书楼或藏书室的表述,似乎没有类似县学的经史阁或尊经阁那样的专门场所,但这并不代表书院就没有藏书场所。地方史料描述书院建筑时,经常会出现"书舍"这一概念,书舍,应当兼有藏书功能。古代之书舍,有两个意思:一是书馆,二是书房。书馆,乃教授初学之处所,"其师名曰书师,其书用《仓颉》《凡将》《急就》《元尚》诸篇,其旨在使学童识字、习字"②。由此可知,此"书馆"乃蒙馆之意,即启蒙的学塾,故与读书讲学的书院不符。书房,或称书斋,乃收藏书籍且阅读其中的场所,故书院的"书舍"应为此意。且在厦门地方志书中,凡提到书院建筑,"讲堂"与"书舍"(或"斋舍")两个概念通常是并列的。讲堂,古时指讲解经学的厅堂。书院看似学校,但不像近现代的学校那样分科分班教学,而只是聘一位科名较高的先生曰"山长"或"讲席",设堂讲经,坐而论道。讲堂,即其讲经论道之处。而与讲堂并列的"书舍",既是读书的场所,也是藏书的场所,有如当代的图书阅览室。

从史料来看,厦门各书院大多重视兴建书舍,庋藏图书,以供仕子习读其间。

文公书院于明嘉靖三十一年(1552年)完成建造工程,不久,知县王京于

---

① 吴锡璜著,厦门市同安区地方志编纂委员会办公室整理.(民国)同安县志[M].北京:方志出版社,2007:455.

② 王国维.汉魏博士考[M]// 王国维.观堂集林.北京:中华书局,1959:174.

明隆庆二年(1568年),"建仰止亭于畏垒庵后,增筑书舍,两旁各七间",使得士子们能诵读其间。清乾隆十七年(1752年),邑恩贡洪敬璜、副榜陈思敬又募修书院建筑,"别构书舍七间"。[①] 其藏书与读书之空间可谓可观。

双溪书院于清乾隆二年(1737年)修建时,"中为讲堂三间,后造层楼三间,楼上中祀文昌神,左即以祀复一,东西两旁各建书舍十间"。乾隆十八年(1753年),邑绅庄仰旻又"于楼后空地续建书舍五间"。其藏书与读书之空间不亚于文公书院。直至清光绪二十五年(1899年),邑绅杜文艮重修书院,"复于讲堂左右构学舍十有八"。[②]

乾隆十一年(1746年),凤山书院初建,其建筑"前后二层,后祀文昌诸神及朱子,前为会文之处,右复筑书舍三间"。"会文之处",乃指相聚谈艺的地方,可作讲堂解,而书舍则是聚书读书之处所无疑。相对而言,凤山书院的藏书与读书之空间较少。

乾隆十六年(1751年),玉屏书院初建,于讲堂两旁盖斋庑八间,以及必自轩、三台阁等楼阁建筑;宦绅黄日纪"复买文昌殿左侧瓦房二十间,建崇德堂、芝兰室、漱芳斋,以充学舍"。道光十五年(1835年),兴泉永道兵备周凯重修拓建玉屏书院,增建多处建筑,形成以文昌殿为中心,"由殿面东,为衔山阁、崇德堂、漱芳斋、芝兰室、卖诗店;殿后为朱子祠,亦早集德堂祠;西为萃文亭、三台阁、静明轩、仿胡斋;下为讲堂"的完整格局。[③] 虽然,史料并无详明诸多楼阁斋室何处为藏书楼,然如此之多的楼阁斋室,不愁藏书空间之缺也。

限于环境和条件,厦门书院在藏书场所的规模上有大小的差别,但在政府官员和热心邑绅的鼎力支持下,书院通过购买、募捐、接受赠送等渠道获得藏书补充,尤其是一些制度较为完善的书院。例如,玉屏书院于乾隆五十三年(1788年),由新上任的兴泉永道兵备胡世铨购置"经、史、子、集"和"九通"

---

① 吴锡璜著,厦门市同安区地方志编纂委员会办公室整理.(民国)同安县志[M].北京:方志出版社,2007:436.

② 吴锡璜著,厦门市同安区地方志编纂委员会办公室整理.(民国)同安县志[M].北京:方志出版社,2007:127,129.

③ 厦门市地方志编纂委员会办公室.(民国)厦门市志[M].北京:方志出版社,1999:296.

等书万余册,存贮院内,供学子阅览。道光十五年(1835年),兴泉永道兵备周凯重修拓建玉屏书院,又劝谕绅商输金助学、购买书籍,存贮书院,以备生童披阅。

书院藏书种类较为广泛,主要有儒家经典及经史著作,如《大学》《中庸》《论语》《孟子》《周易本义》《易学启蒙》《易传》《诗经集注》等;朱熹的力作及其编定的书院教材,如《四书集注》《小学》《近思录》《四书音训》《大学集解》《大学详说》等。此外,还有史地类、诸子类的书籍。

书院不仅收藏图书,还刊刻图书、收藏刻版。如道光十九年(1839年),周凯的生前同僚黎攀镠、陈化成、蒋镛、卢凤琴、孙云鸿共同捐俸刊刻周凯主纂的《厦门志》,该书刻版即由玉屏书院收藏。乾隆四十二年(1777年),马巷厅通判万友正刊刻其创修的《马巷厅志》,原版藏舫山书院,后为兵燹所毁。光绪九年(1883年),通判丁惠深据万本翻刻,版仍藏舫山书院。金门人林焜熿于道光十六年(1836年)完成《金门志》,然迟未开雕。迄至同治年间,其子林豪承父业,续而修之,至光绪八年(1882年)方由浯江书院付梓刊行,版藏浯江书院。光绪七年(1881年),玉屏书院刊刻其讲席曾兆鳌编辑的《玉屏书院课艺》二卷。该书汇辑玉屏书院历年优秀的考课制艺,供众童生学习参考。选文共120篇,以"清真雅正"为选文标准,篇后附有编撰人点评,评语简约。此外,还有舫山书院刊刻的《舫山书院课艺》。这些图书的刻版虽然皆已损毁,但印刷的图书今仍为厦门市图书馆所收藏,是厦门地方史与厦门教育史的宝贵史料。

随着"西学东渐"的影响,中国的教育体制发生了变革。光绪二十七年(1901年),清政府下令将书院改设为学堂,延续千年的书院也就宣告结束历史使命了,所有书院的藏书便陆续为各地图书馆所接收,厦门也不例外。1919年,厦门道尹陈培琨、地方绅士周殿薰等倡建厦门图书馆。玉屏、紫阳两书院的财团、董事予以支持,提供文渊井21号玉屏别馆为图书馆馆址,并将两书院藏书悉数赠予厦门图书馆,厦门海关监督胡维贤亦将博闻书院藏书并入,厦门的书院藏书遂成为近代公共图书馆的馆藏了。可惜的是1938年9月17日夜晚的一场大火,将厦门市立图书馆的馆舍连同藏书统统烧毁,这些珍贵的书院藏书亦焚于其中。

第三节　古代厦门寺院藏书

寺院藏书是指佛寺等宗教场所收藏的图书,是我国古代四大藏书类型之一。佛教是外来的宗教,西汉末年随着西域贸易的商路,从印度经中亚细亚、新疆传入中原。随之佛经典籍也由来华僧人翻译而进入中国。魏晋南北朝时期,佛教典籍逐渐丰富起来,还出现弘扬佛法的论著,如东汉牟融的《理惑论》、梁释僧佑的《弘明集》等佛教论著。随着佛教译经的鼎盛,佛寺自然肩负起收藏的任务。隋唐时期,寺院藏书活动渐成制度,如唐代编写的《开元释教录·入藏录》成为全国各地寺院经书入藏的统一标准。此外,藏书由专职人员管理,而且不仅收藏佛经,还收藏其他内容的书籍。从此,寺院藏书自成系统。在厦门,有关寺院藏书活动的史料虽然不多,然透过一些文献记载,仍可看到寺院藏书活动的足迹。

一、唐宋时期的厦门寺院藏书

佛教传入闽南,是在西晋永嘉南渡时随着中原移民而扎根闽南的。两晋南北朝时期,佛教在经济较发达的晋江流域开始了小范围的传播。据研究资料,南朝陈武帝永定二年(558年),精通大乘佛教的印度人拘那罗陀入闽,"挂锡晋安佛力寺,应僧人之请,在此参校佛经,译《正论释义》五卷等。二年后,来到南安郡建造寺,欲候船归国,于此地重译佛教名著《金刚经》"[①]。后来,其校译的《金刚经》为本地僧人刊印而流播开来,这可能是闽南地区最早的寺院藏书记录。至唐代,闽南地区兴建了不少寺院,如泉州开元寺、漳州南山寺等。随着寺院的建设,寺院的藏书活动也早早地出现了。唐末,泉州开元寺已建有经楼,"仆射大原公王潮,延僧书《大藏经》三千卷,安置楼上"[②]。而禅

---

① 徐晓望.闽南史研究[M].福州:海风出版社,2004:133.
② 陈文革.泉州藏书史[M].长春:吉林文史出版社,2012:18.

宗的传播,推动佛教在闽南飞跃发展,到五代时期,佛教在闽南的流布已经十分广泛,闽南的僧人甚至撰写了不少佛教著作,如泉州开元寺僧叔端著有《义苑搜隐》《宗镜》《四缘诸抄》凡数十卷,雪峰义存著有《真觉语录》,义存弟子宝闻著有《续宝林传》四卷,等等,在闽南影响十分巨大,闽南遂以"佛国"见称于世。

然而,地处闽南偏隅之地的厦门,隋唐五代时期则处于佛教初拓阶段,其寺院规模甚小。传说隋唐间建于同安大轮山、初名兴教寺的梵天寺,其时还是个小禅寺。同样传说隋唐间建于同安梅山西麓的梅山寺,其规模大概也是如此。始建于后唐的鹭岛小东山觉性禅院,最初不过是最早开发厦门"南陈北薛"中陈氏家族的家庙式堂院,既是家族祠堂又是拜佛的佛堂,供奉陈氏先人牌位和观音菩萨。创建于后唐同光三年(925年)的海沧石室禅室,则是原出家人修行的石室。① 由唐末五代僧人清浩始建于鹭岛五老峰山间的泗洲院,估计也是属于石室一类的寺庙。这些早期的石室、家庙,大概只是单间的小禅室,规模甚小,没有可供驻僧住宿的斋舍,更不用说藏经阁之类的建筑了,因此,在宋代以前,厦门佛教寺院不会有藏书活动的存在。

宋元时期,厦门佛教寺院规模有所发展。宋熙宁中,原有小庵72所的同安兴教寺等寺庵合为一区,改名"梵天禅寺"。时同安有寺院58所,梵天寺为当时同安众寺之首,足见其规模。位于海沧的石室禅院,于宋治平二年(1065年)添建;元元统二年(1334年),又由晦庵和尚主持重建,梵宫、僧房、佛像一应俱全,宛然名刹规模。坐落于海沧大岩山山腰的云塔寺,乃草创于宋代,元大德四年(1300年)大修,寺前建讲堂,明代柯挺、周起元等里人曾在此奋发读书,皆高中进士。② 由此看来,宋元时期厦门佛教寺院可能已有藏书活动。由于史书缺载,文献无征,现今无法明辨其藏书活动的具体情况。

二、明清时期的厦门寺院藏书

有据可稽的古代厦门寺院藏书活动,见于明代。

---

① 洪卜仁.厦门古刹名僧[M].厦门:厦门大学出版社,2015:91,67,78.
② 洪卜仁.厦门古刹名僧[M].厦门:厦门大学出版社,2015:91,79,85.

明洪武十年(1377年),住山无为禅师重建同安梵天寺,先建法堂,而后陆陆续续建寝室、方丈、宾次、厨湢等设施。"十七年,无为禅师复建大雄宝殿,其徒僧智胜同心协力,于是由金刚殿、天王殿、大雄宝殿、藏经阁为主体的中轴线逐渐形成。殿阁巍峨,楼宇高耸,气势恢宏,蔚为壮观。"[1]其时,梵天寺已形成完善的禅寺格局,各项功能设施具备,其中藏经阁的建造,说明当时寺院里已藏有一定数量的图书。明万历年间名士池显方的《晃岩集》卷十一中有一篇《梵天寺阅经缘序》,说到当时的梵天寺,"僧比无为时庄损半也,寮减一也,徒众十去四五也,持律十仅二三也,然山与寺仍俨然也",可见到了崇祯年间(1628—1644年),梵天寺虽略有式微,然寺内格局不变,藏经阁中仍藏有经书供阅览,这从另一角度佐证明代梵天寺的藏书活动延绵不断。

明永乐年间(1403—1424年),鹭岛五老峰下的普照寺,"已成为一座殿堂院舍完备、佛像法物齐全,住僧常达百余人,以及拥有田租作生活来源的大寺院"。也是明永乐年间(1403—1424年),住僧圆镜禅师拓建位于鹭岛小东山的觉性禅院,使其成为真正的佛寺,"常住僧八九十"。觉性禅院全盛时期,范围有数里之大,其山门远设在邻近的薛岭山,有"僧人骑马关山门"之说,足见其规模之大。明隆庆三年(1569年),位于海沧的石室禅院也由云轩和尚主持进行一次重建,建法堂、山门等设施,规模扩大不少,志书记载"殿宇三重,僧舍六十四间"。[2] 这几处佛寺与梵天寺相似,"殿宇三重",已成规模,虽史料没有说到藏经阁,然有法堂,有僧舍,有常住僧,藏经阁与藏书也就少不了。

入清,厦门寺院的藏书活动仍旧持续着。位于海沧大岩山腰的云塔寺,清同治年间(1862—1874年),"因年久失修,殿堂荡然无存,周围谢、杨、李、邱、林诸姓乡人相与踊跃劝捐,重新翻建,并扩大规模,左翼增丈室、经楼,寺前讲堂仍在旧址重建,左右加翼四室,焕然一新,足壮观瞻,香火复盛"[3]。经楼的修建,证明当时的云塔寺有藏书活动,它无疑为僧侣们修学诵经提供了藏书与阅读的环境。

---

[1] 洪卜仁.厦门古刹名僧[M].厦门:厦门大学出版社,2015:92.
[2] 洪卜仁.厦门古刹名僧[M].厦门:厦门大学出版社,2015:4,67,79.
[3] 洪卜仁.厦门古刹名僧[M].厦门:厦门大学出版社,2015:87.

第一章 古代厦门藏书

寺院的藏书,主要为佛教图书,除《大藏经》外,还有单本译经、中国僧人撰著、疑伪经、宣传佛教的文书字画、佛像、法器等。另有一小部分非佛教图书,如常见的经、史、子、集四部书,医书、志书、阴阳、法书、蒙学著作、僧人自著的诗文等。寺院藏书来源众多,有僧人信徒抄写的佛经,如南普陀寺收藏的明崇祯年间性旭和尚等人的血书《妙法莲华经》14册;有信众、居士施藏的佛教经典,如明代陈基虞、池显方的施藏;还有官府颁赐的各种书籍和僧人个人的撰著。其中赐藏、施藏是寺院藏书的重要来源渠道。此外,寺院也积极购置或刻印经书。

赐藏、施藏作为官府与百姓为了功德心理,共同参与寺院造经、藏经的一种藏书活动,是寺院藏书不同于其他系统藏书的显著特点。在史料中,有关古代厦门寺院藏书活动的记载虽不多,但请经书施藏于寺院的例子倒可寻得几则。厦门名士池显方的《晃岩集》卷十一有一篇《北辰寺阅藏经缘序》,其中文字记述明代广东按察副使、同安人陈基虞请经书施藏于同安北辰寺之中,以及他自己请《径山方册经》施藏于鹭岛寺院的事,特录出一段如下:

> 吾郡昔称佛国,迩来末法式微。自李文节倡请《南藏》于月台后莲寺,继之教渐中兴。余复请《径山方册经》于鹭岛,而轮山犹缺。近宪副陈先生悟一大因缘,发四无量心,施全藏于北辰山上,遵圣训下利群生,为吾邑希有之瑞。又虑阁于寺,犹阁于都也。因延苾刍阅之,以三腊为期,愿读者证果,闻者植因,纵不读不闻,第能损粒余以养阅经之众,不胜于拥毕竟空之田宅,饱不相代之妻孥耶。①

文中的"宪副陈先生",即明万历年间官至广东按察副使的陈基虞。陈基虞(1565—1643),字志华,号宾门,福建同安阳翟(今属金门)人。明万历十七年(1589年)进士,初授萧山知县,后为南雄府推官,官至广东按察副使。陈基虞为了使出家的佛弟子能方便阅经,将整套《大藏经》施藏于同安北辰寺,以补其缺。在此之前,池显方也从浙江嘉兴请来方册本《大藏经》,包括正藏、续

---

① (明)池显方著,厦门市图书馆校注.晃岩集[M].厦门:厦门大学出版社,2009:250-251.

藏和又续藏整套施藏于鹭岛上的寺院。池显方的《晃岩集》卷十九有《谢请藏经偈》一篇,其小序亦记载此事:

> 三月十九日檇李请方册藏经。五月二十二日而经至,三藏俱备。一路平康皆佛祖加被之力,龙天拥护之功。敬择六月朔日设斋诵经。长跽稽首,而说偈言。[1]

池显方(1588—?),字直夫,号玉屏,福建同安县中左所(今厦门岛)人。出身于豪门世家,青年时期即参禅乐道,明万历四十三年(1615年),捐资在鹭岛玉屏山麓建玉屏寺。天启四年(1624年),池显方中举人,时已三十七岁。而后屡赴春试,未能得隽,于是,辞荣入道,隐栖同安端山之晃岩,参禅礼佛,终老山中。

池显方的《北辰寺阅藏经缘序》和《谢请藏经偈》的小序,均未明说其所请的《径山方册经》施藏于鹭岛的哪所寺院,据笔者推测,这个寺院极可能是池显方捐建的玉屏寺,今称虎溪岩寺。据《晃岩集》卷十五《啸风亭记》称,当时该寺粗具规模,"左为大雄阁、棱层洞、夹天径。后为石室。上为双鲸石,又后为六通洞、宛在洞"[2],可能有场所提供藏书。而至清朝,玉屏寺更是扩展规模。康熙四十年(1701年),福建水师提督吴英捐资谋建玉屏寺,延元飞和尚主持,经十余年经营,先后建成大雄宝殿、垂云楼、渡虎桥等建筑。雍正十二年(1734年),厦门海防同知李璋又重修大雄殿,再建准提阁、弥勒楼等楼阁建筑,其藏书条件更为完善。

而明崇祯七年(1634年),池显方自杭州请回一部《大藏经》,则藏于同安端山的晃岩寺中。池显方于清顺治九年(1652年)所撰的《清晃岩檀越发愿碑文》就称"崇祯甲戌年,显方于武林迎毗卢佛并《大藏经》回山。是冬,建晃岩祀佛及经"。如今,晃岩寺早已倾毁,而此"发愿碑"也因同安汀溪镇建汀溪水库而倾沉于水底,池显方施藏的《大藏经》当然也烟消波静一舸无迹了。

寺院藏书的使用,当然主要是服务于寺内僧侣,但应该也为寺外居士儒

---

[1] (明)池显方著,厦门市图书馆校注.晃岩集[M].厦门:厦门大学出版社,2009:379.
[2] (明)池显方著,厦门市图书馆校注.晃岩集[M].厦门:厦门大学出版社,2009:333.

生所用。明举人池显方,28岁时于厦门虎溪岩玉屏寺中读书,后又结茅于厦门城北的狮岩,闭馆谢客,专心攻读;清举人张金友,十数岁时读书于同安西山岩僧室,诸如此类的读书山中的现象,或有可能利用到寺院藏书。

从上述史料中可知,明清时期的厦门本地寺院中,梵天寺、北辰寺、石室禅院、云塔寺、端山晃岩寺等许多寺院都存在藏书活动,普照寺、玉屏寺也可能收有藏书。这些寺院其间虽有毁损,然也有重建,直至民国时期,南普陀、梵天禅寺等寺院的藏书活动仍有存在,此乃后话。

第四节　古代厦门私家藏书

相对于官府藏书,民间的私家文献收藏是我国古代藏书四大支柱的十分重要的组成部分,也是颇具传奇色彩的部分。在福建,私家藏书历史悠久,在南北朝时期就有私家藏书活动的出现。在明清时期,福建成为江、浙、闽三个私家藏书中心地区之一,厦门不可能不受其影响。虽然,厦门地处东南海隅,开发较迟,其私家藏书活动不如闽中、闽北之兴盛,鲜有红雨楼、世善堂那样名气显赫的藏书楼,但至少在宋代就产生了著名的藏书家苏颂,而后又屡有嗜书若命、聚书万卷的诸多藏书家,在古代厦门藏书活动中留下了串串印迹。他们对保存古代典籍、传播传统文化做出的贡献,长留史册,余韵未湮。

一、宋代厦门的私家藏书

图书文献是伴随着人类文明之发端而产生的,而人类的图书收藏活动则是紧随其后就出现了。古代厦门私家藏书活动的出现,应该是在习文之风始起、图书文献初出的晚唐时期。晚唐的"厦门文献第一人"陈黯和"厦门进士第一人"谢翛,分别隐居于嘉禾屿之金榜山下和同安之文圃山下,读书笃志终其身。这些读书人,嗜书若命,图书收藏是免不了的事。然而,由于文献之缺乏,他们的藏书活动没有留下任何记载。古代厦门私家藏书活动有史可稽者,只能自宋代始。

宋代是我国封建文化发展史中的一个高峰期,也是我国古代私家藏书事业的繁荣期。其时,雕版印刷术在社会上的广泛应用,使读书之人也可以比较方便地获得所需的图书,这为宋代以后的私学发展创造了良好的条件,也为私家藏书的昌盛奠定了基础。随着宋代经济文化教育的繁荣以及政治经济中心逐渐南移,福建地方文教事业进一步繁荣,私家藏书逐渐兴盛。厦门虽居闽之偏隅,然受福建其他地方影响,亦有私家藏书之崛起。据文献考证,宋代厦门的私家藏书有苏颂、苏象先、石元教和石起宗。

苏 颂

苏颂是北宋时期历仕五朝,位至宰相的名宦,同时也是我国古代著名的科学家,又是北宋颇有名气的藏书家。

苏颂(1020—1101),字子容,福建同安在坊里(今厦门市同安区大同街道)人。出身闽南望族,幼承家教,又天资聪颖,勤奋好学。宋庆历二年(1042年)登进士第,历宿州观察推官、南京留守推官。皇祐五年(1053年)任馆阁校勘,开始其校正和整理古籍的生涯,又历集贤校理、校正医书官等。后曾两次使辽。熙宁元年(1068年),任知制诰。后曾多次放外任。元祐初年,拜刑部尚书,转任吏部尚书兼侍读。元祐七年(1092年)拜尚书右仆射兼中书门下侍郎(丞相),绍圣四年(1097年)以太子少师职致仕。卒后谥"正简",赐司空魏国公。

苏颂知识渊博,《宋史·苏颂传》称他"……经史、九流百家之说,至于图纬、律吕、星宿、算法、山经、本草,无所不通,尤明典故"。嘉祐初年,苏颂受诏校定与编撰医书,与掌禹锡、林亿等一起编写了《嘉祐补注神农本草》。针对旧本草书中混乱和错讹状况,他向朝廷提出建议,受到朝廷采纳,并委任他编撰《图经本草》。经过四年艰苦努力,于嘉祐六年(1061年)编撰完成《图经本草》二十一卷。元祐元年(1086年),奉命检校太史局天文仪器。元祐三年(1088年),主持研制兼有观察天体、演示天象和报时三大功能的天文仪器"水运仪象台"。研制完成后,苏颂于元祐、绍圣年间把水运仪象台的总体和各部件绘图加以说明,著成《新仪象法要》三卷。此外,苏颂还著有记录宋辽关系史的史料文献《华戎鲁卫信录》二百二十九卷,个人文集《苏魏公文集》七十二卷,断代类史籍《迩英要览》二十卷,以及《魏公题跋》一卷,可谓著作等身。

第一章　古代厦门藏书

苏颂如此博学,得益于"家藏书万卷,并以秘阁所传者居多"①。其万卷藏书,既有继承父辈所遗,亦有其为官后费力劳心亲手抄录而来的。苏颂出身于书香门第,家中自然藏书不少。其父苏绅,进士出身,曾任大理寺丞、尚书员外郎、直史馆、翰林学士。曾祖母乃泉南甲族,家财殷实,出嫁时嫁妆甚厚,仅图书就陪嫁十多橱。自小浸淫于史籍经典之中的苏颂,成人后自然而然以藏书为乐了。苏颂初仕时,虽有俸禄,但家口众多,生活拮据,无钱购书,故有"自小官时得之甚艰"的感叹。皇祐五年(1053年),苏颂奉召担任馆阁校勘,又迁集贤院校理。当时馆阁校理吴及奏请全面整理皇家藏书,置馆阁编订书籍官,分为史馆、昭文馆、集贤院、秘阁,各为编次书籍。苏颂任此二职,即为当时整理皇家藏书的官员,因此从事文献典籍整理工作达九年之久。在此期间,他有机会遍阅天下秘藏,纵览古今图书,为其收集各种书籍提供条件。博闻强记的苏颂利用在集贤院任职的便利,抄写下大量的秘阁书籍。其孙苏象先在《丞相魏公谭训》卷三中忆到,"祖父在馆阁九年,家贫俸薄,不暇募俯书,传写秘阁书籍,每日二千言,归即书于方册",又"取平日钞录,分门类令子孙辈传写"。凭借着这般默写抄录,日积月累,经年不息,苏颂终聚书万卷,成为大藏书家。而最为宝贵的是在这万卷书中,"秘阁所传者居多",其藏书质量非一般可论。

苏颂既喜藏书,又擅校雠,其传写秘阁之书,"皆亲校手题",又曾"与吕缙叔、王深甫、子直诸公改正《元和姓纂》,以朱勾细字纤头,证定甚奇。又改《水经》,尤得其全,比世本增多"。②

苏颂藏书,不为己独享,而乐于将自己辛苦得来的图书借人阅览传抄,与他人分享。他在《客来》诗写道:"有客过我门,开颜喜相见。贫居何以待,案上书千卷。高论到古人,终日自忘倦。非同富豪家,丝竹留饮宴。"③表达了其

---

① (宋)苏象先.丞相魏公谭训[M].铁琴铜剑楼藏旧抄本影印.上海:商务印书馆,1936.
② (宋)苏象先.丞相魏公谭训[M].铁琴铜剑楼藏旧抄本影印.上海:商务印书馆,1936.
③ (宋)苏颂著,王同策、管成学、颜中其等点校.苏魏公文集[M].北京:中华书局,1988:18.

藏书贵惠士林的开放意识,在当时是难能可贵的。苏颂晚年归居京口(今江苏镇江),其时著名藏书家叶梦得任丹徒县尉,常往苏家看书,并假借传抄书籍。苏颂之孙苏象先在记述其祖父遗训遗事的《丞相魏公谭训》中记下了此事:"祖父自维扬拜中太一宫使归乡里,是时叶公梦得为丹徒尉,颇许其假借传写。叶公每对士大夫言亲炙之幸。其所传写,遂为叶氏藏书之祖。"①

苏颂藏书之丰,声名远扬,连宋神宗都仰慕其藏书之富,问道:"卿家必有异书,何以父子皆以博学知名?"他对曰:"吾收书数万卷,自小官时得之甚艰,又皆亲校手题,使门阀不坠,则此文当益广,不然耗散可待,可不成哉。"为勉励子孙嗜书好学,苏颂特制藏书之铭《书帙铭》,告诫子孙:"唯苏氏世宦学以儒,何以遗后,其在此书。非学何立?非书何习?终以不倦,圣贤可及。"②冀望藏书得以世代相传。

苏象先

苏颂酷爱藏书,对后世影响颇深。其孙苏象先秉承遗志,将苏家藏书事业继承下去。苏象先,字仁仲,福建同安人,苏颂孙。父苏嘉,字景谟,苏颂之次子,随父苏颂迁居润州丹徒(今江苏镇江)。故苏象先从小随侍祖父左右,幼承庭训,广涉经史。北宋元祐六年(1091年),苏象先登进士第,官奉议郎、观察推官。著有记述其祖父苏颂遗训遗事的《丞相魏公谭训》。

苏象先从小随侍祖父,耳闻目睹,亦染上蓄书之癖好,并秉承家传,聚书不倦。苏颂所藏之书多赐予他,如苏颂亲自校勘的《元和姓纂》《水经》等书及手书的《校正大唐郊祀录》十卷四策,即为其所藏,且视若珍宝。苏象先还从祖父学得目录之学,《丞相魏公谭训》中记载:"祖父谒王原叔,因论政事,仲至侍侧,原叔令检书史,指之曰:'此儿有目录之学。'"③苏象先随祖父定居丹徒,其继承祖父仕宦五十五载所积存下来的藏书,谅也都归之丹徒。

---

① (宋)苏象先.丞相魏公谭训[M].铁琴铜剑楼藏旧抄本影印.上海:商务印书馆,1936.

② (宋)苏颂著,王同策、管成学、颜中其等点校.苏魏公文集[M].北京:中华书局,1988:1104.

③ (宋)苏象先.丞相魏公谭训[M].铁琴铜剑楼藏旧抄本影印.上海:商务印书馆,1936.

石元教、石起宗

如同苏颂祖孙藏书家的宋代藏书世家,还有石元教和石起宗叔侄俩代人。

石元教,福建同安高浦(今厦门集美区杏林街道高浦社区)人。高浦石氏是古代同安"东黄西石"的"西石"望族,有宋一代高浦石姓出进士12人,其中9人为正奏名进士,3人为特奏名进士。石元教之父石赓,字声叔,北宋皇祐元年(1049年)正奏名进士,累迁大理寺丞,历湖南提点刑狱、广西转运判官。石元教虽然未登进士第,但也入仕,曾任国子监助教、泉州长史。《同安县志》中名列乡贤(民国《同安县志》卷二八有《石元传》,与同卷《石赓传》所附"石元教"生平略同,当为同一人)。石元教生有六子,皆入仕为官,故《同安县志》称其"为甲族"。

石起宗(1140—1200),字似之,石元教之从侄,福建同安高浦人,徙居晋江安海,为南宋乾道五年(1169年)进士第二人。石起宗高中榜眼返乡时,时任泉州知府的王十朋甚为欣慰,在忠献堂接待石起宗和其他几位上京的举子,作《赠第二人石察判》一诗,诗之尾联曰:"试观忠献堂中像,亦是当时第二人。"即指石起宗与唐代欧阳詹和宋代曾会、韩琦一样,皆中"第二人"。王十朋还写下《答石察判》一文,称赞其"不负所学,对国之忠,其自古至今"[①]。石起宗初授敕局删定官。淳熙二年(1175年)召试馆职,其条对时务,辞义卓然,孝宗皇帝阅完其奏折,龙颜大喜,授予秘书省正字,又迁权仓部郎官。淳熙五年(1178年)兼国史院编修。后放外任,历漳州通判、徽州知州等职。又入朝为员外郎。

石元教嗜书如命,据《同安县志》称,其为官所得俸禄,"悉资市书"。石起宗与其叔石元教一脉相传,"好学不倦,俸余悉市书",一生总以"藏书数千卷,胜良田万顷"自怡。著有《经史管窥》。[②] 现有的史料未能提供石元教和石起宗叔侄俩之藏书几多,然从他俩将俸禄所余尽悉购书的事例上,谅其藏书不

---

① (南宋)王十朋著,梅溪集重刊委员会编.王十朋全集[M].上海:上海古籍出版社,2012:513,900.

② 吴锡璜著,厦门市同安区地方志编纂委员会办公室整理.(民国)同安县志[M].北京:方志出版社,2007:868.

下万卷。

二、明代厦门的私家藏书

元代厦门地方科举不兴，文风剧衰，终元之世近百年，进士及第者仅有同安郭山人王三锡。[①] 文坛平寂萧然，史料中未见私家藏书活动。明代，厦门之经济、文化、科技有较大的发展，文风科举方复兴起。明朝统治者崇尚朱子理学，力倡尊孔重儒之风，重视开科取士的科举制，一时士笃诗书，敦尚礼义，许多学子从科举之路走上仕途，促使读书蔚然成风，对藏书事业产生推动作用。民间藏书活动日趋鼎盛，藏书万卷者大有人在。明代厦门不少名宦士绅筑楼堂斋阁，聚书其内，读书其中，如大理寺右寺丞林希元建于同安县城南狮子山普陀岩后的次崖别业，置有书斋曰"艮斋"；湖广提学刘汝楠建于同安邑城西门内的白眉真隐，筑有少微堂、卧云阁等；广东巡视海道副使兼番市舶提举司刘存德于同安东山脚下、东溪之畔筑结氅堂；南户部主事林丛槐于同安城西构崇真堂；南光禄寺少卿蔡献臣在同安城南门内的住宅西侧建读书楼；总领三省军务兼贵州巡抚蔡复一在同安城内建有书斋贞素堂，又在东山下置壹隐山房（亦名东山草堂），其友池显方后购得草堂旧馆，读书其中；明处士、自号"海滨遗佚"郑得潇亦建有定云楼，作为读书之处；等等。由于史志中的资料所限，唯将刘存德、刘汝楠、蔡献臣、蔡复一的藏书活动略述一二。

刘存德

明末清初，同安东桥之东的五甲村刘氏家，世代簪缨，科举蝉联，呈现"父子进士""祖孙进士"之盛况，而其肇始者即"三吴持斧，两越扬旌"的明御史刘存德。《同安文化艺术志》称刘存德筑结氅堂，藏书数千卷，可算上个藏书家。

刘存德（1508—1578），字至仁，号沂东，福建同安东桥人，原籍同安积善里后浦（今厦门海沧区东孚镇凤山村），其父刘恭择居同安东桥铁岗之下的五甲村（今厦门市同安区大同街道碧岳社区五甲自然村），遂以"桥东"作为刘氏

[①] （民国）《同安县志》卷十五"选举"（第462页）仅录有王三锡为至正年间进士。然卷二十八"乡贤录"（第813页）之"郭可大传"则称郭可大登至治癸卯科进士，而至治并无癸卯年，故郭可大之进士及第可能有误。

家族"灯号"。明嘉靖十六、十七年(1537、1538年),刘存德联第进士,初授行人。嘉靖二十二年(1543年),授浙江道监察御史。嘉靖二十五年(1546年)任巡盐御史,巡视两淮。嘉靖二十八年(1549年)出任松江府知府。丁外艰,嘉靖三十六年(1557年)得补南康知府,赴任后因病归养。嘉靖三十八年(1559年),授浙江按察司巡视副使,统管嘉湖诸军,抗击倭寇。又调广东巡视海道副使兼番市舶提举司,皆有功绩。

归田后,刘存德于东溪之畔、东桥之东结庐。此地原为宋宣和六年(1124年)同安县令危秉文倚溪而筑的"结甃堂"草堂遗址。刘存德于遗址上筑堂,仍以"结甃"名之。"结甃"者,乃取《易·井》的"井甃,无咎"句,意为"修井之坏,没有过失",寄寓其一生忠于职守、正伦明行的信条。刘存德聚书于堂,读书著文其中,有"侧身尚在天地间,余有图书盈四壁"①诗句,以聚书为人生之乐趣。其生平仕学显晦所著文赋诗词,也以《结甃堂遗稿》为名。结甃堂不仅是刘存德的书斋,更是其交游会友之处。在结甃堂旁,刘存德建了六角亭、半月池、观月台、石梁庵和石塔;在临溪的石台上,题书"紫阳旧游""东皋清流""友石之居"等字,俨然是一处人文胜景。刘存德常邀引丁一中、刘汝楠等挚友,于此吟诗作赋、交相唱和。在《东山小径杂咏六首》诗中,刘存德无不得意地称道:"结庐不向云深处,好挟琴书自往还。"②

刘存德不仅以聚书为乐,更以诗书传家。其后裔踵武前贤,多有建树。五个儿子中,四子刘梦松、五子刘梦潮中进士,为此而列温陵(泉州)三十三家"父子进士"之列。三子刘梦驺"为古文辞雄伟钜丽",撰有《天马更生集》传世。其后裔有举人、钦赐副举人、贡士、国学生、生员六十多人。曾孙刘望龄是清顺治十五年(1658年)同安唯一的进士,因此刘家也成为温陵二十二家"祖孙进士"之一。刘家直至刘存德的七世孙,尚有登堂入室者,实在是世代簪缨。而此等辉煌,当应归于刘家聚书读书绵延不绝之故。

---

① (明)刘存德著,陈峰校注.结甃堂遗稿[M].厦门:厦门大学出版社,2014:111.
② (明)刘存德著,陈峰校注.结甃堂遗稿[M].厦门:厦门大学出版社,2014:121.

刘汝楠

刘存德之挚友刘汝楠也是位藏书家。刘汝楠(1503—1560),字孟材,更字孟本,别号南郭,福建同安古庄村(今厦门市同安区大同街道古庄村)人。自幼钟灵毓秀,十岁能尽解《左氏》文义,且能作文。明嘉靖七年(1528年)中解元,十一年中进士,授湖州司理,旋入京为刑部主事,又升员外郎,后提拔为湖广提学。任提学期间,因思亲称病辞职返乡。

刘汝楠致仕归田后,在同安城西寻一隙地,凿池筑室,营建一处别业而居,门上匾额题曰"白眉真隐"。其书斋称"少微堂",作为自己聚书读书之处所。堂之东西两侧列以斋舍,为两个儿子读书习业之处。在书斋之外,相对而立着"卧云阁"和"明漪阁",两阁中建一亭曰"濯缨亭",有一轩曰"解劬轩",廊回路转,柳暗花明,是引觞寄傲之好去处。"解劬"乃取陶渊明"春醪解饥劬"之语,颇有旷放高傲的情怀。

刘汝楠为官八载,致仕时仅三十九岁,其后二十年的乡居生活,或怡然自处,读书著述;或引觞邀友,赋诗唱和,甚为悠然。刘汝楠著有《白眉子存笥稿》传世,其"积书积金谁为从,遗安遗危智者辨"[①]之诗句,道出中国传统藏书的文化理念:金玉之利有限且坐吃山空,而藏书之利无穷且作养后代,故藏书之积累比金钱的积累更为重要、更为高贵,是智者之举。

蔡献臣

明代天启年间,熹宗皇帝为金门平林村御赐里名曰"琼林",其缘由乃平林蔡氏家族出了学问纯正的名宦蔡献臣。其从政三十余载,无论宦游还是家食,闲暇间总勤于读书笔耕,而藏书亦是其生平嗜好。

蔡献臣(1563—1641),字体国,号虚台,别号直心居士,福建同安翔风里平林村(今属金门县)人。蔡献臣出身于乡贤名宦之家,祖父蔡宗德,明嘉靖十年(1531年)举人,授广州通判,转台州通判,为政敏练有干。父亲蔡贵易,明隆庆二年(1568年)进士,官至浙江按察使,为官崇正清廉,御史苏浚书其堂曰"清白"。蔡献臣自幼秉承家风,师事杨贞复,究性命之学。明万历十六年

---

① (明)刘存德著,陈峰校注.结鬶堂遗稿[M].厦门:厦门大学出版社,2014:203.

(1588年)中举人,越年联捷进士。初授刑部主事,办事平允,为刑部尚书王世贞称为"用世之才",由此脱颖而出,历任兵部职方司主事、礼部主客郎中及仪制司郎中。明万历三十三年(1605年)以湖广右参政衔分巡常镇,后升湖广按察使。因曾得罪权贵,万历三十八年(1610年)辞官归乡。赋闲时,受同安知县李春开之聘,重修《同安县志》。万历四十三年(1615年),又被朝廷起用,补浙江海道右参议,升提学副使。明天启二年(1622年),福建巡抚以其学问纯正上奏,熹宗御赐里名"琼林",并召为南光禄寺少卿。次年,上疏乞休归田。回乡后,热心乡里,曾出资修筑海丰田堤岸,受益百姓立碑纪之。

蔡献臣的藏书活动,留于史志中的资料不多,然在个人文集《清白堂稿》中的一首《读书楼》诗,道出其藏书家的身份。故将《读书楼》一诗抄录如下:

藏书成小阁,咫尺傍萱庭。侵晓迎初旭,叠峰送远青。

闲来亲卷帙,嗒尔付沉冥。儿辈慵成僻,谁堪诒一经。

又:

尺地难容构,危楼起屋西。疏窗城堞入,隔幔汉星低。

膏续书堪把,衾寒梦不迷。红夷消息好,倾耳罢霜鼙。①

自诗意可知,蔡献臣因藏书数量颇多,需建楼藏之。而其位于同安城南门内的住宅,宅地有限,难以大肆架木造屋,只能因地制宜地在老屋西侧建一高楼,与父母之居所近在咫尺,且又紧逼城墙。楼虽狭迫,然晓迎初旭,夜望星汉,叠峰送翠,别有风光。一有空闲,蔡献臣即登楼读书,乃至燃膏继晷,直入物我两忘之境界。虽然我们无法从此诗中知晓其藏书数量,然足以"成小阁""起危楼"者,其藏书规模可见非同一般。于明代厦门之藏书家中,是可称上数一数二。蔡献臣读书重实用,致力于编撰地方文献,主持修纂万历《同安县志》。在《清白堂稿》卷十七中,收入蔡献臣为该书各目及小目所写的小序与引论,使后人对这部已佚的方志有大体的了解。蔡献臣"学问纯正"之美誉,当是由勤奋好学、读书万卷而成就。

---

① (明)蔡献臣著,厦门市图书馆校注.清白堂稿[M].厦门:厦门大学出版社,2012:567.

蔡献臣认识到唯有传学识于后代，方能令薪火相传，故于家族中鼓励藏书之风。他的几位子侄秉承家风，亦建楼置斋，藏书、读书其中，形成了藏书世家。蔡献臣之长子蔡谦光，字衷卿，县诸生，修业于同安城南郊，置书斋名千云斋。次子蔡甘光，字雨卿，筑有书楼，其舅父池显方有诗《甥蔡雨卿书楼》记之。侄子蔡国光，字士观，号赍服，则置有书斋恢奇斋。池显方亦有诗记之。他们均有著述传世，蔡谦光有《千云斋诗初集》，蔡甘光有《恢斋集》，蔡国光有《恢奇斋新蒌》。此外，池显方还为其四甥、五甥的爽樾斋、点石斋题诗，鼓励他们"端襟读父书"[①]。

蔡复一

明天启年间总领三省军务兼贵州巡抚的同安乡贤蔡复一，《同安文化艺术志》亦将其纳入民间藏书家之列。

蔡复一(1577—1625)，字敬夫，号元履，同安县翔风里十七都刘浦保蔡厝（现属金门县）人。幼聪慧，年十二作《范蠡传》万余言。明万历二十二年(1594年)举乡试，次年中进士，授刑部主事，历员外郎。万历四十三年(1615年)迁任湖广参政，分守湖北兼署辰沅兵备，有政绩，迁按察使。因拂贵州总督征红苗之意，遂引疾而归。光宗即位，复起易州兵备，擢山西左布政使。天启二年(1622年)，以右副都御史抚治郧阳兼制三省。天启五年(1625年)，四川奢崇明、贵州安邦彦起兵反叛，蔡复一以都察院右佥都御史总督贵州、云南、湖广军务兼贵州巡抚，经略五省，苦心运筹，克敌平叛，积劳成疾，卒于军中。朝廷追赠兵部尚书，赐谥"清宪"。

蔡复一是一位忠公体国、鞠躬尽瘁的忠臣，作为从海岛金门走出来的同安乡贤，蔡复一为金门历史留下了许多"第一"：金门岛上最年轻的进士，唯一御赐尚方宝剑的重臣，第一位获得谥号和第一位跻身正史的人物。蔡复一又是一位满腹经纶、才华横溢的文士，蔡献臣的《清宪蔡公〈遯庵全集〉序》赞其"学博才高，下笔千言，弱冠尤工四六，其诸著作，皆崇论宏议，涵古茹今，至书

---

① （明）池显方著，厦门市图书馆校注.晃岩集[M].厦门：厦门大学出版社，2009：107，125.

牍奏议之文,慷慨谈天下事,切劘豪贵,披吐肝胆,无所避忌;而诗则出入汉魏盛晚唐之间,盖居然一代名家,千秋盛事矣"①。他生前著述颇勤,作品甚丰,《金门志·艺文志》著录其作品有《遯庵全集》(《同安县志·艺文》著录为《遯庵文集》)十八卷、《遯庵诗集》十卷、《爨余骈语》(又作《遯庵骈语》)五卷、《续骈语》二卷、《督黔疏草》八卷、《楚愬录》十卷、《楚愬摘录》一卷、《毛诗评》一卷,共八部五十五卷,并辑有《雪诗编》一书。如此等身著作,足见其"学博才高"。

《同安文化艺术志》称蔡复一"建贞素堂在城内,后改为双溪书院,又在东山下置壹隐山房,亦名东山草堂"②,意指此二处为其储书读书之书房。实际上,蔡复一的书房只有一处,即位于同安东郊东山的壶隐山房。其故友池显方所撰《蔡敬夫先生传》称:"邑外东山颇静,公茸数楹,名'壶隐山房',仅容榻,莳蔬种卉,咏读其中,不闻外事。"③蔡复一出身清寒,且为官清正廉洁,故"抵里犹未有居"。此壶隐山房乃蔡复一借贷构置,为其引疾、丁忧归乡时休养修身、读书写作之处所。直至自湖广按察使(从三品)卸任后,"乃称贷,构一茅于县署之后,名'贞素堂',欲比仲长子光。时往来东山,杜户读书"④。可见,此贞素堂实为蔡复一的宅第,即今同安区环城北路的蔡复一故居。蔡复一无子,他逝世后,壶隐山房荒芜,故友池显方购其草堂旧馆,读书其中,有《东山草堂故友蔡敬夫旧馆也予读其中感成十咏》之作以纪。

三、清代厦门的私家藏书

清代厦门私家藏书的兴盛超过了宋、元、明历朝,达到古代厦门私家藏书的巅峰时期。这是由诸多历史因素促成的,主要是统治者调整文化政策,对知识分子既钳制禁锢又怀柔拉拢。清代初期,满汉民族矛盾尖锐激烈。在统

---

① (明)蔡献臣著,厦门市图书馆校注.清白堂稿[M].厦门:厦门大学出版社,2012:137.

② 洪文章,陈树硕.同安文化艺术志[M].厦门:厦门大学出版社,1996:199.

③ (明)池显方著,厦门市图书馆校注.晃岩集[M].厦门:厦门大学出版社,2009:298.

④ (明)池显方著,厦门市图书馆校注.晃岩集[M].厦门:厦门大学出版社,2009:299.

一中国之后,清王朝为了巩固自己的统治,采取一些有利于发展文化学术的措施,宣扬文治,提倡程朱理学,开科取士,让知识分子读书做官,为己所用。同时,清政府钳制言论,大兴文字狱,令儒士学子噤若寒蝉,不敢议论,唯埋头故纸,以避文字狱之浩劫。于是,训诂学、音韵学、校勘学、考据学等迅速兴起,藏书、版本、目录之学蔚然成风气。学风之变,激起文人学士的藏书热情,促进私家人藏书的发展。有清一代,厦门地方出现了林鹏扬、张星徽、陈思敬、苏廷玉、吕世宜、李廷钰、林树梅、孙云鸿、杨继勋、陈昌祚等一大批藏书家,他们或为学士本色,或为儒将闻世;或成就功名,退归故里,筑室蓄书以为乐;或淡泊仕途,闭门潜学,皓首穷经以终老。这些藏书家多嗜学不倦,广搜典籍,藏书万卷至数万卷,且往往集藏书、校勘、刊刻、研究于一身,文章学术成果斐然。

林鹏扬

清代厦门最早出现的藏书家是康熙时期的林鹏扬。

林鹏扬,字翼南,号穆斋,福建同安嘉禾里东边社(今厦门大学校园内)人。清康熙三十八年(1699年)举人,历任京山县、良乡县知县,后改漳浦教谕。

地方文献史料所留下有关林鹏扬个人阅历的资料很少,《(民国)同安县志》和《(道光)厦门志》《(民国)厦门市志》有其小传,但寥寥数语,甚为简略。《(道光)厦门志》的《林鹏扬传》称其"藏书万卷,选择诗文,手自评骘,俱有所发,至老不倦"。林鹏扬著作甚夥,著有《穆斋经义》等书,可惜没有刊刻发行,因此我们对他的藏书活动未能有更多的了解。

张星徽

张星徽,字北拱,号居亭,福建同安青屿(今属金门)人。清康熙五十六年(1717年)乡试获第三名经魁,中举人。六十年,会试榜出第五名,已成进士。然经磨勘试录,发现其第三场对策颠倒,以致进士身份被废,"时年甫二十余"。而张星徽却乐天知命,不以得失为怀。陈衍在《福建通志列传选》的《张星徽传》中称其"自是绝意进取","筑塞翁亭,读书其中"。其读书处匾额曰"塞翁",颇具忘身物外、忧喜不惊之塞翁心。后来,张星徽以举人身份赴吏部听候铨选,授望江县知县,又改为海澄县教谕。任职期间,兴学课士,勤于其职。

张星徽生平好学慕古,喜读书,其家富有,故有条件耗资购书,因此,广罗书籍,聚于塞翁亭。毕生致力于经史研究的张星徽,其聚书乃为细研性命之学,故潜心力学,遍读四书五经,尤喜《左史》《战国策》,为此孜孜不倦,曾云:"不通众经无以穷一经之蕴,不会诸传无以晰一传之精。长袖善舞,多财善贾,此言虽小,可以喻大。"①其聚书读书之动力如此。

张星徽读书不止,更笔耕不辍,一生肆力于著述,年老愈加执着。著述有《春秋四传管窥》三十二卷、《国策评林》(即《评注战国策》)十八卷、《历代名吏录》四卷、《先儒精义会通》九十八卷、《湖山稿评选》等。这些著述大多刊刻传世,除《先儒精义会通》《湖山稿评选》今未见外,其他几部著述尚有多种版本在世,可见其著述大为学界认可。然而,其精心聚集的图书就没那么幸运了,张星徽死后,他的藏书皆尽散佚。

陈思敬

陈思敬,字泰初,一作太初,号鹤山,福建同安登瀛(今厦门市集美区杏林街道曾营社区)人。生于台湾,自幼好学,成年后回祖籍同安,闭门读书,手不释卷。其藏书达四万余卷,可称上大藏书家。清乾隆十八年(1753年)乡试副贡生。为人急公好义,尤其热心于文教事业。乾隆十八年(1753年)同安重修贡院时,乐捐三千两银子。又倡修文公书院,邑内远近皆称其高义。

主鳌峰讲席的福建建宁人朱仕琇著有《梅崖居士全集》,卷二中《陈太学传》说到陈思敬藏书读书之事:

> 陈思敬,字泰初,同安登瀛里人也,世饶家。诸兄多才俊,急于功名,自见入赘官中书者数人,游士大夫间,名声籍甚。而思敬独闭门户读书,好儒先说,积书至四万余卷,手校几遍。为文学古人,不逐时好,制义亦然。人规之曰:"非术也。"思敬笑:"视吾命何如耳!术何如为病哉!"思

---

① (清)张星徽.四传管窥序[M]//陈峰.厦门古籍序跋汇编.厦门:厦门大学出版社,2009:41.

敬后举于乡,额溢为副,人始服其先见也。①

由此可见,陈思敬是个好书不厌、好学不倦之读书人。其读书,不为功名,不逐时好,书生意气,似不合时宜,然其急公好义之高尚品德,又何不来自万卷藏书?这大概就是王安石所说的"贫者因书而富,富者因书而贵"吧,陈思敬可谓是富者中之"贵族"。

苏廷玉

清代同安名宦苏廷玉,以勤政爱民、精于刑名著称,《同安县志》以其廉能循绩,同其先祖苏颂并列"乡贤录"。他的权位虽未及苏颂那般显赫,然与其先祖如出一辙的是喜好藏书,在闽南可称上一代藏书家。

苏廷玉(1783—1852),字韫山,号鳌石,归田又号退叟,福建泉州府马巷厅翔风里澳头乡(今厦门市翔安区新店镇澳头村)人,为宋宰相苏颂二十六世孙。清嘉庆十九年(1814年)进士,钦点翰林院庶吉士,散馆改刑部主事,历官刑部员外郎、郎中。道光九年(1829年),外放地方,历任松江、苏州知府,山东按察使,代理山东布政使和盐运使,迁四川按察使、布政使。道光十八年(1838年),以二品顶戴代理四川总督,并加兵部侍郎兼都察院右副都御史衔。因上疏有拂圣意,被降为四川按察使。道光二十年(1840年),调任大理寺少卿。未几,被休官回乡。

读书人出身的苏廷玉,虽大半生奔波于仕途宦海,然从未敢忘先祖遗训,时以先人嘉言懿行自励,"世其诗书行谊非世其衣服饮食",不仅自幼发愤读书不怠,且一生如其先祖苏颂一样嗜好藏书。

苏廷玉的藏书室名为"洗心退藏之室"。道光二十六年(1846年),苏廷玉致仕归田,住在次子苏士准位于泉州城内通政巷北侧的宅第。他于宅第东侧"辟隙地构屋,名曰'洗心退藏之室'。屋三楹,前副以长亭,受四面风,旁有长廊,设卧榻,为消暑地。东偏屋为藏书所,额为'书仓',面墙书"②。苏廷玉将自己的藏书室命名为"洗心退藏之室",是以此勉励鞭笞自己:在朝,尽忠职

---

① (清)朱仕琇.梅崖居士全集[M].清乾隆四十七年(1782年)刻本.
② (清)苏廷玉著,朱小卫、陈峰校注.亦佳室诗文抄[M].厦门:厦门大学出版社,2016:41.

第一章　古代厦门藏书

守,为民办事;归乡,尽己所能,造福桑梓,"虽退居林下亦不肯宽闲自处也"。

苏廷玉的藏书有几多?《洗心退藏之室记》并未细说,唯有"面墙书"三个字。他的一首五言律诗《立春后小园拟陆放翁幽栖即次其韵》中有"万卷书盈架,明窗倚曲床"①句,此"万"字乃虚指广博的意思,故其藏书应当颇为丰富。这些藏书,是其南北宦游时多方搜集、不断积累下来的,有书阁借抄,有坊贾来售,亦有友人相赠。

和先祖苏颂一样,苏廷玉也时常以抄聚书。道光十年(1830年),苏廷玉调任苏州知府。苏州是一座历史文化名城,藏书传统源远流长,城内黄氏"士礼居"、蒋氏"寿松堂"、昆山徐氏"传是楼"、常熟瞿氏"铁琴铜剑楼"等,均为当时赫赫有名的私家藏书楼。作为当地的父母官,好书的苏廷玉当然有条件、有机会浏览这些藏书楼的宝藏,并得以借抄。据其《先魏公谭训跋》中所载,苏廷玉在苏州时欲重刊苏象先的《魏公谭训》一书,即从士礼居借得宋本精抄,又向寿松堂借得所藏宋版互校。先祖苏颂的《苏魏公文集》则自杭州文澜阁借抄副本,而《新仪象法要》也是获观于文澜阁,后请时任浙江巡抚的刘韵珂帮忙,"觅善手照阁本影摹全书"。

苏廷玉嗜书,故公务余暇多往各处书坊采访书籍,因而也就常有坊贾携书来售。《亦佳室文抄》卷四《跋宋拓〈九成宫醴泉铭〉》文中称,此《醴泉铭》乃"道光辛丑夏,侨寓吴门消暑。坊贾携此本来售"。由此可见,这也是苏廷玉搜书的渠道之一。

友人相赠的藏品则多是名人碑帖。《亦佳室文抄》卷四载有多篇苏廷玉所撰的墨拓、墨迹题跋,其中不少为其珍藏。如任苏州知府时,友人高文山携所藏的书法家董其昌楷书《孝经》见贻;任山东按察使时,其友人、书法家张照的从孙张祥河以张照行书墨迹一册相赠。道光二十二年(1842年),苏廷玉时将归隐,代理苏州知府周岱龄以文徵明行书墨迹一册赠行,又有书法家伊秉绶之子伊念曾以其父《伊墨卿先生书石庵相国诗卷》一册赠行。此外,还有其

---

① (清)苏廷玉著,朱小卫、陈峰校注.亦佳室诗文抄[M].厦门:厦门大学出版社,2016:152.

友人、陕西布政使杨振麟由西安寄来的褚遂良墨拓；嘉兴知府杨鹤书持以相赠的岳飞行书墨拓；等等。

与历代的藏书家一样，苏廷玉既藏书又兼考订、校雠、编纂、出版图书。苏廷玉刊刻的图书大体可分为三类：一是苏氏先人的著述，有苏氏先祖苏瑰、苏颋的《苏许公文集》，二十六世祖苏颂的《苏魏公文集》《新仪象法要》，苏颂之孙苏象先的《魏公谭训》，苏颂之四世孙苏洞的《冷然斋集》。一是闽南经学先辈及友人的经学著述，有晋江苏浚的《苏紫溪先生生生篇》，官献瑶的《石溪读周官》，亡友孙经世的《读经校语》《经传释词续编》《惕斋经说》。一是苏廷玉本人的著述，有《从政杂录》。除了《魏公谭训》刊刻于道光十年（1830年）苏州知府任上外，绝大部分图书均刊刻于苏廷玉致仕的道光二十年（1840年）之后。短短的四年时间，苏廷玉一口气刊刻了十一部书籍，成果实在丰硕至极，在闽南，更是为数不多的刻书家中之佼佼者。

咸丰二年（1852年）春，年已七十岁的苏廷玉令人将《苏许公文集》《苏魏公文集》《新仪象法要》《魏公谭训》《苏紫溪先生生生篇》等板片由福州取回泉州。三月初四日，他似乎感到一项宏伟的事业已经完成，安然地合上了双眼。

苏廷玉的藏书后来大半散出。尤小平、汤德明引自郭可光的《闽藏书家考略》称，苏廷玉"殁后藏书半归于邵实夫家"[①]，其刻书的那些板片今亦不知所踪。当年的"洗心退藏之室"，也因通政巷故宅的凋零而无处可觅。不过，其藏书虽旋聚旋散，而散去的又被其他藏书家所收藏，由此家家相传地保存下来。其由藏书而刻书，则保存下了一批珍贵的闽南文献，如现流传最广的《苏魏公文集》就是道光二十二年（1842年）苏廷玉的刻本，也是现存版本中唯一的一部刻本；其刊印孙经世的三部著作，则使闽南经学又多了一家之言。而其辑佚的《苏许公文集》，更为中华典籍增添了新的内容、新的财富。与历代藏书家一样，苏廷玉的藏书活动在古代典籍的保存、整理、再造和传播上可以说是有所贡献的。

---

① 尤小平，汤德明.龚显曾与《泉州藏书家》述略[J].福建师范大学福清分校学报，2010（1）：110-115.

吕世宜

谢章铤的《课余偶录》称："乾嘉之际，闽以篆、隶名家者，上游则伊秉绶墨卿，下游则西村。"这里所称与清代乾隆、嘉庆年间的福建书法名家伊秉绶齐名的"西村"，就是名噪闽台的厦门文字金石名家吕世宜。殊不知，吕世宜不仅是金石家，还是藏书家。

吕世宜（1784—1858），字可合，号西村，晚年又号不翁，福建马巷厅西村（今属金门）人，幼年随祖父吕国典、父亲吕仲诰自金门移居厦门，住盐菜巷（今之盐溪街），故吕世宜视厦门为家乡，常用印"加（嘉）禾里人"。吕世宜自少嗜学好古，早年受业于厦门名师周礼、王琼林，曾"溺于八比二十余载"，清道光二年（1822年）中举人。道光十二年（1832年），师从兴泉永道尹周凯，助周凯主编《厦门志》和《金门志》，深获教诲，大有启迪。又执教厦门玉屏书院，时与书院主讲高澍然、文友叶化成等前辈切劘古文词，亦受益匪浅，文风一改先前之八股味，变得"大气盘郁，真力弥满"，学问为时人所称誉。道光二十一年（1841年），赴台湾，执教于淡水富豪林国华兄弟家中，逾十年。林家建枋桥亭，园中楹联楣额多其手笔。晚年，吕世宜返回厦门。咸丰四年（1854年），自作墓记，刻于砚背，用以陪葬。

吕世宜一生博学多闻，学问涉及古文词、文字、书法及金石等领域。他自少对金石、篆刻、书画有极浓的嗜好，"家藏石版甚富，见有真迹，辄倾产求之"。他的书学理论根底深厚，临董能不拘于形似，入汉人之室而不泥于古，字画结构精神奕奕，曾为林必瑞的藏砚篆隶铭题《四十九石砚铭》，阅者疑为古器物铭。其篆刻、书法在闽台两地乃至南洋一带颇负盛名，为藏家所珍宝。吕世宜又精研文字之学，对训诂、音韵颇有研究，尝作《古今文字通释》一书，从段玉裁的《说文解字注》中择4353字，详为疏证。其注释略音韵而重形义，且多得其要，可谓精通六书之旨。其于古文词更是里手，所作文章文字凝练，意绪流畅，颇有唐宋散文风骨。陈庆镛称其文风"摇笔纚纚数千言，其简处则又一语不苟下"①,有如其书法用笔一般,布局严谨,一丝不苟。

由于吕世宜性好古,精篆隶,故其藏书专于金石之学,形成自己的藏书特色。他"遇古图书、彝器、金古、奇书、妙画、名砚、名印,必拮据致之。积四十载,凡得书若干,藏器若干"②,曾作联自叹:"嗜古成癖,好书欲狂。"台湾淡水富豪林国华、国芳兄弟久慕其名,投其所好,以助他搜罗古金石字画为条件,聘请他执教家中。此后十多年间,吕世宜为林家子弟传授金石知识,教以篆隶书法。而于奇书名画、彝器金石仍日益搜拾,见有佳品,手摹神会,怡然不倦。吕世宜之藏,乃为研究而藏。他每得一墨本,总要认真辨别其刻之真伪、其拓之先后,及其渊源出处。对各鼎铭、碑帖之长拙,更有其独到之论断。《福建通志》称其"评骘碑版,审正文字,足与郭氏芳坚馆相上下"。吕世宜的《爱吾庐题跋》一书,收其鼎铭、碑帖、砖瓦等题跋凡七十八篇,足见他于金石学与书学研究成果之丰硕。

后来,林国华对其藏书与藏器喜爱无比,以二千两金致之。吕世宜四十年苦心搜藏的十数万卷图书和难以计数的金石书画,悉归于林家。有人为其获金而道喜,他说:"子谓我幸而得之,我盖不幸而失之,我半生有用精神,尽销磨于此也。"③弃藏的惆怅心境尽在此语之中。吕世宜留于林家的藏书与彝器金石,最终是散尽无存。据林维让之孙林熊光称,这些藏书尽散于"丙申之变",即《马关条约》签订后,清廷割让台湾,日本强行占据之日。其时,淡水板桥林家举族内渡,仓促之中,难免有失。故林熊光有"憾先生遗志之不继"的感叹。④

吕世宜的著作也如其学问一样丰富,一生的传世之作不少,正如其在《自

---

① (清)陈庆镛.爱吾庐文抄序[M]//吕世宜著,厦门市图书馆校注.爱吾庐汇刻.厦门:厦门大学出版社,2010:3.

② 儒林传[M]//厦门市地方志编纂委员会办公室.(民国)厦门市志.北京:方志出版社,1999:533.

③ 儒林传[M]//厦门市地方志编纂委员会办公室.(民国)厦门市志.北京:方志出版社,1999:533.

④ 林熊光.爱吾庐题跋重刊跋[M]//吕世宜著,厦门市图书馆校注.爱吾庐汇刻.厦门:厦门大学出版社,2010:212.

作墓记》中所提到的,其著作皆离不开金石、文字、书法、题跋之作。文字学研究有《古今文字通释》十四卷、《千字文通释》四卷、《爱吾庐笔记》一卷等著述;书法与金石学方面有《爱吾庐题跋》一卷、《四十九石山房研背初刻》、《四十九石山房刻石拓本》、《爱吾庐书课》等作品,而自选文集《爱吾庐文钞》三卷,亦少不了诸如《西汉古鉴记》《明监国鲁王墓碑阴》等有关金石考据的文章。此外,吕世宜还有《经传子史集览》存世。

李廷钰

清代厦门有好几位出身将门的藏书家,官至浙江提督的李廷钰称得上首位。他文武双全,被称为"儒将"。

李廷钰(1791—1861),字润堂,号鹤樵,福建同安民安里后滨村(今属厦门翔安区马巷镇)人。闽浙水师提督李长庚之族侄,从小为李长庚所抚养,李长庚之原配吴夫人视其为己出。清嘉庆十二年(1807年),时任闽浙水师提督的李长庚,统领两省水军征剿蔡牵海上武装,于黑水洋中不幸中炮身亡。清廷赐祭葬,谥"忠毅",追封伯爵。李长庚无子,吴夫人奏立李廷钰为嗣子,承袭封爵。出身水师世家的李廷钰,秉承养父之文武才华,习熟兵法韬略。嘉庆十八年(1813年)补二等侍卫,后授南昌城守副将,历九江、南赣、潮州等镇总兵。在潮州总兵任上,跟随林则徐率潮州亲兵驻守虎门威远炮台,被誉为"鸦片战争名将"。道光二十二年(1842年)年任浙江提督。咸丰三年(1853年)会办泉属团练,旋进兵厦门剿黄潮,督办厦门军务,授福建水师提督。

李廷钰因得罪权臣,为忌者所谗,于浙江提督任上夺职归回故里,闭门读书。他虽出身将门,却有谦谦之儒风,善诗文,工书画,长于画墨兰,官至一处,便与当地名士论文赋诗,人将其与唐代李光弼相比,有"小李太尉"之称。其书斋名"秋柯草堂",藏书常钤有"秋柯草堂""秋柯草堂李氏珍藏之章"等印,还有"古今十万卷上下五千年之品品""发奋读书兼酒色"等闲章,后世之古董市场偶尔可见到他的藏本。

除了收藏图书外,李廷钰还收藏不少名家字画。晚清泉州著名的藏书家龚显曾在《亦园脞牍》中称:"同安李润堂袭伯家,自以书画为多,书籍插架者颇稀,偶有一二种旧版及精刻本,仅作古董,供玩。"可见其重于字画收藏,所藏字画多于藏书。①至今书画拍卖行上还可看到其曾收藏的董其昌《马鞍山色图》、蓝瑛《鹫岭销夏图》、李流芳《仿倪云林山水》、张瑞图《草书张华励志诗卷》、孙岳颁《行书唐人绝句》等字画珍品，图中常钤的鉴藏印、跋钤印有"秋柯草堂""壮烈伯章""李廷钰印""润堂珍藏""笑枨珍藏"等印章。李廷钰又善鉴别古法帖真赝，常于书画上题词作跋，《仿倪云林山水》《草书张华励志诗卷》等书画就有李廷钰的一大段题跋。李廷钰所著的《美荫堂书画论跋》，也就是其书画评鉴之论著。

与众多藏书家一样，李廷钰亦精于校雠，校订、刊刻古文集多种，"所校订之《汉唐名臣传》《陶渊明全集》《契丹国志》，考证宋《刘文靖公全集》，简可编刻印精工，艺林称善本"②。秋柯草堂精写刊刻的《陶渊明全集》，今尚有藏本存世，果然刊刻精饬，可谓珍品。其版心题名为《陶渊明全集》，内封文字依次为"道光二十一年重刊""渊明全集""温陵李廷钰题"，版心为花口，印有"秋柯草堂藏书"字样。

李廷钰还刊刻自撰著述，清咸丰六年（1856年）自刻《海疆要录》（又作《海疆要略必究》）一书，今尚有刊本存世。据《同安县志》的《李廷钰传》称，"所著《七省海疆纪程》《新编靖海论》《行军纪律》《美荫堂书画论跋》《临各家帖砚铭》皆刊刻行世"。《七省海疆纪程》其实也就是《海疆要录》，因其目录分列了广东、福建、浙江、江苏、山东、天津、关东等七省海疆岛澳，故名。《新编靖海论》今只见抄本存世，而《行军纪律》等几部作品今未见刊本存世。此外，李廷钰还著有《秋柯草堂文集》《承恩堂奏稿》《自治官书》并诗集等七种，《同安县志》称未梓。由此可见，李廷钰也是著述等身之士。

林树梅

清代道咸年间最善搜书、藏书并刻书以流布的将门子，非林树梅莫属，其聚书有特色，且大力搜集、校雠、刊刻地方先贤遗作，为后世留下甚为富贵之文化遗产。

---

① 龚显曾.亦园脞牍[M].清光绪四年(1878年)涌芬堂木活字印本.
② 陈衍.福建通志列传选[M].台北:台湾大通书局,1987:230.

林树梅(1808—1851),字实夫,号啸云,又号瘦云,福建马巷厅后浦(今属金门)人,长居厦门。本姓陈,生父为金门左营把总陈春圃,早逝,闽安镇副将林廷福收为养子,因改姓林。初名光前,及长,为师赠其字曰"树梅",因以字行。少年随养父驻守海防,出入波涛之中,熟悉东南沿海洋务。清道光十二年(1832年),与友吕世宜一同师从兴泉永道周凯学作诗文,又从高澍然学,文章自成一格。清道光十六年(1836年),台湾凤山知县曹谨招佐幕事。两年后内渡,又参赞兴泉永道、汀漳龙道、龙溪县诸公政务,经历鸦片战争之闽海战事,被朝廷授布政司衔。林则徐回闽治病时,曾延林树梅至福州,密询防海之策,并约赴军前佐戎幕。后林则徐赴粤途中病卒普宁,耗讯传来,赋诗哭之。越年,积郁而终。

　　林树梅虽出身将门,然生平唯好读书,将读书作为一生之寄托,曾作诗称:"气象自安舒,端宜静者居。得闲观稼穑,娱老有图书。"[1]他由好读书而喜藏书,将藏书视为天下伟大之事业,曾作诗称:"最难坐拥书城富,克守先思世业艰。"[2]林树梅收藏甚丰,图书不计,仅其搜罗的三代以降金石古文,就殆数千计,形成其藏书的特色。其常钤的藏书印有"林瘦云艺文金石记""林瘦云书画记"等。

　　林树梅藏书注重搜书,尤其注重搜集地方先贤之遗作。林树梅甚为敬重明末抗清志士卢若腾,自年轻时即刻意搜寻其遗作。在《啸云山人文钞》卷六《自许先生传》之附录《校刊牧洲先生遗书凡例》中,林树梅自称:"先君子宦游所至,皆先生播迁经历之区,树梅因得搜罗先生所著《留庵文集》十五卷、《方舆互考》三十六卷、《互考补遗》一卷。"该文记述其寻觅遗稿的具体记录:道光四年(1824年),在安平自卢九慊处寻得卢若腾的《与耕堂值笔》的前半部。而后,搜访数年,终于父执杨继勋总兵幕府中觅得后半部分。道光七年(1827年),同乡友人吴学元获卢若腾的《岛居随录》原稿之半,赠予林树梅。道光十一年(1831年),林树梅托友人傅醇儒于卢若腾侄孙卢逢时处访得卢若腾的

---

[1]　(清)林树梅著,陈国强校注.啸云诗文抄[M].厦门:厦门大学出版社,2013:299.
[2]　(清)林树梅著,陈国强校注.啸云诗文抄[M].厦门:厦门大学出版社,2013:230.

《岛居随录》余半,"遂合而完之"。

林树梅不只是单纯地搜集、收藏,而是进一步对图书进行整理、校雠并刊刻传世,以惠学林。在其《啸云山人诗钞》中的《理残书》诗一首,道尽其爱书、搜书、藏书、理书、刻书的酸甜苦辣。

生平惟爱书,今古冀淹贯。磐橐极网罗,琳琅周几案。
有时灿宝光,陆离喜心涣。亦复如故人,骤遇言笑晏。
谁怜摧精神,衷志同物玩。比岁窘难支,易米去大半。
或如借荆州,日久据以叛。造物忌满盈,多藏总易散。
书贾犹登门,时时苦相唤。云携新本来,此是好文翰。
不知我处贫,旧逋尚未判。得失安足偿,吟诗聊博粲。[①]

林树梅于道光十一年(1831年)将合二为一的《岛居随录》校订付梓。同时,他又从童宗莹处访得卢若腾的《留庵岛噫诗集》一卷,假借福州林文仪活字摆印以行。林树梅亦刊刻自撰著述,,道光十三年(1833年)刻《游太姥山图咏》,十六年刻《静远斋文钞》一卷,十九年刻《经验药方》,二十四年刻《啸云山人文钞》十四卷、《啸云山人诗钞》四卷。而林树梅的另外几部著述,如《啸云日记》《诗文续钞》《文章宝筏》未见存世,或未刊刻。

作为集藏书家、校雠家、篆刻家、刻书家于一体的林树梅,不仅于藏书、校雠、篆刻与刻书诸方面身体力行,而且精于探究其道。他撰著的《说剑轩余事》一书,即是其在藏书诸方面的经验总结与技法研究。该书包括《镂蝐》《刻书》《印书》《晒书》《藏书》《油纸》六篇,并附有同安林焜熿所撰《铁篴生小传》一篇。首篇《镂蝐》,记述篆刻之源流、章法、材料与镌刻之法,以及装印泥之器、藏印章之法、用印章之位等,后五篇则记录刻书、印书、晒书、藏书之技法,其中《刻书》《印书》两篇,详述刻印图书之要诀,乃中国古代雕版印刷史中极为宝贵之文献。此外,林树梅还撰有《啸云铁笔》一书,从吕世宜为其所撰之序来看,当为其篆刻方面的研究著述。

---

① (清)林树梅著,陈国强校注.啸云诗文抄[M].厦门:厦门大学出版社,2013:223-224.

第一章 古代厦门藏书

孙云鸿

同是将门出身的孙云鸿也是位集藏书家、校雠家与刻书家于一身的儒将。

孙云鸿（1796—1862），字逵侯，一字仪国，福建同安嘉禾里（今厦门岛）人，祖籍龙溪（今属龙海市）。其父孙全谋，官至广东水师提督，以功名终，故孙云鸿以荫生用通判，后改袭骑都尉，录水师。孙云鸿素以文辞出名，而厕身于军旅偏裨，有人为其可惜，而他不以为然，曰"官无文武，报称一耳"，乃苦练刀枪骑射，研习水师军务。清道光十六年（1836年），署金门左营游击，擢参将，后历任护理海坛总兵官、澎湖水师副将、苏松镇总兵官等职。

孙云鸿自少聪慧，喜读书，童年时，其文辞即受福建名宦赵在田（号谷士）的赏识。及长，虽厕身军旅，仍游艺于文学之中，曾参与校刊兴泉永道周凯的著述，而其书法神似颜真卿，苍劲有力，当时不少以书法名者都不如他，故世称儒将。孙云鸿亦喜藏书，其书斋名曰"味古书室"，搜罗名家古籍藏之。而且，对于自家的私藏，孙云鸿并不保守，而是与后学共享。林树梅的《怀人绝句》组诗中有一首怀孙云鸿的诗，就说到其嘉惠来学之义举：

从容坐镇大江湄，儒将威名震远夷。

见说筐书皆剞劂，经纶端在太平时。（"龙溪孙仪国总戎同校芸皋师文集，又刻赵谷士师著录。移镇江南，益出秘藏，嘉惠来学。"）[①]

自诗末作者自注中，我们可知孙云鸿不仅参与校刊兴泉永道周凯的著述，还刊刻其师赵在田的著述，并且在出任苏松镇总兵官时，曾将藏书开放给当地学子共享。

孙云鸿不仅开放藏书，还将所搜集的名家著作刊刻传世，以嘉惠更多学子。道咸年间，孙云鸿以自己的书斋"味古书室"之名刊刻不少书籍。其中，道光二十年（1840年）刻清代的书法家、藏书家、文学家翁方纲的《小石帆亭著录》六卷；道光二十一年至二十五年（1841—1845年）刻明代民族英雄、抗倭名将俞大猷的《正气堂集》十六卷及卷首一卷、"续集"七卷、"余卷"四卷、"近稿"一卷，并附《洗海近事》二卷。咸丰六年（1856年），又刻清代汉学家惠栋笺注

[①] （清）林树梅著，陈国强校注.啸云诗文抄[M].厦门：厦门大学出版社，2013：292.

的《太上感应篇》一卷,该书的书尾镌牌记题:"厦门畊文斋督刻并刷印。"此外还刻有箱巾本的《小石帆亭著录》。

杨继勋

晚清厦门的中左所城内(即今市公安局、中山公园一带)曾有过一座庭园曰"寄园",乃当时退伍老将杨继勋所建。园内有座积书堂,系杨继勋的藏书楼,名士林树梅曾作诗纪之。

杨继勋,字立斋,回族,福建闽县(今福州)人。自幼父母双亡,十三岁独自赴台从军。后入李长庚的福建水师,清嘉庆十一年(1806年)署左营守备,在歼灭蔡牵战役中屡立战功,迁后营守备,历任护左营游击、中营参将。道光二年(1822年)调任台湾水师协副将,官至温州镇总兵,兼署浙江提督。退役后定居厦门城,构园亭终老。

杨继勋所建园亭名"寄园",有鸣琴涧、泛月楼、半规池等十八处胜景。林树梅的《寄园杂诗》小序称:

> 寄园在厦城中,故总戎杨公立斋所辟也。有楼翼然,俯纳众碧,得山林幽邃之概,多藏书,公子石松乃加修葺,属系以诗,得十八首。嗟乎!人生如寄,岂独园亭?公命名之意亦深远矣。[①]

林树梅的《寄园杂诗》十八首,列为第一首为《积书堂》,诗曰:"扫海清平日,归来卜隐居。老臣心未老,时展六韬书。"这首为杨继勋的藏书楼而作的诗,刻画出一个读书不止、愈老弥坚的退伍儒将形象。虽然厦门各本志书中未曾收入杨继勋的传记,其藏书的详细情况无从而知,但从这首诗及诗序来看,定居厦门的杨继勋,筑藏书楼,"多藏书",当可称上厦门的藏书家了。

清代厦门筑楼聚书者还有不少。由于文献无征,诸多藏书事迹失传,只能从点滴资料的只言片语中略知一二。据《同安县志》称,同安阳翟的附贡生陈昌祚建有坦园,"藏书数千卷,有奎阁、怡亭、曲径诸胜"。而如同安后城人童肯堂在同安西门内所建的书斋,名"什竹山房";副贡生陈士霖在同安城补雨伞巷筑有"斗轩",为其读书处;孝廉汪西之所置之"秋斋",亦为其读书之

[①] (清)林树梅著,陈国强校注.啸云诗文抄[M].厦门:厦门大学出版社,2013:318.

处,藏书数千卷;还有蔡凌云在同安北门内所筑的"味古山房",陈献瑞于同安溪边所建的"三余书屋"……①他们或许称不上藏书家,然与书为友,自有乐趣无限。

---

① 吴锡璜著,厦门市同安区地方志编纂委员会办公室整理.(民国)同安县志[M].北京:方志出版社,2007:152-154.

第二章 清末民初厦门藏书的转型

　　中国藏书史的转型时期,是指清末的"西学东渐"之风带来的西方近代图书馆思想至辛亥革命之后的新图书馆运动之间的历史时期,是中国藏书事业从封建藏书楼转变为近代图书馆的一段变革时期。这种变革,是中国藏书事业发展的必然趋势,厦门的藏书事业也不例外。厦门藏书的转型,基本上与这个历史阶段同步。从宋代的"同安官书"到元、明、清的书院藏书和私家藏书,八百年的岁月,厦门地方藏书活动虽时盛时衰,也绵绵不绝。然而,古代封建藏书楼的局限性,使它面对近代社会政治、经济和文化教育的需求,显得那么无能为力。1840年鸦片战争之后,清政府被迫开放国门,"西学东渐"之风带来了西方的思想、文化和科学技术,也促动了中国近代图书馆的兴起;改良主义"开通民智"的需求,促使有识之士投身于这一潮流之中。在这股潮流引领下,厦门也应声而出。19世纪末到20世纪初的时代风云变幻中,厦门产生了具有近代公共图书馆性质的博闻书院、民众阅报所等藏书机构。而后,在五四运动的推动下,在近代中国公共图书馆运动和新图书馆运动的引领下、在厦门近代城市化建设的呼唤下而产生了厦门近代图书馆。20世纪20年代前后,集美学校图书馆、厦门图书馆、厦门大学图书馆和鼓浪屿中山图书馆等近代藏书机构陆续诞生,掀开了厦门藏书活动的新篇章。因此,厦门藏书事业的转型时期,大体上是从1875年博闻书院的出现至20世纪20年代各种类型的图书馆在厦门诞生的五十余年时间段。从藏书形态变化的角度来看,这段时期是厦门藏书事业从"以藏为主"的封建藏书楼向"藏用并举"的近代图书馆转变的时期。而从藏书事业历史发展的角度来看,这个时期则是新式藏书机构即近代图书馆的草创阶段,在这一阶段,基本建立由公共图书馆、大专院校图书馆和中等学校图书馆为主组成的图书馆基本结构。

第二章　清末民初厦门藏书的转型

第一节　博闻书院：近代厦门新型藏书的滥觞

追溯近代厦门新型藏书事业之滥觞，不能不提到清末民初的博闻书院。1875年（光绪元年）创办的博闻书院，是"西学东渐"在厦门藏书的产物，直接将西方近代图书馆的服务观念与方法带到厦门。虽然这个具有公共图书馆性质的藏书机构规模不大，存在的时间也不长，但它却是厦门近代公共图书馆的萌芽，不仅对厦门近代图书馆的形成具有一定的影响，还直接为厦门市图书馆的诞生奠定了一定的物质基础。

一、博闻书院的创建与性质

鸦片战争之后，清政府被迫与英国签订不平等的《南京条约》，厦门成为五口通商的口岸之一。道光二十三年九月十一日（1843年11月2日），厦门正式开埠。英国为保护其在厦门的利益，于道光二十三年十一月初二日（1843年12月22日），在鼓浪屿设立"厦门英国领事事务所"。随后，企图染指厦门以寻求在中国东南沿海建立侵略跳板的各国列强也蜂拥而至，纷纷在鼓浪屿设立驻厦领事馆。德国于同治九年（1870年）在鼓浪屿设立领事馆，稍迟于美、法、奥等国，但是，驻厦领事馆很快就积极介入厦门的社会生活，倡办博闻书院就是该领事馆的一种介入。

光绪元年（1875年）六月，由驻厦德国领事克劳尔（R.Krauel）牵头，英国领事费笠士、税务司康发达以及德达那、卜德荣、白兰多、协品多联名签署[①]给代理兴泉永道道员叶永元呈上一函，要求创办博闻书院，其函如下：

敬启者：窃维格致之学，大之可跻治平，小之可通艺术，是诚尽人所宜讲求者也。中国人材林立，智能不让西人，向时风气未开，素不究心于器艺。自贵国军兴以来，参用西国枪炮操练之法，所向克捷，是非徒托空

[①] 许妥玛的《海关十年报告（1882—1891年）》中称博闻书院的创办人是德国领事馆人员巴德热（H.Budler），或是联名签署名单中的卜德荣。

言,洵属有裨实用。早经贵国各直省大宪目击其利,创设制造各局,讲求艺学,然已渐窥其机奥矣。惟是局中从事者知之,而局外未尽知也。目前学艺者能之,而后日未必尽能之。但欲使人人通晓,而不虞日久废弛,则必有聚会讲论之所,招集深思好学之人,随时学习,讲求参考,务使中外艺学并兴,人材施诸实用。于是,去年泰西仕宦会同贵国官绅筹议,在于上海口岸另设格致书院一所,直督、江督各捐千金,上海、九江、天津各道亦捐数百两。其凡申江中西巨绅富贾,均各乐输捐助,刻已举办将成。兹闻厦门一带,近为瓯闽之门户,远为南北之枢纽,中士素称殷繁,西商亦复云集。敝领事、税司等故特略抒管见,仿照上海规模,在厦捐创博闻书院一所,亦使厦地人士风气日开,西学日进,则中西士商得以时相联络,永敦和好,岂不美哉!惟现在事方图始,集资不易,只能粗备书籍、器具、租赁房屋,由敝领事、税司等倡捐经费,先行试办。刻日拟举董事,略定章程。功将图半,而图始当必图终,其事可历久不废。用敢公具寸函,仰请贵道可否会商在厦文武官绅筹议,俯念事关利益华民,随意捐输,共襄美举,或再于公项闲款内按月酌拨书院经费若干,则可终始集事,并请一面给示悬贴院内,以免滋扰;一面告示通衢,咸使周知,俾厦地士商人等有所观感而兴起焉。专此奉布,顺颂升祺!仍希示复为盼。名另具:克劳尔、康发达、费笠士、德达那、卜德荣、白兰多、协品多。计附送书院知单三十纸、抄录规条一纸,并执照各件。再:复函及示稿等件,即送德国公署。①

文中"使厦地人士风气日开,西学日进,则中西士商得以时相联络,永敦和好"一句,似乎打动了清廷厦门地方官员的心,于是对此事迅速给予办理。是年七月,即批给第116号执照准予"出入院内阅看书报"②。

八月初四日,兴泉永道即将克劳尔呈送给的函件、书院条规、知单和执照

---

① "中央研究院"近代史研究所.中国近代史资料汇编:海防档[G].台北:"中央研究院"近代史研究所,1957:206-208.
② "中央研究院"近代史研究所.中国近代史资料汇编:海防档[G].台北:"中央研究院"近代史研究所,1957:206-208.

第二章　清末民初厦门藏书的转型

等禀报闽浙总督李鹤年,并提出"道会商在地方官绅等议捐输,或于公项闲款按月酌拨若干,以期集事"的意见。李鹤年也于八月二十九日"将原函、规函及书院知单、执照分别抄送"[①],呈报中央政府备案。

从这些函件、知单可知,博闻书院是参照上海格致书院而创建的。上海格致书院是英国人傅兰雅和华人徐寿于同治十三年(1874年)主倡,并邀集中西绅商捐资在上海英美公共租界六马路(今北海路)开办的新式书院。博闻书院虽参照上海格致书院的筹办形式,但实际上它与格致书院的职能不太一样。格致书院虽设有博物馆和藏书楼,类似中国传统书院集讲学、藏书等职能于一身,但还是以讲学为主,而且近代科学教育乃其主要教学内容,是中国教育史上第一所专门研习"格致"之学的科技学校。而博闻书院是以收藏文献、提供阅读为其职能,"创办人的用意在于为中国人提供一个读书的处所。它免费向所有的人开放。在那里,人们可以接触到外国经典著作的译本和主要的中国报纸"[②]。因此,它更多的是个"阅书报所机关",所以厦门海关税务司许妥玛在其撰写的《海关十年报告(1882—1891年)》中称它是当时"本地唯一的一座公共图书馆"。

博闻书院既然是个公共图书馆,为什么还称以"书院"呢?这得追溯到明天启年间来到中国的意大利人艾儒略(Giulio Aleni),是他最早用"书院"来称呼图书馆。艾儒略在撰写《职方外纪》时,由于当时中国并没有像西文"图书馆"那样的通用名词,艾儒略遂将西文的"图书馆"一词译作中文的"书院",本意是指"藏书之处所"。或许他是借用中国传统书院的藏书功能,但他可能没考虑到,"书院"一词在中国更多地是指"讲学肄业之处所",在词义上不具备与西文"图书馆"的对应关系。虽然,中国人仍很难理解西方图书馆与中国藏书的差异之所在,但是,"书院"一词作为"藏书之处所"的含义,多多少少还是被中国人所接受。咸丰元年(1851年),由上海租界的西方侨民自发组织的书

---

① "中央研究院"近代史研究所.中国近代史资料汇编:海防档[G].台北:"中央研究院"近代史研究所,1957:206-208.
② 许妥玛.海关十年报告之一[R].厦门海关志编委会.近代厦门社会经济概况.厦门:鹭江出版社,1990:281-282.

会改组而成的"上海图书馆"(Shanghai Library),上海人就把它称为"洋文书院"。[①] 博闻书院之所取名"书院",或许也是沿袭艾儒略借用书院的藏书功能吧。

博闻书院开创之初,采用的是民办公助形式,即社会资助经费,官方给予捐助。"该图书馆名义上由社会捐款资助。每月固定给予捐助的有道台8元,海防厅2元,海关2元。然而几年后,其他资助停止了,图书馆完全依靠上述官方资助。"[②]由此看来,博闻书院实质上带有官办的属性。

二、博闻书院的管理与服务

博闻书院筹建时,即详细制定服务与管理规程。德国领事等人呈送的函件,附有一份《条规》,原文如下:

谨将本书院《条规》列左:

一、凡厦地仕商官绅文雅之士,有志欲来本书院观看各书各报者,须向司理书院董事取给执照,方可出入。其余工匠、仆役以及粗俗、轻浮、下贱之人,一概不准入院遭扰。倘敢故违,硬自闯进者,定即送究。

一、查上海书院设有各种新式机器图样、天球、地球、五金、矿石、气炉、雷箱等类俾学者省观。本书院初立,一时未能购备,容俟陆续招集多款再行购办,以便学者揣摩。

一、凡来看书之士,须各安心静坐观阅,不得言语喧哗,以及谈说闲话,倘如不知自爱者,面斥莫怪。

一、本书院内所有各书各报,欲看之人俱请来院阅看,无论何人一概不准借出。倘有无耻之辈私自窃取出门,一经发觉,定照窃律究治。

一、本书院各书各报各有一定处所安放。凡来看书看报之人,须在原处观看,不可参差翻乱,以及东走西观,漫无定向。如此处安放之书及报,不得携至彼处安放,观毕仍归原处,以免紊乱难查。

---

① 程焕文.晚清图书馆学术思想史[M].北京:北京图书馆出版社,2004:83.
② 许妥玛.海关十年报告之一[R].厦门海关志编委会.近代厦门社会经济概况.厦门:鹭江出版社,1990:281-282.

第二章 清末民初厦门藏书的转型

一、本书院定于每日早晨十点钟开门,以日没之时关闭,天长约于六七点钟为度,天短约于五六点钟为度。院内皆不继灼。

以上本书院所定章程,或有未善未周,或不便于众者,听凭大众商告更改,断不坚持固执。①

从这份《条规》,我们不仅可以了解这一"书院"的管理规则,更可认识其性质特点。

首先,这个图书馆是向社会开放的。一是"本书院内所有各书各报,欲看之人俱请来院阅看",只"须向司理书院董事取给执照",也就是说,凡来馆看书看报的人,只要办个借阅证就可无偿利用这个图书馆。二是其书报可以自由取阅,只是要求"观毕仍归原处"。这些条规说明博闻书院已具有"公共""公开""公益"的特点,这是古代藏书业与近代图书馆的关键区别,因此说它是公共图书馆并不为过。

其次,这个图书馆的开放性还是有一定的局限。一是其服务对象主要是"仕商宦绅文雅之士",而"工匠、仆役以及粗俗、轻浮、下贱之人,一概不准入院遭扰",排斥了劳动人民。二是它只提供图书报刊的阅览,"无论何人一概不准借出"。在近代图书馆刚刚出现在中国之时,这种局限性尚是普遍存在的。

博闻书院创办之初,择址于厦门卖鸡巷泰山口,院舍狭窄,周围环境条件较差。其草创阶段,似乎成效不佳。光绪十年(1884年),厦门海关税务司承担书院的名誉秘书和司库之职,成为书院的主管部门。光绪十九年(1893年),刚上任的代理税务司、英国人贾雅格(J.W.Carrall)到博闻书院视察,"见几案积尘,图书零乱,殊为管理不善"②。

于是,贾雅格遂与厦门海防同知张兆奎商量,在本市绅商中劝捐扩建,结果募得捐款1882元,在三十六崎顶附近的岗仔顶购地建楼,作为书院新址。

---

① "中央研究院"近代史研究所.中国近代史资料汇编:海防档[G].台北:"中央研究院"近代史研究所,1957:206-208.
② 博闻书院[M]//厦门市地方志编纂委员会办公室.(民国)厦门市志.北京:方志出版社,1999:336.

新馆为两层小楼,楼上前面为阅览室,后面为藏书室。楼下前面为管理员宿舍,后面为贮藏室。新馆添置图书、报纸、杂志,"所置图书多系教会新译浅近各种科学书籍。其最巨图书有一部《图书集成》。报纸有《上海申报》和《香港循环日报》。迨厦门有报纸,则添置本埠报纸"①。

为了规范管理,博闻书院成立董事会,聘请林古徒等为董事,重订了管理规则。书院专门雇用一个办事员,管理书院事务。"这个人还是香港和上海出版的中国报纸的代理人。据说,定期到图书馆来的人中,有很大一部分是为了买报纸,也有想到这里收取更多精神食粮的学生。"许妥玛在《海关十年报告(1882—1891年)》中这么写道。

由于新馆舍"背山面海,空气鲜洁,具图书馆规模,厦中人士多喜观览,厦绅特制'学海航梯'匾额,悬诸院中,以志贾君惠及士林之德"。福建水师提督杨岐珍见到书院气象焕然,"甚为欣慰,特捐月俸,以济其美"②。

博闻书院一直办到民国六年(1917年)才停止服务,原因是"1917年9月12日(阴历七月廿六日)厦门遭大台风,该院房屋全被吹倒"③。于是,该院董事林古徒等乃将院址变卖一千余元,暂存银行。迨至1919年厦门筹建公共图书馆时,林古徒将这笔存款提出作为厦门图书馆的创办费,连同该院余存的六千余册图书及器物财产也一并归入厦门图书馆。

博闻书院虽然只存在40余年的时间,但对厦门近代图书馆的形成具有一定的影响:一是藏书观念的影响。博闻书院虽然规模不大,但藏书供人们公共使用。这种开放式的藏书观念,与古代传统藏书只在很小的范围内使用的封闭式观念形成明显对比,对促使有志之士推动书院藏书从封闭走向开放起了一定的启蒙作用。二是管理方法的示范。博闻书院有专门的管理员进行管理,实施定时开放;符合一定条件的人办理手续后,就可以借阅书刊;藏书

---

① 余少文.厦门图书馆的建立[M]//厦门文史资料研究委员会编.厦门市政协文史资料:第19辑.厦门:厦门市政协,1992:149.

② 博闻书院[M]//厦门市地方志编纂委员会办公室.(民国)厦门市志.北京:方志出版社,1999:336.

③ 余少文.厦门图书馆的建立[J]//厦门文史资料研究委员会.厦门市政协文史资料:第19辑.厦门:厦门市政协,1992:149.

整理采用西方的图书分类法,采用卡片目录揭示和反映藏书;实行开架阅览服务;等等。这些科学管理藏书、方便读者借阅的方法,对随之发展起来的厦门近代图书馆起了一定的示范作用。

第二节　民众阅报所:以开通民智为目的的新型藏书

民众阅报所是以图书报刊为工具,以教育民众、传布资讯、充实文化为目的的社会教育机构,在民众教育中起着"润物细无声"的作用。这种阅书报社团在清末戊戌变法运动中兴起,是近代以来社会启蒙思想在中国传播和实践的产物。在厦门的公共图书馆诞生之前,厦门曾出现以公开阅览、公共使用为标志的民众阅报所,它在清末变革中的基层民众教育,尤其是在宣传民主思想上,发挥一定的作用。这种新型的藏书机构,因为具有公共图书馆的公益性特点,而且规模不大,设置容易,历来为社会所推崇,一直到20世纪五六十年代,还有此类型机构在为民众服务。

一、清末民众阅报所形成的历史背景

第二次鸦片战争后,清政府被迫与外国侵略者签订了一系列不平等条约,不仅丧失的领土和主权增多,而且中国半殖民地化程度进一步加深,社会矛盾更加激化。在中国人民强烈要求反抗外来侵略和改革内部政治的形势下,光绪二十年(1894年)发生了戊戌变法运动。以康有为、梁启超为代表的维新派认为要拯救中国,必须在政治上实行变法,推行新政。而要推行新政,必须从"振兴教育、培育人才、开通民智"着手。振兴教育的具体措施就是开设学堂、办报纸、翻译书籍、组织学会、开设公共性藏书楼等。改良主义先驱郑观应首先提出新式图书馆思想,他在《藏书》一文中详细介绍了西方图书馆,认为这是"泰西各国教育人才之道",因此倡议通过行政手段,自上而下地普遍设立各级图书馆,并要对读者全面开放,以让"寒儒博士","可遍读群书"。光绪二十一年(1895年),维新派成立"专为中国自强而立"的强学会,则以"聚图书""开大书藏"的行动,实践"开通民智"的思想。受其影响,1896—

1898年间,全国共成立了87所学会、131所学堂。这些学会和学堂亦设立一些藏书楼或阅览室,"纷纷搜集新学西学文献,供同志阅览使用"[①]。这些藏书楼和阅览室在启迪民智、宣传维新上发挥了很大的作用,也进一步推动了新的图书馆观念和学术思想的传播与发展。

经过百日维新的洗礼,受康梁变法维新思想的影响而立志变革的有志之士,在传播西方先进理念的同时,更加重视对普通民众的启蒙教育。他们积极鼓吹设置面向民众的新式藏书机构,以"启迪民智,唤醒民众",因此,除了开办公众使用的新式藏书楼外,举办设置相对容易、对底层民众具有直接影响的民众阅报所、阅报社则成为一种时代的风潮。

民众阅报所是服务底层民众的新式藏书机构,最早出现这种阅书报社团,是清光绪二十四年(1898年)戊戌变法时随着白话报的兴起在汉口至上海的沿长江流域的城市中出现。但由于戊戌之后清政府对民间结社的约束,阅报团体一度沉寂。清末新政时期,随着各项改革的推行,曾在戊戌变法之际昙花一现的书报阅览组织重新活跃起来,从光绪三十年(1904年)下半年开始,各种阅报公会、阅书报所等在各地纷纷涌现。这些阅报社团以"启智""益智""觉悟"等为创办目的,主要以农夫、手工业者、艺人、学徒等所谓"下等社会"为服务对象,收集、陈列的报刊书籍多以白话文或浅显文言写就,因此最受有一定识字基础的民众欢迎。

这种阅书报所的设置相对容易,"仅须择公有地方数处,略备桌椅,购置各种日报而已",早期的阅报服务主要以搜集、陈列各种白话新闻报刊,劝民众前来阅读,报刊来源比较广泛,"京、津、申、江、广东、新加坡各种华字报章",是当时比较常见的收藏。随着读者的增加及其兴趣的扩大,阅报社也开始购置展示一些简明易懂的科学书籍,"不惟备齐各种报纸,并购算学舆地等书及各国地图,存储其间,任人观览,以为开通智识"[②]。

阅报社团的创办者有官办和民办两种。官办阅报社团由于有政府支持

---

① 程焕文.晚清图书馆学术思想史[M].北京:北京图书馆出版社,2004:205.
② 高俊.清末阅报社团述论[J].社会科学.2012(11):156-163.

的背景,除了经费有保障之外,社团活动所需场所以及报刊书籍的购备、流转等也都比较顺畅,故在短时间内就得到了长足发展。而最早出现的阅报社团是由民间人士自发组建的,由于官方的提倡和扶持,从1904年下半年开始民办阅报社团也得以较快发展。地方人士组建阅报社团的方式多样,有自筹,有集体合资,也有通过社会募捐等。由于政府和各界人士对社会教育的重视和提倡,自清末新政至新图书馆运动时期,民众阅报所得以较大规模推广,从京畿要地、通商巨埠到边陲小城,在短短的数年间,阅报、讲报活动在各地普遍开展。

作为近代以来社会启蒙思想传播和实践的产物,阅报社团还参与社会动员,经常结合国内外时事组织专题陈列和演讲,起到了很好的宣传作用。其中,1905—1906年间发生的抵制美货及国民捐运动,就是由阅报社团参与发起并发挥重要影响力的两次大规模民众运动。由于下层民众的踊跃参与,这些运动也被研究者视为近代民众运动的发轫。因为阅报社团不仅具有"启迪民智"的功能,还有宣传民众的作用,它也为包括革命党人在内的社会各阶层所运用,辛亥革命前夕出现在鼓浪屿的民众阅报所就是一个典型的例子。

二、厦门民众阅报所的出现与变迁

厦门最早出现的民众阅报所,据称是光绪二十五年(1899年)鼓浪屿的有识之士创办的阅报社。[①] 从时间节点来看,这正是戊戌变法之际最初的阅报社团昙花一现的时期,厦门的这些有识之士可能受到维新派"聚图书""开大书藏"思想以及各种面向民众的阅报社团之影响而建立起这个阅报社的。然而由于没有较为详细的史料,我们对这个阅报社的来龙去脉不甚了解。

有较为确切史料可查的民众阅报社团在厦门的出现,是清朝末年由革命党人先后在鼓浪屿河仔墘(今泉州路)和大河墘(今龙头路)设立的"鼓浪屿阅报所"和"闽南阅报社"。

---

① 郭昆山.解放前厦门的图书馆[M]//政治协商会议厦门市委员会.厦门文史资料:第10辑.厦门:政治协商会议厦门市委员会,1986:100.

丘廑兢的《辛亥革命在厦门》一文称:"1908年,我和周明辉、王金印等在鼓浪屿河仔墘(现泉州路)设立鼓浪屿阅报所,由王金印主持(王系安溪人)。翌年,我和王都出国,鼓浪屿阅报所遂停办。黄约瑟等人后又继起,在鼓浪屿大河墘(现龙头街)创办'闽南阅报社'。"①丘廑兢(1888—1977),福建海澄新垵(今属厦门海沧区)人。他于光绪三十三年(1907年)加入中国同盟会,与王金印、周明辉等革命党人在厦门一带秘密开展反清革命活动。辛亥革命胜利后,丘廑兢从事教育工作。抗日战争爆发后,又积极参与抗日救亡运动。新中国成立后,历任省政协委员、市人大代表、鼓浪屿区人民政府委员、民革厦门市委副主任、厦门市侨联副主席等职。丘廑兢是厦门阅报社团的最早创办者之一。

丘廑兢等人设立阅报所和阅报社,是受到以孙中山为首的革命派为宣传民主思想而倡办的各种形式阅报所和图书室的影响。这些阅报所和图书室的出现,是五四运动前图书馆事业的一个特点。一方面,它便利群众读书阅报,为民众提供均等求知的机会,实践着"有教无类"的古训,以达到教育民众、传布资讯、充实文化的目的。另一方面,革命党人利用这个阅报所掩护革命工作,宣传民主思想,结交有志之士,从而发展组织,扩大革命队伍,为辛亥革命的厦门光复发挥了宣传主张、团结群众的作用。

清末厦门的这些阅报所虽然规模不大,提供的文献也多限于报刊阅览,但服务对象是广大民众,尤其是底层的民众;藏书内容和管理方法上,着力于改变旧的传统,而努力于开辟新的模式。因此,它具有近代公共图书馆的"公共""公开""公益"的开放性特点。它不同于博闻书院的半官方性质,而是完全由厦门本土民众举办的,服务对象广泛,服务更贴近民众,因此获得民众的欢迎和支持,不少民众自动将自己阅过的报纸、杂志赠给阅报所,让更多人阅读。这有点像18世纪中叶英美近代公共图书馆萌芽时期出现的会员图书馆,也如同前面所述的"上海图书馆"和阅报社之早期形式,即由会员们共同购买和共同利用图书,满足收入不富裕的市民阶层的求知欲望。

---

① 丘廑兢.辛亥革命在厦门[M]//中国国民党革命委员会厦门委员会,厦门市政协文史和学习宣传委员会.辛亥革命在厦门.北京:当代中国出版社,2001:10.

由于清末的这几家阅报所和阅报社存在的时间并不长,文献档案资料中没有留下太多的印迹,我们无法获得更多有关它们活动的信息,但无可置否的是,这些阅报所最终孕育出厦门的公共图书馆事业。厦门图书馆的诞生,极可能受到这种社会需求的启发,而厦门第二家公共图书馆——鼓浪屿中山图书馆,则完全是由革命党人许卓然、李汉青、叶清泉创办的鼓浪屿图书馆阅览所发展起来的。

民众阅报所的社会教育作用和当时中国社会提升民众素质的时代主题甚为契合,因此,这种民众教育机构不仅为民间有识之士所推崇,政府也尽力促进其建设发展。20世纪20年代末,鉴于社会文盲充斥与信息闭塞的客观现实,思明县政府教育部门曾规划设置10所民众阅报所,并配合举办民众夜校,以提高全体市民的智识。据资料记载,民国十八年(1929年)秋,私立集友小学迁入武圣庙新校舍时,"将右畔济寿宫收归管理,添设民众阅报所及民众夜校等"[1]。这当为思明县政府教育部门规划设置的民众阅报所之一。然而,其时的规划终未能实现。民国二十二年(1933年)思明市政筹备处的一份工作报告称:"第一期拟设民众阅报所10幢,因空间及时间关系,未能全部实现,已成立者仅1所耳。该所设于百家村济寿庙,庙荫巨榕,空气新鲜,既宜休憩,尤适阅读,故自开幕后每日到所阅读人数平均在50人以上,所中座位可容20人。报纸除本市各报外,尚有《申报》及南洋各报合计6份。"[2]由此可见,这所民众阅报所虽然规模不大,但亦吸引了不少读者,充分发挥了应有的作用。

民众阅报所作为一种普及性的书刊利用机构,一直为社会所推崇。直到新中国成立后,厦门还有这种机构存在。20世纪50年代,前厦门图书馆馆长、66岁高龄的市政协委员余超自办张前阅报所为社区民众就近提供阅览快报的服务。此外,还有大众书报室等民办图书室,在当时为弥补公共图书馆服务之不足发挥了一定的作用。

---

[1] 私立集友小学[M]//厦门市地方志编纂委员会办公室.(民国)厦门市志.北京:方志出版社,1999:315.

[2] 思明市政筹备处.关于教育行政[Z]//厦门市档案局,厦门市档案馆.近代厦门教育档案资料.厦门:厦门大学出版社,1997:234.

第三节　厦门公共图书馆的形成

"西学东渐"之风,给厦门带来了博闻书院,但它却不能满足那个时代的需求。民众阅报所的出现,则显示了这座正在兴起的城市迫切的文化需求。1900年的庚子事变,使穷途末路之中的清政府不得不宣布实行"变法新政",这场变革带来了"公共图书馆运动"的兴起,全国省级及大城市纷纷建立起公共图书馆。在辛亥革命成功不久后,深受近代中国公共图书馆运动的影响、紧随"新图书馆运动"步伐的公共图书馆建设在厦门兴起。20世纪20年代,先是厦门地方第一家名副其实的公共图书馆——厦门图书馆诞生,紧随着,鼓浪屿的中山图书馆也接踵而出。它们应对厦门城市建设发展的需要,继承与扬弃厦门古代藏书楼的传统,吸纳与弘扬西方近代图书馆思想,在一群开明知识分子的力促下而建立起来,从而开启厦门公共图书馆事业的篇章。

一、厦门公共图书馆诞生的必然趋势

戊戌变法的思想启蒙运动,促进了思想解放,对近代中国的社会进步和思想文化发展起了重要推动作用。维新派提出新的图书馆思想促使了传统藏书楼思想的改变。虽然,戊戌变法失败了,但它迫使清政府实施新政,预备立宪。举办新型的藏书机构——图书馆,被纳入清政府预备立宪的计划,在宣统元年(1909年)学部上奏的《分年筹备事宜折》中,计划了"颁布图书馆章程"和"京师开办图书馆"两项改革事项。在这两项改革事项实施的前后,自1906年至1911年,湖南、湖北、安徽、直隶、江苏、山东、山西、河南、浙江、云南、广西等省,相继奏设面向民众的图书馆,出现了一场自上而下的公共图书馆运动,形成了一个创办新式图书馆纷纷热潮。这股热潮,即使在清政府倒台之后仍方兴未艾,各级公共图书馆纷纷建立,从省立图书馆逐步向市、县立发展。

辛亥革命对我国社会政治、经济、文化的发展影响是巨大的,对藏书事业的发展也不例外。1912年1月,民国政府成立后,蔡元培任教育总长,积极提

第二章 清末民初厦门藏书的转型

倡社会教育,故草拟官制时,特设"社会教育司",通过推进各种文化设施和组织的建设,对普通民众进行普及性的社会教育。1915 年,教育部相继颁布了《图书馆规程》和《通俗图书馆规程》,明确提出各省市县应设立通俗图书馆和图书馆,其中《通俗图书馆规程》明确规定:"各省治、县治应设通俗图书馆,储集各种通俗图书,供公众之阅览。各自治区得视地方情形设置之。"[①]不仅鼓励设立图书馆,甚至提供部分公款补贴。同时,《通俗图书馆规程》也指出,"通俗图书馆不征收阅览费",明确了通俗图书馆的公益性质。这两个规程虽然还带有一些封建藏书楼的保守思想,但同时开启了通俗图书馆制度化的发展道路,使民国以后我国各类图书馆的发展有法可依,也推动了各省市图书馆和通俗图书馆的建设和发展。此后,各地响应教育部的号召,纷纷兴起了创办公共图书馆的热潮。至 1917 年,全国公共图书馆有 100 多所,近代图书馆事业有了初步的发展。

这场自上而下的新图书馆运动潮流不久也涌到了厦门。民国八年(1919 年),厦门开始筹办自己的第一家公共图书馆——"厦门图书馆"。从时间节点来看,其脚步似乎慢了点,然而,从厦门这座城市发展的步伐来看,它的问世正当时。

1842 年鸦片战争之后,厦门成为五口通商的口岸之一,古老的所城和渔港逐渐向近代的商港转变。五洲商贾、四海帆樯在此云集,带来商机无限,也带来这座小城的繁荣。短短的几十年时间,厦门从孤岛小城飞快发展成为东南沿海的通衢商埠,而原有狭陋不堪的小城格局,则严重滞碍着商埠的发展。于是,20 世纪一二十年代,厦门进入了近代的城市化建设。

城市化建设不仅仅是开几条马路,建几座楼宇,其实质上是产业结构的调整以及人们生活方式和知识水平的转变。清末民初时局动乱,闽南一带大量的农村破产农民涌入厦门"讨生活",填补了商港发展的人口需求。而将如此大量的转移人口变成城市化进程的人力资源优势,文化教育的普及成为实

---

① 李希泌,张椒华.中国古代藏书与近代图书馆史料(春秋至五四前后)[M].北京:中华书局,1982:210.

现这种转变的重要手段。这种城市化趋势下的民众文化教育普及,迫切希望社会提供一个汲取知识的场所。同时,厦门近代城市化建设的发展,出现新的城市文化生活,形成了新的文化需求,信息的获取、工余之消遣,都需要一个活动的空间。而公共图书馆作为人们交流信息、获取知识的重要场所,其所具有的"公共""公开""公益"的开放性特点,恰好能够承担起这种文化教育的职责。因为有这个作用,也因为有博闻书院和民众阅报所实践的启示,从京城、从省城吹来的公共图书馆运动和新图书馆运动之风,自然受到厦门本地热心兴办文化教育事业之有识之士的推崇。1919年,厦门地方宦绅名儒共同倡议创办公共图书馆,就是在这个时代背景下产生的动议。1920年厦门图书馆正式开馆,而这一年,恰好厦门正式成立厦门市政会,厦门行政当局相应成立市政局,开始规划、筹建厦门的市政设施。这不是巧合,而是历史的必然,城市的近代化建设需要文化教育的支撑,因而也就有了厦门图书馆与这座城市的近代化建设同时起步。

厦门图书馆成立不久,身处公共租界鼓浪屿的革命党人、社会人士和归侨侨眷也积极筹划创办图书馆,以造福地方。1924年7月,由革命党人许卓然资助经费,先创办了鼓浪屿图书馆阅览所,又于1925年初在鼓浪屿福建路正式成立了私立鼓浪屿图书馆。1928年,更名为鼓浪屿中山图书馆,是厦门地方的第二家公共图书馆。而在鼓浪屿图书馆筹划的同时,同安县西柯乡阳翟村的乡绅陈延香,捐出个人藏书1000多部,在阳翟学校中开办了一间藏书室。1928年,又增加图书几千册,正式成立阳翟图书馆(详见本章第四节)。这所建于学校内的图书馆对社会开放,因此也具有公共图书馆性质。20世纪20年代,在厦门本岛、鼓浪屿和同安县城,近代公共图书馆就这么渐成雏形。

概而言之,厦门公共图书馆是在"西学东渐"之风与近代中国的两次图书馆运动的影响下,在厦门近代城市化建设的呼唤下而产生的,而博闻书院引入的开放式藏书观念和为人们获取信息与知识提供服务的民众阅报所,则直接地为厦门公共图书馆的产生提供了启迪与模式。时代的需要、历史的必然,催促了厦门地区公共图书馆的形成。

二、厦门图书馆的诞生

厦门图书馆的诞生,虽是时代的需要、历史的必然,但是,有两位人士起着重要的作用,是他们的努力,催生了厦门图书馆的诞生。他们是厦门图书馆的推动者陈培锟和创办者周殿薰。

陈培锟(1877—1964),字韵珊,号岁寒寮主人,福建闽县(今福州市区)人。(光绪二十四年(1898年),与其父陈海梅(字香雪)同登进士第,选庶吉士,后授翰林院编修、国史馆协修。光绪三十四年(1908年),陈培锟赴日本法政大学学习。1912年起,他历任民国政府的漳龙道、闽海道、延建邵道和厦门道的道尹。在担任厦门道道尹期间,曾是厦门城市近代化建设的推手。参与发起成立厦门市政会,进行市政道路的建设。他关心支持厦门文化教育事业的发展,厦门图书馆的诞生,是他一手促成的。

周殿薰(1867—1929),字墨史,号曙岚,福建同安县杏林(今属厦门集美区)人,居厦门。弱冠进县学,学识渊博。光绪十一年(1885年),被聘为玉屏书院大董,主管书院一切行政事务。光绪二十三年(1897年),周殿薰与其兄周殿修同榜中举。清季废科举、兴学堂,周殿薰向玉屏董事提议,将书院公帑和院址用于兴学。光绪三十二年(1906年),玉屏书院改组为厦门中学堂,兴泉永道刘庆汾聘其兄周殿修为中学堂监督(即堂长),周殿薰任监学兼国文、史地教师。宣统二年(1910年),周殿薰被官方保送入京会考,获殿试一等,被任命为吏部主事。但他淡薄仕途,不久便辞官回厦,执教同文书院。辛亥革命后厦门光复,周殿薰被推选为厦门参事会副会长。虽是科举体制下走出来的旧式知识分子,周殿薰却是位思想开明、顺应时势的人。他对于厦门地方文化教育事业有着满腔的热忱,一向以启发民智为职责。当公共图书馆运动之风吹至鹭岛之时,他审时度势,积极提倡并承担起创办公共图书馆之大任。

厦门图书馆特藏库中保存一篇署着"馆长周殿薰启"的《厦门图书馆缘起》手稿,记录了图书馆筹建的前因后果。其文如下:

> 保存旧学,启牖新知,全赖广储图书,以供众览。近世文明潮流日激,学校教育且进而为图书馆教育,故图书馆称为国民之终身学校。下

自初学，上至硕学鸿儒，均赖养成，则图书馆教育尤较学校教育为急切。我厦为通商巨埠，人文荟萃，学校林立，而图书馆尚未设立，实为缺点。玉屏书院旧有前观察奎公俊购置书籍供人阅览。去年夏季，厦门道道尹陈公培锟向海关监督处移出旧存博闻书院书籍，交玉屏、紫阳两书院董事储存，面谕董事等筹设厦门图书馆，以殿薰为筹办董事，当即择玉屏别馆为馆址。后复得省长、道尹暨热心诸君子补助金以为修改馆屋，并添置书籍、器具之用。其常年经费则由玉屏、紫阳两书院月拨支以为维持，而厦门图书馆规模始得粗备，是皆道尹陈公提倡之力也。陈公复念公益之举，虽有地方长官提倡于先，克底成立，尤必有地方团体维持于后，方能永久。本馆基金尚缺，而官厅补助难以持久。因查教育部《图书馆规程》第二条："公共团体得设立图书馆"之规定，爰将厦门图书馆谕玉屏、紫阳两书院董事团体公举馆长，接办馆事，即将本馆定为玉屏、紫阳两书院财团所设立。于本年九月十五日公举殿薰为馆长，即于二十日就职，九月廿九日呈报道尹、县长立案，厦门图书馆始告成立矣。惟是基础粗具而规模未充，经费则尚待筹捐，图书则尚待购备，阅览人则尚待招徕。任重才轻，深引为歉。计惟竭其绵力，积极进行，庶无负贤长官及热心诸君子提倡、赞助之盛意。谨述缘起大略，于章程之首。

这是记录厦门图书馆创建的第一手资料，从中可了解到百年前厦门图书馆的筹建过程。尽管此文未署日期，然结合其他资料，还是能够确定厦门图书馆筹建与成立的时间。据时任厦门道道尹陈培锟回忆称："民国八九年间，余在厦门道尹任内曾创建厦门图书馆。"[1]余超主编的《厦门图书馆声》1932年第1期中进一步明确说："民国八年夏，周绅殿薰有鉴于此，以创办图书馆事业商诸前厦门道陈道尹培锟。陈道尹韪其议，欣然力任提倡，即请前玉屏、紫阳两书院全体董事为发起人，筹办厦门图书馆，以周殿薰为筹办董事……公举周绅殿薰为馆长，于民国九年九月二十日就职，并呈报道尹、县长立案，而厦

---

[1] 陈培锟.岁寒居士集[M].福州：福建美术出版社，2015：66.

第二章　清末民初厦门藏书的转型

门图书馆始告成立。"①这篇《本馆略史》行文语气与周殿薰的《厦门图书馆缘起》相似,但编者对其筹建与成立的日期说得更为明确,即厦门图书馆筹建于1919年夏天,而成立于1920年9月20日。余超参与厦门图书馆的筹建,故此说法是准确的。

综而述之,厦门图书馆建馆的整个经过是这样的:

1919年,周殿薰向厦门道道尹陈培锟提议创办图书馆。陈培锟欣然同意,决议将文渊井21号玉屏别馆划作图书馆的馆址,将前兴泉永道道员奎俊购置于玉屏书院的图书移交给图书馆筹办处。又得到厦门海关监督胡维贤的支持赞助,将原由海关管理的博闻书院之藏书移赠厦门图书馆。而当年变卖博闻书院院舍所得的资金,亦捐作厦门图书馆的创办费。除了接收玉屏、紫阳、博闻等书院余存的藏书外,陈培锟还带头捐款购书。在他的带动下,福建督军兼省长李厚基以及厦门的一些热心社会公益的官宦士绅如林古徒等人,也积极捐书、捐款,补充馆藏,购买最新的图书设备。

然考虑到此项公益之举,虽有地方官绅倡建于先,但还须有日常经费和维护基金维持于后,方能持诸久远。于是,乃由陈培锟出面,筹建董事会,聘玉屏、紫阳两书院全体董事为厦门图书馆的董事,并在周殿薰起草的《厦门图书馆章程》(原件附于《厦门图书馆缘起》之后)中明确规定:"本馆为厦门公共团体玉屏、紫阳两书院所设立","玉屏、紫阳两书院董事即为评议董事,另联请名誉董事无定员"。同时规定"本馆经费由玉屏、紫阳两书院逐月按额支给,并受官长及地方之补助,以为开办及拓充之费"。这一章程确定了厦门图书馆民办公助的特点,明确管理机制与经费来源,对新生的图书馆之长远发展无疑是个重要的保障举措。

在社会各界的热心支持下,图书馆的馆舍、创办经费和藏书略具,周殿薰即着手修改馆舍,购买器物,整理图书。整个筹建过程中,周殿薰无不殚精竭虑、亲力亲为。而且,目光邃远的他,早早地考虑到新式图书馆的发展需要现代化的管理人才,故筹建时期,周殿薰即积极向陈培锟推荐年轻有为的省立

---

① 编者.本馆略史[J].厦门图书馆声,1932(1):4.

第十三中学教员余超,送其赴京学习,以备从事图书馆业务管理。

经过近一年的筹办,各个方面工作即定。于是,1920年9月15日,董事会公举周殿薰为馆长,于当年9月20日就职,并呈报厦门道道尹和思明县长立案,至此,厦门图书馆始告成立。

这是厦门第一家名副其实的公共图书馆,虽然承接了传统书院和西式"书院"的文献资源,却不沿袭中国古代藏书楼的传统模式。《厦门图书馆章程》第一条即开宗明义地宣布:"本馆遵照部定《图书馆规程》,储集各种图书以供公众阅览";第七条也规定:"本馆在开馆时间,无论本籍外籍各界人士,均得来馆阅览,不取阅览费……"这些规定,不仅明确了图书馆面向大众开放的公共服务性质,破除了封建藏书楼的封闭形态,而且明确了免费开放的公益服务宗旨,体现出近代公共图书馆的"公共""公开""公益"的开放性特征。从这些规定中可以看出,厦门图书馆的创建,即紧随西方近代图书馆的步伐,学习和借鉴西方图书馆的制度与方法,同时也吸取中国古代藏书事业的某些优良传统,融会贯通,从而在厦门建立起首家具有开放性的新式文献服务机构。

为了图书馆的发展,周殿薰不遗余力。开馆之后,随着藏书和读者日渐增多,原本狭窄的馆舍很快就显现出不足。为此,周殿薰于1922年亲自赴上海募捐,得到沪上诸商家踊跃输将,获得捐款达万余元,将原馆舍玉屏别馆与毗连的同善堂公业平屋翻建成两层楼房,使馆舍面积得以扩大。同时,添置了设备,改善了阅览环境。他十分重视馆藏建设,开馆之初,即添置新译新著图书共万余册和报纸杂志几十种。而后,又不断搜集古籍,添置新书,以充实馆藏。

周殿薰为新生的厦门图书馆事业做出了巨大的贡献,却不图功名,谦逊恭让,把建馆的功绩归于陈培锟。自1920年至1929年,他任厦门图书馆馆长十年,不领薪水,默默耕耘,显现出无私奉献的情怀。1929年8月6日,周殿薰因积劳成疾而辞世,享年63岁。其一生以启迪民智为责,传承书脉,作育人才,为厦门近代文化教育事业做出了不朽的贡献。

三、鼓浪屿中山图书馆的诞生

位于鼓浪屿的中山图书馆是出现在近代厦门的第二家公共图书馆,前身是私立鼓浪屿图书馆,乃闽南革命党人所创建的,诞生于第一次国共合作时期汹涌澎湃的大革命洪流之中。

辛亥革命虽然推翻了清王朝,但政权却落入北洋军阀手中。为此,孙中山先生将中华革命党改组为中国国民党,与北洋军阀展开坚决的斗争。1924年1月,中国国民党第一次全国代表大会在广州召开。大会期间,孙中山先生会见了福建代表许卓然,对福建的工作进行指导,同时委任许卓然为福建省党务特派员,指示许卓然回闽后筹建中国国民党福建临时省党部。[①]

1924年3月,许卓然回到福建后,在老同盟会会员庄希泉和秦望山的配合下,在鼓浪屿秘密筹建国民党福建省临时党部。为掩人耳目,许卓然资助经费筹办鼓浪屿图书馆,作为闽南革命党人与广州联系的机关,以便利用合法身份,开展反对北洋军阀的革命活动。其时,由党部筹备员李汉青等人出面,先设立阅览所。1924年7月10日,鼓浪屿图书馆阅览所举行开幕式。[②] 1925年初,在鼓浪屿福建路盐田旅馆旧址(今鼓浪屿医院门诊部隔壁)正式成立私立鼓浪屿图书馆。

当时,国民党处于地下,许卓然以该图书馆为掩护,秘密开展党务工作,吸收在厦的庄希泉、秦望山、李汉青、叶清泉等16人为闽南首批中国国民党党员。[③] 同年,国民党厦门市临时市党部筹委会成立,担任上海《申报》和《新闻报》驻厦门特约通讯记者的李汉青,被推举为筹委会主任,协助许卓然开展工作,同时担任鼓浪屿图书馆的负责人。主要办事人员是许卓然的妻弟叶清泉,"管理员初为陈某,继又由厦门大学学生黄乃杰驻宿管理"[④]。李汉青

---

① 杨锦和,洪卜仁.闽南革命史[M].北京:中国计划出版社,1990:104.
② 江苏省立通俗教育馆.厦门鼓浪屿图书馆阅览所开幕[N].通俗旬报,1924-07-20.
③ 杨锦和,洪卜仁.闽南革命史[M].北京:中国计划出版社,1990:104.
④ 江林宣.中山图书馆的七十年沧桑[M]//鼓浪屿文史资料再版委员会.鼓浪屿文史资料:上册.厦门:鼓浪屿申报世界文化遗产系列丛书编委会,2010:372.

(1896—1976),乳名岳,字俊谋,笔名俊林,福建永春人。年轻时就学于福建法政专科学校,担任上海《申报》《新闻报》驻厦门特约访员、厦门《民钟报》《江声报》总编辑,协助许卓然创建鼓浪屿图书馆,后来任中山图书馆馆长。

刚创办的鼓浪屿图书馆订有全国性的报刊和本省市的报刊,图书直接向上海商务印书馆、中华书局购买。李汉青还发动社会知名人士和华侨捐款捐书,老同盟会会员、报界元老黄廷元,厦门劝学所所长孙印川,闽南职业学校校长叶谷虚等鼓浪屿知名人士都捐赠了一批图书,充实馆藏。许卓然又利用捐款,购进了一大批图书。此时的鼓浪屿图书馆,订有报刊五六十种,图书共有五橱三四千册。[①]

初期的鼓浪屿图书馆,藏书少,流通以阅览为主。藏书中多有进步书刊,革命党人利用图书馆的这些进步书籍宣传民主思想,为此吸引了较多的读者,阅览人数月计为500余人次。他们还利用这个场所组织学生罢课,声援上海的"五卅"运动。1923年11月,礼昌电灯公司的英籍经理韦士在街上无理杖打鼓浪屿图书馆的员工叶清泉,激起厦鼓人民的无比愤慨,先是鼓浪屿民众群起涌到"工部局"抗议,接着全市人民举行罢课、罢市。最后,韦士不得不登报道歉,并被他所在的公司辞退,滚回老家。大革命时期的鼓浪屿图书馆不仅发挥着教育民众、传布信息的社会教育职能,而且成为民主革命的桥头堡。

由于福建路的馆舍太小,李汉青等人一直在寻机扩建馆舍。1926年11月,北伐东路军击败北洋军阀在福建的残部,彻底结束了北洋军阀在福建的统治。时北洋军阀周荫人驻漳暂编第一师师长张毅被北伐军枪决后,他在鼓浪屿港仔后路74号(原河墘路,今晃岩路41号)的一座三层楼房被标封。当时掌握厦门实权的漳厦海军司令部准备将此房产及其中的古董字画一并拍卖,以供赈济福州灾民之用。李汉青看准机会,以鼓浪屿华人议事会的名义向当局提出建议:为纪念国父孙中山先生的丰功伟绩,请求海军将此房产楼充为鼓浪屿图书馆的馆舍,并将馆名改为"中山图书馆"。经过一番努力争

[①] 郭昆山.解放前厦门的图书馆[M]//政治协商会议厦门市委员会.厦门文史资料:第10辑.厦门:政治协商会议厦门市委员会,1986:100.

取,终获漳厦海军司令部的同意,将此房产拨予图书馆。鼓浪屿图书馆遂改名为"中山图书馆"。

1928年3月,中山图书馆开始筹备,依照私立机构的条例向思明县政府立案,并由思明县政府出示布告,宣布将该楼作为图书馆的永久馆址。中山图书馆成立第一届董事会,由外交部驻厦门交涉员刘光谦为董事长,著名侨商、中南银行董事长黄奕住为副董事长,李汉青为常务董事兼馆长。并特聘海军司令杨树庄和漳厦海军警备司令林国赓为名誉董事长。因1927年国民党清党,原来的办事员叶清泉离开图书馆,后来的工作人员先后有蔡景清、千恩盛、吴君英、李碧霞等。

有了董事会,图书馆的经费相对有保障,董事会出面向海内外广泛募捐、征集书刊。副董事长黄奕住带头捐款3万元,购置了上海商务印书馆出版的图书近万册;马来亚华侨、老同盟会员丘明昶也捐资购书,为此馆内专门设立"奕住堂"和"明昶室"以资纪念。开馆后,菲律宾华侨李清泉又捐赠《大英百科全书》等英文图书,菲律宾华侨杨忠信捐赠《武英殿聚珍版全书》。凡当时出版的大部巨帙如《四部丛刊》《四部备要》《丛书集成》《二十四史》等丛书,均为华侨赞助购置。华侨的捐助乃中山图书馆主要的经费来源。

1928年5月5日,中山图书馆正式对读者开放。开馆之时,林森、阎锡山、孙科、张发奎等国民党元老及市长李时霖等社会名流、宦绅先后为其题词,李济深还为之题写馆名,以示勉励。菲律宾华侨赠匾一块,上书"琅嬛福地",体现了海内外各界对图书馆的期望。

第四节 厦门近代学校图书馆的创办

学校图书馆是近代图书馆的又一个重要类型。它是伴随近代学校的产生而出现的,是学校的重要组成部分,是服务于学校的必不可少的机构。有句名言云:"一个学校的生命,就在图书馆;一个人的生命,就在阅读。"民国时期,有如林语堂、梁实秋等许多大师,年轻时都与学校图书馆结下不解之缘,足见学校图书馆对于人的成长具有至关重要作用。近代厦门,学校图书馆基本上是与公共图书馆同步兴起的,对厦门的文化教育事业起着推动的作用。

一、厦门学校图书馆兴起的时代背景

近代学校图书馆在中国的出现,也是"西学东渐"的产物。最早出现的学校图书馆,是光绪二十年(1894年)美国圣公会传教士在上海创办的教会学校约翰中学内所设的藏书室。1904年,美国纽约罗氏兄弟捐款在校园内建造一座思颜堂,藏书室迁入该楼。为纪念此项捐赠,藏书室正式命名为罗氏图书馆。1914年,该馆建成了独立的馆舍,遂发展成为圣约翰大学罗氏图书馆。它是上海最早的学校图书馆,在西方图书馆观念的传播上,起到一定程度的作用。[1]

而国人自办的近代学校图书馆,则是在19世纪末20世纪初晚清近代教育改革的时代背景下产生的。其兴起并不迟于教会学校兴办的图书馆。

晚清中国,自强乃至图存是现实的最大诉求,国人与外来文化接触过程中逐步认识到学校与图书馆之重要性及现实需要。实行变法、推行新政的维新派认为要拯救中国,必须从"振兴教育、培育人才、开通民智"着手,具体措施就是开设学堂、办报纸、翻译书籍、组织学会、开设公共性藏书楼等。戊戌变法期间,实行一系列的教育改革,主要措施为:废八股,兴西学;创办京师大学堂;设译书局,派留学生;奖励科学著作和发明。清光绪二十四年(1898年),京师大学堂(北京大学在清末使用的旧名)在戊戌变法期间创立起来了。这是我国第一所由中央政府建立的综合性大学。光绪二十八年(1902年)清政府颁布了《钦定学堂章程》(即"壬寅学制"),首次较全面地反映了我国近代教育史上关于新式学堂的较完整体系。随着各级各类新式学堂的兴起,学堂内的新式藏书楼也随之出现,逐渐形成了我国近代的学校图书馆。

京师大学堂是我国近代大学创办图书馆较早的高校。据史料记载,"清光绪二十四年(1898年),大学初立,校内附设译书局,始行购置中外书籍,但此不过供编译之用而已。光绪二十八年(1902年)正月,续兴大学,乃设藏书

---

[1] 程焕文.晚清图书馆学术思想史[M].北京:北京图书馆出版社,2004:88.

第二章 清末民初厦门藏书的转型

楼,调取江、浙、鄂、赣、湘等省官书局各种书籍,并购入中西新旧书籍藏之。是为本校图书馆之始基"①。

在上海,由清政府创立、盛宣怀督办的上海南洋公学,其图书馆也创办得较早。南洋公学诞生于1896年,是我国最早兼有师范、小学、中学和大学这一完整教育体系的学校,其中师范是我国近代最早的新型师范学校。南洋公学创办之初,其章程第六章第一节即规定:"公学设一图书院,调取各省官刻图籍,其私家所刻及东西各国图籍,皆分别择要购置庋藏,学堂诸生阅看各书,照令定收发章程办理。"②故始创之时,就建了一间图书室。而后,随着学校的逐步发展,由1916年毕业班同学发起、社会各界及在校师生共同捐资,于1919年10月在校区中央草坪东侧建成三层楼洋房,作为图书馆的独立馆舍。

其时,不仅是高等学堂,中等学堂也开办图书馆。较早设置图书室的有浙江绍郡中西学堂和杭州惠兰中学。

光绪二十四年(1898年),"蔡元培出任浙江绍郡中西学堂总理,采用捐资赠书的办法筹设图书室,称为'养新书藏'"③。蔡元培十分重视图书馆建设,在为学校建立图书室后,他打破了只向本校师生提供借阅的传统,规定校外人士"凡助银10元以上者,即可借阅",用这种方法动员社会力量补充藏书,使得中西学堂成为当地藏书最丰富的学堂。

光绪二十五年(1899年),"杭州惠兰中学创办,设有图书室"④。而后,这间图书室不断扩大发展,于1929年募捐7000元建建起了独立的馆舍(今惠兰中学的三好楼,设校史馆),命名为"惠德图书馆"。

始建于1911年的清华学堂(今清华大学的前身),其图书馆成立得稍迟

---

① 李希泌,张椒华.中国古代藏书与近代图书馆史料(春秋至五四前后)[M].北京:中华书局,1996:352.

② 李希泌,张椒华.中国古代藏书与近代图书馆史料(春秋至五四前后)[M].北京:中华书局,1996:107.

③ 陈源蒸,张树华,毕世栋.中国图书馆百年纪事(1840—2000)[M].北京:北京图书馆出版社,2004:4.

④ 陈源蒸,张树华,毕世栋.中国图书馆百年纪事(1840—2000)[M].北京:北京图书馆出版社,2004:4.

些,但建设则较为先进。1912年,学堂改建为清华学校,成立了清华学校图书室。1919年,独立馆舍落成,是最早建立新式馆舍的学校图书馆,不仅在硬件建设方面走在前列,而且是最早建立完备的图书馆管理秩序,最早开办图书馆讲习会,最早参与创办图书馆专业组织,为学校图书馆的建设做出示范。

学校图书馆作为学校图书文献的聚集和展示地,对于学生来说,是一个知识丰富的老师,在那里可以学到许多的知识。而作为办学条件,它又体现着一个学校的人文教育和学术氛围。因此,这些著名学堂举办图书馆后,各地学堂纷纷效仿,建校之初创办图书馆(室)成为各级各类学堂不可或缺的一项内容。

二、近代厦门学校图书馆的滥觞

厦门是近代中国教育比较发达的地区之一。作为鸦片战争之后的五口通商口岸之一,"西学东渐"对厦门教育的直接影响首先体现在英美传教士在厦门兴办的各种教会学校。道光二十四年(1844年),英国伦敦公会传教士施约翰(即约翰·施敦力)在厦门寮仔后创办福音学校,是福建第一所教会学校;道光二十六年(1846年),美国归正教会传教士毕德在厦门寮仔后创办第一所走读学校,为近代教育进入厦门之始;道光二十七年(1847年),伦敦公会养为霖夫人在厦门寮仔后住宅创办一个有12名学生的女子学校,是厦门近代女子教育之始。到了19世纪七八十年代,传教士们又在鼓浪屿兴办田尾女学、乌埭女学、福音小学、寻源书院、田尾小学等学堂。那时候的学校办学尚是十分简陋,规模小,有十几个学生也称"校",而且常常没有独立校舍,要么依附在教堂,要么租用民房。且学制、课程也不规范,或照搬西方学校课程,或因师设课。在这种条件下,这些学校设置图书馆是有一定难度的。因此,有关早期学校举办图书馆的资料极为少见,唯一可见的是厦门文史专家洪卜仁在《厦门同文书院鳞爪》一文中所述及的同文书院图书馆。

厦门同文书院是美国驻厦门领事巴詹声(A.B.Johnson,又译作"巴·约翰生")倡办,由厦门富商和华侨提供办学经费的中美人士合办之学院,创办于光绪二十四年(1898年)。其时,变法维新运动轰轰烈烈地展开,教育兴邦的

第二章 清末民初厦门藏书的转型

呼声甚高,废八股、办学堂的教育改革成为变法的重要举措。在中国社会学习西方、谋求变革之际,西方列强也乘机介入,希求以其理念来影响中国社会的方方面面。在厦门,光绪二十三年(1897年),日人办"东亚书院"于寮仔后(今晨光路);翌年2月,英人办"英华书院"于鼓浪屿,皆有这层意思。1897年,美驻厦领事巴詹声拜会兴泉永道杨执中,提出美国人要办一所与宗教无关的学堂,专门介绍西方的科学知识,为中国培养人才,帮助中国维新自强。如此冠冕堂皇的说法,使惧怕"洋教"的地方官员信服,同意办学。经商议探讨,定校名为"同文书院",并以"美国哥伦比亚大学中国厦门同文书院分校"的名义在美国立案。巴詹声选择在寮仔后日本东亚书院对面租赁一座民房当作临时校舍,于1897年3月12日开始上课。巴詹声此举的目的,也在于与日本东亚书院争夺青年学子。

同文书院的办学,包括学制、课程和教育行政完全参照美国的模式,书院开办后,即设有图书馆。虽然书院的董事会多有华人董事,且办学经费大部分由华人董事筹捐,但是书院的大权则掌握在以董事长巴詹声为首的洋人手中。因此,图书馆在"1922年以前的24年间,都由美国教师担任负责人","直到1922年才改由职员黄启荣负责馆务"。书院所开设的课程,除每周一节汉语课外,其余绝大部分都采用原版英文课本,以英语授课。其目的就是要把学生培养成适合美国所需要的"人才"。课堂上如此,学生课外阅读的图书也是如此。同文书院图书馆的"所有书刊,多数是向美国订购运来,少数买自欧洲,中文书刊一本也没有",直至1919年五四运动以后,经过学生的强烈要求,才添置少数的中文书刊。"1923年藏书统计,英文书刊1460册,中文书刊仅492册,相差几达三倍。"[①]从图书馆的图书采购和馆藏比例,可以看出同文书院重洋轻汉的教育方针。因此,与其说同文书院图书馆是一所厦门新式学堂的图书馆,还不如说它是厦门一所"洋人"学堂的图书馆。虽然它的诞生可能比国人办的厦门学校图书馆要早些,然而图书馆界却没有将其视为厦门最早

---

① 洪卜仁.厦门同文书院鳞爪[M]//厦门文史资料研究委员会.厦门市文史资料:第4辑.厦门:厦门市政协,1983:49.

的学校图书馆,因为人们对它知之甚少;它的存在对近代厦门学校图书馆的形成影响甚微,对西方图书馆观念在厦门的传播远远比不上比它创办更早的博闻书院,因为在厦门教育史料和相关的文献中,我们几乎找不到它的印迹。所以,同文书院图书馆充其量只算是近代厦门学校图书馆的滥觞。

近代厦门学校图书馆的形成,已是辛亥革命之后的事了。辛亥革命后,南京临时政府对教育开始了一系列适应资产阶级需要的改革。自1912年至1913年陆续颁布了各种学校规程,形成完整的学制系统,即"壬子癸丑学制"。这个具有资本主义性质的学制对中国近代教育起着极大的推动作用。而其开启的新式教育,也促使图书馆建设在学校内开展起来。厦门的学校图书馆就是在这种背景下,伴随着新式学校的举办而兴起的。而同文书院图书馆也在新的形势下发展成为同文中学图书馆。

1922年,同文书院在望高石顶兴建校舍,多有华侨富商的赞助支持,华侨富商叶清池、黄奕住、黄秀烺分别捐资兴建"清池楼""奕住楼""秀烺楼",而"运动场、礼堂以及图书仪器,设备尚称完整"[①]。1926年7月,在反对西方文化侵略、收回教育权的浪潮中,同文书院也由学校董事会华人收回自办,改称同文中学。改为中学后,"经费充足,教学设备充实,有图书馆,设阅书报室、藏书院、办公室,中文图书5598册,外文图书1664册,杂志刊物30多种"[②]。至此,同文书院图书馆已颇具规模,且具规范,阅览室、藏书室和办公室均已分别设置,藏书较为丰富,数量在厦门诸中学图书馆中亦排名靠前。1941年太平洋战争爆发,同文中学停办,这所图书馆也同时关闭。

三、集美学校图书馆:厦门第一所学校图书馆

厦门第一所学校图书馆,是创办于1918年的集美学校图书馆,即今集美图书馆的前身。它是爱国华侨领袖陈嘉庚先生在创办集美学校进程中一手

---

① 厦门市地方志编纂委员会办公室.(民国)厦门市志[M].北京:方志出版社,1999:337.

② 厦门市档案局,厦门市档案馆.近代厦门教育档案资料[Z].厦门:厦门大学出版社,1997:97.

第二章　清末民初厦门藏书的转型

筹办建立起来的。

陈嘉庚先生创办的集美学校,是一所具有百年历史的中国名校,其创办始于1913年。那一年,陈嘉庚先生在他的故乡创办了第一所学校——集美两等小学。自那时开始,陈嘉庚先生陆续办起了一所所不同类型的学校,形成了以"集美学校"为总校名,包含幼稚园、小学、中学、师范、水产、商科等专科在内的综合性学校。集美学校的创办,寄托着陈嘉庚先生兴学报国的雄心壮志,饱浸着陈嘉庚先生倾资办校的毕生心血。为了办好学校,他亲自制订规划、指挥建筑、考察教育、延聘教师,事事躬身自处、呕心沥血、鞠躬尽瘁。其办学壮举,可谓前无古人、后无来者,正如黄炎培先生所说的,"发了财的人,而肯全拿出来的,只有陈先生"。

学校图书馆是集美学校的重要组成部分,它同样倾注着陈嘉庚先生的心血。陈嘉庚先生非常重视图书馆的建设,他曾说过:"图书馆是学校,图书馆员是高级教员。接待一名读者,借出一本好书,就是播下一颗知识的种子。"[1]早在1913年创办集美小学时,就注意添置图书,建立图书资料室。随后,陈嘉庚先生又兴办了师范和中等学校。为满足广大师生求知的需要,遂于1918年成立集美学校图书馆。成立之初,规模较小,仅就师范部之居仁楼偏东辟一室作为馆址。凡图书购置与管理、职员薪俸及杂项开支等所有事宜,概由总务处兼理。

1919年,学校开始在三立楼东侧兴建图书馆新馆舍博文楼,于1920年11月落成,占地面积2000平方米,建筑费用4.5万元,馆舍面积7191平方尺,计有房16间,为八跨对称式砖木结构建筑,系集美学校首座采用中国式大屋顶的建筑物。中部三层,两侧两层,原中部南北立面一、二层为西洋柱式外廊,三层为中国式柱廊,二层以上砌有琉璃柱式花瓶栏杆。屋顶为绿色琉璃瓦双重歇山式,屋脊和飞檐起翘为闽南风格。两侧附楼外墙采用闽南红色釉标砖,角柱叠砌红砖与细条石。两旁栋楹及走廊均加精细之雕刻,饰以金箔,辉光四映,灿烂夺目。四面窗户洞达,光线适宜。这个建筑的风格同集美学村

---

[1] 李泽文.陈嘉庚与图书馆[M].厦门:集美图书馆,2008:3.

内其他建筑一样,都带有明显的陈嘉庚建筑风格。①

博文楼建成后,原居仁楼内的图书悉数移归此馆舍内进行管理。其时图书馆工作人员只有2人,先由李钟英(号云友)董理,后又由许偕普(字铁民)主持馆务。1921年秋,始设主任管理馆务,首任主任为罗廷光(号炳之),继任有吴康(字敬轩)、潘汉石(字鸿秋)。在此期间,集美学校图书馆开始实行新的图书馆管理法及分类编目法。

集美学校图书馆是为各专业学校师生服务的,故馆藏注重教育教学用书。此外,尤重中外名著、大型丛书、巨帙书籍及地方文献。而藏书的进步性,则是集美学校图书馆的特色。例如,1923年11月,图书馆采购的新书中有《共产党宣言》《社会主义与进化》《马克思学说概要》《科学社会主义》等马克思主义政治理论书籍和中共中央机关刊物《向导》、革命刊物《新青年》《中国青年》,有鲁迅先生的著作和他翻译的小说,以及无政府主义派的刊物《民钟》《奋斗》等,为集美学校师生寻求真理创造条件。②

其购书费由学校拨充,每年学期开始,由主任造预算,呈交校董事会核准支取。建馆初期,中文古籍线装图书按经、史、子、集四部分类法分类编目,新出版的图书及西文书则用杜威十进分类分编。

1923年,蒋希曾任图书馆主任。蒋希曾(约1895—1971),字孝丰,湖南湘乡西阳人,1921年北京大学英文系毕业,文学士。曾任北京大学图书馆馆员。1923年秋至1928年任集美学校图书馆主任,并兼任《集美周刊》编辑主任、《集美学校季刊》主编等职。蒋希曾任主任期间,对图书馆进行全面改革。他自编一部《中外图书统一分类法》,对馆藏图书重新进行分类编目。这在图书馆的业务中也算是一件头等大事。目录卡片除原有设置的一套分类目录外,还添置了书名目录和著者目录各一套,为读者检索图书增添多条途径。蒋希曾还拟定图书馆各项规章制度,设计各种业务标签表册,促使图书馆业务的标准化。上任之后,蒋希曾即加大藏书补充之力度,未及3年,该馆的藏书就

---

① 集美学校纪念刊编辑部.集美学校20周年纪念刊[M].厦门:集美印务公司,1933:312.

② 李泽文.陈嘉庚与图书馆[M].厦门:集美图书馆,2008:53.

第二章　清末民初厦门藏书的转型

增加至 4 万余册。

馆内之布局,亦做改革。博文楼建成之后,布局曾几经调整。也曾因学生人数增多,校方将博文楼第一、二层借作师范部学生宿舍,只留第三层为阅览室与藏书室。1926 年,蒋希曾以图书增加达一万多册,藏书室容量不足为由,面请校主收回借用之二层楼房,恢复作为图书馆馆舍。经校方允拨后,蒋希曾在二层设立了报纸杂志阅览室、普通阅览室、女生阅览室和特别阅览室,扩大了服务阵地。[①] 是年秋,蒋希曾还增设了史地研究室,开展地方文史研究,提升图书馆的研究水平;增设了装订课,加强图书报刊的保护。蒋希曾主持集美学校图书馆工作达五年之久,为民国时期集美学校任职最长的图书馆主任。五年中,在蒋希曾的领导下,集美学校图书馆一步步走上规范化的道路。

在集美学校图书馆诞生后不久,学校下属的集美小学也曾开办一所小型的图书馆。1925 年秋,集美小学学生自治会为了便于学生管理,引导学生自学阅读,在当时的集美小学校舍所在地——延平楼内成立了延平图书室,不久改称"延平图书馆"。后来,这所图书馆隶属于"延平市"管理。[②] 所谓"延平市",是学校为了培养学生的社会实践能力,在学校里仿造社会体制组建的学生管理组织。在"延平市"里,设有市长和建设局、公安局、教育局、卫生局等"部门",分别管理学生的纪律、学校环境、课外活动、卫生。"延平市"实质上是个学生自我管理的组织,学校的环境,由学生自己来管理;学生的活动,由学生自己来策划、组织。通过这种形式,不仅起到培养训练学生干部的作用,更为重要的是,将"集团生活中的人之发展"的教育目标落到了实处。延平图书馆也就是这么一个学生自我管理的组织,图书的整理、借阅等工作都由学生自己来完成。它对培养学生从小爱护图书、热爱阅读的习惯,学会有序地工作,起到一定的作用。

[①] 李泽文.陈嘉庚与图书馆[M].厦门:集美图书馆,2008:30.
[②] 李泽文.陈嘉庚与图书馆[M].厦门:集美图书馆,2008:47.

四、厦门大学图书馆:厦门第一所大专院校图书馆

厦门大学是爱国华侨领袖陈嘉庚先生一手创办的近代中国第一所私立综合性大学。厦门大学的图书馆也是在陈嘉庚先生直接关怀下建立起来的厦门第一所大专院校图书馆。

以教育兴国为己任的陈嘉庚先生在集美中小学和师范学校粗具规模之后,即着手筹办一所能够培养中等学校师资和各项专门人才的大学。1919年7月间,陈嘉庚先生将海外所有企业交给胞弟陈敬贤管理,回国筹建厦门大学。1919年8月,陈嘉庚在上海聘任全国教育界名流蔡元培、黄炎培等10人为筹备员;1919年10月,召开私立厦门大学筹备委员会第一次会议,拟订《厦门大学组织大纲》,推举首任校长、教务长、总务长;1921年4月6日,厦门大学借集美学校举行开校式,经过不到两年时间的筹备,就将学校办了起来。

早在1919年陈嘉庚先生筹办厦门大学之时,就考虑建一座图书馆。因此,1921年4月建校之时,即设立图书馆。当时规模很小,藏书不及500册,故称"图书课",隶属学校教务部,以映雪楼靠门前的两间房为馆舍,由国文教员郑天挺主持工作,[①]馆员系教务部一位书记代理,这样的规模当然不是陈嘉庚所想要的。当时他已预计到,学校开办之后,年年发展,需要有与之相配套的图书馆规模,以满足广大师生获取知识之需要。为此,他对图书馆的建设有着长远的规划。1924年9月14日,他致函林文庆校长,提出厦门大学图书馆具体计划,以征求意见:

> 按加五年生额作一千名,而同时往图书馆看书者,至多作二百五十名,若厦门埠距离颇远,又交通不便,外人该少可来看书,设有者料不上三几十名,合计至多不上三百名。弟按每名上位作三十方尺,如一百五十名则四千五百方尺,如建八千千方尺之三层楼屋,以中、上层供用,每层容生五百名,尚可存二千外方尺作藏书室,且余楼下一层作阅报杂志

---

① 卢希圣.本馆之过去[J].厦大图书馆报,1935(2):1.

等室,即使人额较多,亦可兼取楼下,一切概作看书之用。①

而对图书馆馆舍建筑定址、规模等,陈嘉庚亦亲自过问,缜密筹划。1923年6月21日与7月1日,陈嘉庚先生分别致函当时经办基建的陈延庭,要求"希先将预算草图寄来待弟复可,方可动工","图书馆之地位(点),实乃山顶最佳"。② 他还两次为募捐图书馆建筑费奔波于印尼万隆和泗水等地,为图书馆的建设倾注下他的满腔心血。

1922年3月,经武昌文华图书馆学专科学校创始人韦棣华女士和沈祖荣先生的推荐,学校聘裘开明任图书馆主任,为厦门大学图书馆首位图书馆学专业毕业的专职馆长。同年9月,将图书馆馆舍从映雪楼迁至集美楼,面积有所扩大;"图书课"改名"图书馆",直辖于校长,规格大为提升,内部业务工作开始进入正规轨道。

裘开明(1898—1977),字进德、暗耀,浙江镇海人。1922年毕业于私立武昌文华图书馆学专科学校,文科荣誉学士,为中国首届图书馆学专业3名毕业生之一。在图书分类编目及古籍版本等方面的研究具有较高造诣。裘开明就任图书馆主任后,以所学的图书馆学专业理论为指导,全面主持馆务,着手进行图书馆的规范建设。他制定图书馆规章制度,实施科学的管理。他推动厦门大学图书委员会的设立,以指导馆务活动和图书选购。该会由林文庆校长亲任主任,裘开明自任书记员办理具体事务。他聘任专职馆员,聘有襄理1人,馆员3人。担任襄理的是1923年毕业于武昌文华图书馆学专科学校的冯汉骥。冯汉骥(1899—1977),字伯良,湖北宜昌人。1919年以第一名的成绩免费入读武昌文华大学文科,兼修图书馆科。1923年毕业,系裘开明之后的第二届图书馆学专业毕业生。毕业后,由裘开明介绍受聘于厦门大学图书馆。他是裘开明亲密的伙伴与得力助手,在担任襄理期间,大力配合主任开展图书馆建设与管理。1924年夏,裘开明赴美留学,冯汉骥接任图书馆主任职务。

---

① 朱立文.陈嘉庚爱国主义思想研究[M].北京:今日中国出版社,1993:166.
② 李泽文.陈嘉庚与图书馆[M].厦门:集美图书馆,2008:9.

在业务建设方面,裘开明开始采用杜威图书分类法,编制中文图书卡片目录,并向美国国立图书馆订购西文图书分类目录卡片;他加强馆藏建设,大力购置新的书刊报纸,并接受捐赠。至1924年夏,厦门大学图书馆藏书已达3万余册,中文杂志100余种,西文杂志400余种,中西日文报纸40余种。[①]

经过裘开明的悉心主持,厦门大学图书馆粗具规模。1924年,馆舍扩大到集美楼楼下全部,面积约700平方米。管理方法不断更新,大力开展图书流通、阅览业务,吸引读者入馆,馆务呈现蒸蒸日上的景象,展示了裘先生经营图书馆的领导艺术与才能。正是裘开明、冯汉骥等文华专科学校出身的图书馆学者之卓越工作,为初期厦门大学图书馆的建设及后来的迅速发展打下良好的基础,并对当时厦门地区图书馆事业的发展产生积极的辐射效应。

五、中小学校图书馆的兴起

20世纪20年代,是厦门近代教育迅速发展的时期。自民国"壬子癸丑学制"颁行之后,厦门各学堂经过一段时期的扩建或整合,其办学按现代教育的章法逐步走向规范,各教育门类齐全,学制分设清晰,课程日趋完整。1922年11月,北洋政府又颁布《学校系统改革案》(即"壬戌学制",又称新学制),表明中国现代教育制度向平民教育转变。而这种转向,正好适应厦门近代城市化建设的需要,更多的普通人家子弟得以进入学校受教育。到了20世纪30年代初,仅厦门岛内的学校就发展到132所,其中,中学20所,小学93所,专科学校7所。在此之前,中小学图书馆建设已开始兴起,无论是北洋政府还是南京民国政府,都明确中小学必须设置图书馆。因此,除了规模较大、设备较为完事的集美学校外,部分条件较好的学校也兴办起一定规模的图书馆(室)。据有关档案资料,20世纪20年代,英华中学、毓德女子中学、慈勤女子中学、中华中学、厦门中学(前身为福建省立第十三中学)、双十中学、同文中学、大

---

① 李金庆.文华图专与厦门大学图书馆[C].武汉:第三届中美数字时代图书馆情报学教育国际研讨会,2010.

同中学等校就办有图书馆或图书室,①而玉紫小学、普育小学、桃源小学、集友小学等校亦有图书收藏的记录。由于当时多数学校因校舍、经费的局限,导致图书馆(室)建设甚不完善,留下的资料极少,我们无法较为详细地描述其图书收藏与利用的活动情况,只能据片言只语的资料记载对几所中等学校的图书馆(室)做点简要介绍。

福建省立第十三中学图书室

福建省立第十三中学为今厦门第一中学的前身,是一所历史悠久的学校,起源于清乾隆十六年(1751年)创建的玉屏书院。清季废科举、兴学堂,开办学堂的风气遍及全国。清光绪三十二年(1906年),时任兴泉永道玉贵与玉屏书院各董事在玉屏书院原址上开办起厦门第一所由中国人自办的新式公立学校——厦门中学堂。民国成立后,取消学堂名称,该校易名为思明中学。1917年,福建省议会议决将全省中学一律收归省立,厦门思明中学奉令改为"福建省立第十三中学",委派黄琬为首任校长。黄琬上任后,整顿校务,修理校舍,充实设备,学校图书室的设置大约就在黄琬上任之时。据资料记载,当时黄琬校长委"吕锡防管理图书兼会计"。② 至1933年学校增设高中成为完全中学,校名改为"福建省立厦门中学"后,图书室亦更名为福建省立厦门中学图书馆。

鼓浪屿毓德女子中学图书室

鼓浪屿毓德女子中学的前身,是同治九年(1870年)美国归正教会打马字牧师的夫人创办于厦门竹树脚的女子学堂。光绪六年(1880年),迁到鼓浪屿田尾,故称田尾女学堂。光绪十二年(1886年),为纪念归正教会海外传教会妇女部已故通信秘书Charlotte W.Duryee女士,田尾女学堂更名为"毓德女子学校"。当时,毓德女子学校还只是小学,1921年春,学校拓展为四年制中学,正式成立中学部,即毓德女子中学。由于校舍狭小,故当时无图书、仪器等教学设备。1925年,寻源中学迁址漳州,归正教会将其鼓浪屿东山顶的校

---

① 厦门文化艺术志编纂委员会.厦门文化艺术志[M].厦门:厦门大学出版社,1999:123-124.

② 洪卜仁.厦门老校名校[M].厦门:厦门大学出版社,2013:27.

舍让渡给毓德女子中学。迁入东山顶后的第二年建成4层的新宿舍楼,"校舍与宿舍乃分设于两大楼,且辟设理化实验室……而图书阅览处亦设在一约6方丈的室中"①。可见毓德女子中学图书阅览处建于1926年。这阅览处虽然只有间教室之大,但却是毓德女子中学图书馆的滥觞。1931年,邵庆元担任校长,在原校舍之东拓地建三层新楼一幢,"最上层两室为图书阅览储存室",图书室的规模得以不断扩大。

厦门大同中学图书馆

厦门大同中学图书馆大约创建于1929年。这所中学是由地方人士杨景文和爱国华侨曹允泽等人于1924年发起创办的,其时只是暂借宝善小学的校舍。1929年,胡文虎、曹允泽、许文鼎等人资助,于靖山头兴建校舍,先后落成有"文虎楼""允泽楼""文鼎楼",并添置大量的图书仪器。据笔者的调查,早期大同中学图书馆就设在曹允泽捐资兴建的"允泽楼"内。曹允泽(1869—1942),福建海澄豆巷(今属龙海市)人,少年至越南西贡谋生致富。曾任越南华侨总商会会长,连任越南华侨福建帮帮长。他为人慷慨好善,乐于捐助社会公益事业,深得国内外人士的钦敬。"允泽楼"的捐建,为大同中学的莘莘学子提供了一个幽静的阅读环境。

鼓浪屿英华中学图书馆

鼓浪屿的英华中学,前身为英华书院,乃英国伦敦公会于光绪二十四年(1898年)在鼓浪屿创办的教会学校。经过十年耕耘,英华书院依靠海外的捐款稳步进展。1913年,建造了新楼,形成"同"字壳形的校舍。"壬戌学制"颁布后,英华书院改名"英华中学"。1926年,郑柏年就任该校第一位华人校长。这一年,郑柏年为增建校舍筹措经费,远涉重洋到菲律宾募捐,在荔枝宅旁边增建一幢两层校舍。至此,英华中学已颇具规模了。英华中学创办之初,仿照英国制高等学堂的模式,因此,英华中学创建图书馆应在20世纪30年代之前,因为其时图书馆已拥有较为丰富的藏书,"藏书数量在厦门诸中学图书馆

---

① 朱鸿谟.毓德女子中学20周年回顾[Z]//厦门市档案局,厦门市档案馆.近代厦门教育档案资料.厦门:厦门大学出版社,1997:106.

中名列前茅"[1]。

双十中学图书馆

双十中学创建于1920年,是素有教育兴国之宏愿的马侨儒邀集同志创办的。初期校名为"双十乙种商业学校",马侨儒自任校长。1927年,遵政府之令改行新学制,改名为"双十中学"。其图书馆的创办时间未详,然根据马侨儒校长追求完美的办学理念,在双十中学草创之初就应该办起图书馆或图书室。到了20世纪30年代,双十中学图书馆有较大发展。据1936年双十中学《组织大纲》里所设置的"图书馆主任"[2]一职来看,当时双十中学图书馆已颇具规模。

中等职业学校和专科学校图书馆

20世纪20年代,厦门有职业中学1所,专科学校7所。据史料所载,厦门美术学校和省立厦门职业中学有一定数量的图书收藏,故这些学校办有一定规模的图书馆(室)。创办于1923年秋的厦门美术专科学校,在1931年之前,就拥有"图书参考书万余卷"。而省立厦门职业中学在教务课下设置有"图书系"[3],这"图书系"应当是该校的藏书管理机构。

第五节　转型时期私家藏书之演变

在清末民初的藏书转型时期,古代的官府藏书和书院藏书,被公共图书馆和学校图书馆取代,藏书的组织、管理与利用发生了根本的变化。而作为古代四大藏书类型之一的私家藏书,则逐步由强盛转向衰败。在清末民初这短暂的五十几年间,私家藏书在当时特定社会环境下,也发生了很大的变化,

---

[1] 何丙仲.厦门第二中学校史(1898—1965)[M]//鼓浪屿文史资料再版编委会.鼓浪屿文史资料:上册.厦门:鼓浪屿申报世界文化遗产系列丛书编委会,2010:221.

[2] 厦门市档案局,厦门市档案馆.近代厦门教育档案资料[Z].厦门:厦门大学出版社,1997:115.

[3] 厦门市档案局,厦门市档案馆.近代厦门教育档案资料[Z].厦门:厦门大学出版社,1997:62,69.

产生了两种演变的路径。一种是持守传统的封闭模式,在社会变革与动荡中衰败、散佚,逐渐走向衰亡。一种是将藏书向社会开放,或举办私立图书馆,或将藏书捐赠给公共图书馆,实现了私藏向公藏的转化。厦门的私家藏书也同样有这么一段经历。

一、瞰青别墅藏书:持守传统的私家藏书

鼓浪屿日光岩下瞰青别墅(今永春路73—75号),原为越南华侨黄仲训之产业,是其回归厦门时的居家住宅。楼内,曾有他的藏书读书之室,一份《黄氏瞰青别墅藏书分类目录》即是见证。此份目录为后人提供了传统私家藏书的基本情况与收藏特点,在厦门藏书史上乃不可多得的宝贵资料。

黄仲训(1877—1951),字铁夷,福建厦门人,原籍福建南安。清末,其父黄秀荣(字文华)由南安来厦谋生,定居文灶,后与友人同赴越南经营米业生意。法国殖民者占领越南后,因在西贡(今胡志明市)经营房地产致富,成为当地华侨富商。黄仲训年轻时为同安邑庠生,拔入泉州府学为增生。光绪二十七年(1901年),遵父命赴越南助其父经营产业。其父逝世后,遗产由黄仲训与三弟黄仲赞掌管。黄仲训经营房地产业遍布越南、法国、英国、美国等地,被称为"房地产大王"。1913年,黄仲训挟资回国,在厦门和泉州开发地产业,并参与市政公用设施建设。1916年,黄仲训向鼓浪屿黄姓族人收买日光岩北麓的大片坡地,兴建了瞰青别墅和厚芳兰馆;1927年,又在日光岩西北侧兴建西林别墅,并在水操台周围兴建园林。黄仲训本是文人出身,喜欢附庸风雅,故邀请名绅雅士、社会耆老在周围摩崖留下大量诗词题刻。其中一方他自己考证并题刻的"郑延平水操台旧址"石刻,为其惹上"侵占公地"的笔墨官司。

瞰青别墅是座二层楼房,整体筑在一个条石垒砌而起的可作为防潮层的台基上。建筑平面主体呈矩形,正面分为三开间,前部带有外廊,廊柱和上部相连的券拱荟萃了古罗马和伊斯兰建筑元素,颇有法兰西建筑趣味。瞰青别墅建筑面积为459平方米,显然是座家居小楼,因此,黄仲训的藏书之室设于此楼也是顺理成章的。厦门市图书馆收藏有《黄氏瞰青别墅藏书分类目录》,

第二章 清末民初厦门藏书的转型

可证明其藏书室在此,创置时间当在瞰青别墅落成之后的20世纪10年代末至20年代初之间。

这份藏书目录由厦门市立图书馆编撰,为钢板刻写的油印本。全书77页,竖排表格,每页12行,著录番号(分类号)、书名、册数、著者、备考(主要为版本项,注明刊本、藏本)等项目,专业性较强。笔者对其数量进行统计,抄录各类图书的种、册数如下:

经部:易类9种,68册;书类9种,40册;诗类6种,27册;礼类9种,110册;春秋类9种,75册;五经总义类11种,229册;四书类13种,98册;乐类2种,12册;小学类22种,281册。(小计90种,940册)

史部:编年类15种,737册;纪事本末类8种,192册;别史类12种,104册;诏令奏议类5种,92册;传记类38种,526册;地理类5种,54册;职官类1种,32册;政书类21种,1186册;目录类27种,184册;史评类9种,128册。(小计141种,3235册)

子部:儒家类34种,634册;兵家类3种,5册;天文算法类2种,2册;术数类1种,3册;艺术类10种,38册;谱录类21种,132册;杂家类41种,356册;类书类21种,1034册。(小计133种,2204册)

集部:别集类257种,2450册;总集类59种,993册;诗文评类18种,187册。(小计334种,3630册)

此份目录著录藏书698种,10009册,数量颇为可观。由此目录,可以窥见清末民初时期厦门私家藏书的基本情况与收藏特点。

从藏书的组织来看,黄氏瞰青别墅的藏书仍依照传统的四部分类法进行分类。对照清代《四库全书》分类体系的4个纲、44个大类,瞰青别墅藏书涵盖了30个大类,缺少的是经部的孝经类,史部的正史、杂史、史钞、载记、时令5类,子部的法家、农家、医家、小说家、释家、道家6类,集部的楚辞、词曲2类,由此可知收藏者的阅读倾向。

从藏书的载体形态来看,这些藏书基本上是古籍线装书,大部分为清代刊本,自顺治至宣统历朝皆有。小部分为明代和民国刊本,其中,明代刊本有20余种,最早的为弘治九年(1496年)刊刻的金代元好问撰《中州集》。民国时期刊本有34种,最迟的为1924年。另有翻装合订本若干,未注明刊刻时间。由此可知,虽然清末民初的出版物正从古代文献形态逐渐地向近代文献形态转型,但私家收藏仍多是古籍线装书为主。这或是持守传统藏书的特点。

从藏书的内容来看,亦有不少颇有价值的文献巨著,如司马光的《资治通鉴》(136册),朱熹的《朱子通览纲目》(120册),鲍廷博的《知不足斋丛书》(224册),王士禛《渔阳山人全集》(100册),左宗棠的《正谊堂全书》(200册),还有郑樵的《通志》、杜佑的《通典》、马端临的《文献通考》等十部记载历代典章制度的政书"十通"俱全(合计1116册)。而闽南地方文献也有所入藏,如苏颂的《苏魏公集》《新仪象法要》、林希元的《易经存疑》《林次崖先生文集》、陈庆镛的《齐侯罍名通释》《籀经堂类集》,等等。

黄仲训的藏书活动,亦可从其捐资刊刻《开元寺志》一事中得到佐证。1924年三月,释门弟子圆瑛法师自南洋回国,任开元寺住持,但见殿宇剥落,寺规废弛,僧众星散,故发愿重兴开元寺。其时,得到南安籍华侨富商黄仲训、黄仲赞兄弟和黄奕住、黄秀烺的赞助,分别捐修法堂、东塔和西塔。是年九月,开元寺修建启动,至1927年三项重修工程次第完成。完成之日,黄仲训献出家中收藏的《温陵开元寺志》,捐资交圆瑛法师主持重刻,并请法师撰写序言,以流传一寺之源流、累朝之胜迹,使后来之人读志而明史。圆瑛法师所作《泉州开元寺志·重刻序》,以"古田吴亨春序于甬江旅次"落款,时间为"民国十六年八月上浣"。吴亨春即为圆瑛法师之俗名。《温陵开元寺志》四卷,为明代释元贤编纂,崇祯十五年(1642年)刻本,1927年重刻本。在卷四末加一行"檀樾裔孙黄仲训同弟仲赞重刻"。"孔夫子旧书网"曾出售一部木刻影印本《泉州开元寺志》,其著录为"据民国厦门著名华侨黄仲训藏本刻印",即指此事。古代藏书家多喜刻书,从黄仲训的刻书亦可看到其持守传统的面貌。

瞰青别墅藏书最后归宿何处？此份藏书目录没能给出答案,史料也没有涉及,我们只能推测。据该书所钤"厦门特别市市立图书馆新登录号"印章来看,此份目录当编撰于伪厦门特别市成立的1939年之后,或1941年在太平洋战争爆发之时。其时,日本占领越南,利诱避难越南的黄仲训出任伪职,黄坚辞不受,惹怒日军,被抓去服苦役,财产也被取缔。瞰青别墅藏书或是那时被没收入厦门市图书馆,此藏书目录也许是当时整理的清单。

二、龚植父子藏书:"彝鼎图书尽化烟"

清末,出身泉州藏书世家的书画家、藏书家龚植迁居鼓浪屿,其父子两代收藏图书七万卷随之来到了鼓浪屿。后来由于家道中落、"兵火虫蚀"等原因,藏书散失殆尽。

龚植(1869—1943),字樵生,号亦楼,福建泉州人,为泉州著名藏书家龚显曾第四子。其父龚显曾(1841—1885),字毓沂,号咏樵,福建泉州人。清同治二年(1863年)进士,授翰林编修。龚显曾极喜读书,亦极好聚书,"在京师时,每得秘册,虽典衣减飱,勿恤也"。他通过购买、抄录,积书三万余卷,庋于其家亦园的"薇花吟馆"内。馆中所藏不乏珍品,有宋本《说苑》、元本《古史》、明抄本《宋史记》等,此外,还收藏大量的"天一阁""淡生堂""汲古阁""知不足斋""文瑞楼"等藏书楼的抄本。他重视对泉州乡邦文献的搜集与整理,收集了很多历代泉州人著述,包括唐宋元人的著述41种、491卷。龚显曾还喜刻书收藏,刻有先贤著作、乡邦文献以及其个人著作。他的著作有《温陵遗书》《薇花吟馆诗存》《亦园脞牍》《葳斋诗话》《金史艺文志补录》等。① 龚显曾是鼓浪屿菽庄园主林尔嘉的岳父,其逝世后,龚植于光绪二十二年(1896年)迁居鼓浪屿,成为菽庄吟社的吟侣。龚植长期从事诗文书画创作,藏书、刻印、诗书画是其人生乐事,著有《敕嫋别馆诗存》《亦楼印存》。他的绘画在厦门、港澳及东南亚享有名声;他的书法刚劲有力,闽南诸名山大刹多有其题刻。

龚植的藏书,多继承自其父亲的遗藏。龚植于1928年至1929年间编纂的《亦楼印存》中,有一方"四万卷楼"钤印,其边款铭"余家藏书七万卷,宋元明善本约四万余。二十年来兵火虫蚀,毁散迨尽。先代心血,每思泪下,刊作此石,聊志感伤",由"先代心血"一语,可知龚植继承了龚显曾的大部分藏书。其捐于厦门市图书馆之藏书《经略疏稿》钤有"龚显曾印""薇花馆主""薇花馆图书"章,《尧峰文钞》钤有"咏樵藏书"章,而《埤雅》钤有"显曾臣印""薇花馆

---

① 陈文革.泉州藏书史[M].长春:吉林文史出版,2012:146.

主"章和"龚樵生藏书印",并有龚植的题签,《毗陵集》钤有"咏樵""樵生所藏"章,皆可说明许多藏书乃承自其父。龚植自己亦搜集不少图书。厦门市图书馆藏有一部白玉如赠送的《锦绣万花谷》残本(20册),曾为龚植收藏,书中钤有"龚樵生藏书印",并墨笔题写"乙丑春日亦楼收藏",表明此书乃龚植于1925年搜得之书。此外,厦门市图书馆所藏的《残本唐百家诗》《海忠介公集》《思绮堂文集》等亦钤有"龚樵生藏书印"章,均证明龚植亦勤于聚书。[①]

龚植不仅继承了其父龚显曾的大部分藏书,而且藏书相应沿袭了其父藏书的特色。首先是藏书多宋元明善本,如其所言"余家藏书七万卷,宋元明善本约四万余",今厦门市图书馆所藏龚植藏书中,《注陆宣公奏议》为馆藏唯一元代刻本,为镇馆珍藏之一,与龚植藏书四库底本《云溪集》《松庵集》《大隐集》和国内孤本《甘泉献纳篇》及明抄本《毗陵集》均入选国家珍贵古籍名录。其次是龚植藏书中有相当部分是泉州历代先贤著述和乡邦文献,龚植所藏《爱吾庐题跋》为厦台两地金石宗师吕世宜的作品,颇为珍贵。此外,龚植藏书中多藏有宋金元人词,包括继承自其父所收藏的有四十余家。

龚植父子的藏书最后流向与结局亦令人扼腕。龚植"四万卷楼"印的边款称其藏书"二十年来兵火虫蚀,毁散迨尽"。此印应刻于1929年之前,"二十年来"当指20世纪初以来的二十几年。20世纪初,龚植约40岁,尚拥有7万卷藏书。而二十几年后,由于战火和虫蚀等原因而"毁散迨尽",这其中有战乱缘故,而家道衰落等可能是藏书毁散的主要原因。

20世纪20—30年代,龚植生活困顿,从《亦楼印存》中的感慨,可知其生活不尽如人意,而作于1924年至1926年的《敕穓别馆诗存》也提到家贫且病。生活艰难致使龚植有出售藏书之举,也就不奇怪了。据陈培锟回忆,20世纪20年代厦门市图书馆建馆之时,陈培锟带头"捐俸三千金,向惠安龚亦楼(即龚植)及各故家续购宋、元、明旧版暨手钞秘籍,以期共览"[②]。说明龚植曾出售藏书给图书馆,而出售于私家也就很可能了。《敕穓别馆诗存》所慨叹的

---

① 陈红秋.兵火虫蚀书散去 诗书画印慰平生:龚植藏书源流与特色[J].河南图书馆学刊,2014(9):136-138.
② 陈培锟.岁寒居士集[M].福州:福建美术出版社,2015:66.

"彝鼎图书尽化烟",大概就在这时候。

1937年,龚植以已故父亲的名义,向厦门市图书馆捐献2000册的家藏图书,其中包括前述的元刻本《注陆宣公奏议》、四库底本《云溪集》《松庵集》《大隐集》、国内孤本《甘泉献纳篇》等善本,以及龚显曾的自著作品和手稿。此时,龚植已是近70岁的老人了,或许悟出"独乐乐不如众乐乐"的道理,遂将最后留存的这些珍本捐给公共图书馆,私藏化公用,从而保存下来一批珍贵的文化遗产。

三、菽庄藏书:甚好归宿即公藏

鼓浪屿港仔后海滩东侧,有闻名海内外的名园——菽庄花园。菽庄花园是闽台商界著名人物林尔嘉的私人别墅,依山傍海,巧用天然地势再以人工建造补缀不足。园中亭台阁榭、奇花名木点缀其中,步步有景,引人入胜。在菽庄花园草子山的西北坡"十二洞天"之上,有座建筑曰"顽石山房",是林尔嘉当年的读书处,取"顽石点头悟道"之意。林尔嘉的菽庄藏书当存于此。

林尔嘉(1874—1951),字叔臧,别名眉寿,晚年号百忍老人。原名陈石子,是厦门抗英名将陈胜元五子陈宗美的嫡生长子,6岁时过继给台湾板桥林家。板桥林家是位于台北板桥的林本源家族,为清代台湾的巨富。林尔嘉的先祖林应寅于乾隆四十三年(1778年)自福建龙溪迁居台湾,设帐授徒。其曾祖林平侯则改行经营拓荒垦殖业,筚路蓝缕,富甲一方。其父林维源继承祖业并发挥光大,终成台湾首富。生长在商绅家庭的林尔嘉,自幼聪敏好学,既不染少年纨绔之习,也不热衷科举仕途,勤奋攻读,遍览经史,通晓诗赋,学识广博。

光绪二十一年(1895年),清政府因甲午战败被迫签订《马关条约》,将台湾割让给日本。身为台湾名绅首富的林维源,不屑做日本的"臣民",毅然放弃庞大家产,率带眷属内渡。21岁的林尔嘉,风华正茂,追随其父左右,定居厦门鼓浪屿。1905年,林维源去世,作为长子的林尔嘉继承家业。他注重实业,在漳厦地区进行创办实业的尝试,并投资厦门岛、鼓浪屿等地的市政建设,为此曾任厦门保商局总办兼厦门商务总会总理。他热心公益,重视教育,在厦门岛、鼓浪屿乃至漳州、福州、香港等地捐创多所学校等。因名望甚高，林尔嘉被推举为鼓浪屿公共租界工部局董事会华人董事，连任14年。

1913年，林尔嘉购买鼓浪屿东南隅港仔后东侧山坡地，延聘名师巧匠，照江南名园，仿照台北祖厝板桥别墅，营造花园。花园取名"菽庄"，乃主人"叔臧"的谐音，也有"稻菽主人庄园"寓意。园内有林尔嘉居住的院子"亦爱吾庐"，有与菽庄吟社朋侣吟诗作赋的"壬秋阁""小兰亭"，有与宾客促膝畅谈的"真率亭"，而少不了的是其读书藏书之处"顽石山房"，亦仿板桥花园汲古书屋而设。

汲古书屋是林家在淡水的板桥花园所有的藏书楼，仿明代毛子晋之汲古阁而命名，为林家子弟读书之所。它是一座三开间并带轩亭的建筑，前后皆设格扇门。作为书屋，其窗格子均采较简洁大方的形式，利于采光。前庭布置名条花盆架，供摆奇花异卉，作为饱览书籍之余的调剂。道光二十一年（1841年），板桥林家林平侯之子林国华兄弟礼聘厦门名师吕世宜执教家中。其子辈林维让、林维源皆执经问业于吕世宜。吕世宜博学多闻，学问涉及古文词、文字、书法与金石，遇奇书、名金石辄倾产求之。他为板桥林家"致书十数万卷，金石书画亦无算"[①]，有一部分还是吕世宜忍痛割爱的藏品。在吕世宜的协助下，林家藏书楼收藏图书数千卷，不乏宋元善本。然"丙申之变，家藏尽散"，但据说林家内渡时有带回一些文物图书。

林尔嘉继承前辈遗风，在菽庄花园内建顽石山房，收藏图书上万册，读书其中。菽庄藏书大部分为线装古籍。1957年3月，林尔嘉的遗孀高瑞珠向厦门图书馆捐赠了菽庄藏书700多种、7820册，其中，古籍线装书占大部分，且有清代厦门文学家、书法家吕世宜的手稿与书法真迹，如手稿《爱吾庐书课》《经传子史集览》，书法真迹《汉古镜记》《火神庙记》《吕母墓志》等。这些都是道光、咸丰年间的文物，极其珍贵。此外，还有中外文资料，内容涉及各学科

---

① 林熊光.爱吾庐题跋重刊跋[M]//陈峰.厦门古籍序跋补编.厦门:厦门大学出版社,2017:140.

门类,由此足见林尔嘉学识渊博,兴趣广泛。①

与历代藏书家一样,林尔嘉不仅好读书、嗜藏书,而且喜刻书,经常耗资出版自己和他人的著作。一是《菽庄丛书》,计六种:1922年,林尔嘉请刻工刻印吕世宜的遗稿《古今文字通释》十四卷,作为《菽庄丛书》的第一种;此后,又有1935年刊刻陈棨仁的《闽中金石略》十卷,为第二种;1940年刊刻沈琇莹的《寄傲山馆词稿》十四卷,为第三种;1942年刊刻自己的读书札记《顽石山房笔记》四卷,为第四种;1943年刊刻沈琇莹《壶天吟》六卷,为第五种;1948年刊刻江煦的《鹭江名胜诗钞》,为第六种。一是《菽庄丛刻》,计八种,即《虞美人诗》《黄牡丹诗》《七夕四咏》《闽七夕乞巧诗》《帆影词》《三九雅集诗》《鹭江泛月赋》《小兰亭三修禊序》。这些诗赋都是林尔嘉组织的菽庄吟社各地社友的作品。此外,林尔嘉还将亲朋至友和社会名士祝贺他的寿辰和结婚纪念的诗词编印出版。

林尔嘉逝世后,藏书多少有所散佚,因此,遗孀高瑞珠将尚存的藏书捐给厦门市图书馆。虽然不是其藏书的全部,但这些珍藏的图书转成公共藏书,为社会共享,亦是一个甚好的归宿。

四、阳翟图书馆:从私人藏书楼演变而来的图书馆

阳翟位于同安城南,今为厦门市同安区祥平街道阳翟社区。阳翟图书馆是当时同安县治内的第一家图书馆,由辛亥革命志士、同安社会知名人士陈延香筹资开办,是一所由私人藏书转化成公共使用的近代图书馆。其始创于1924年,其时只是一间藏书室,至1928年,才正式建成阳翟图书馆。

陈延香(1887—1960),又名树坛,字澄怀,晚年号慧香居士,同安县在坊里阳翟村人,清康熙朝同安藏书家陈昌祚的七世孙。②青少年时期随从父亲

---

① 江林宣,洪雅文.林尔嘉的藏书刊书及诗作[M]//鼓浪屿文史资料编委会.鼓浪屿文史资料:上册.厦门:鼓浪屿申报世界文化遗产系列丛书编委会,2010:33.

② 查阳翟村老年人协会编《陈氏浯阳族谱》,陈昌祚(1665—1713),字永如,乳名带,阳翟陈氏荔枝宅柱新厝祖,清康熙岁贡生。洪大埕所撰的《阳翟图书馆创办概况》中误为陈延香之祖父。

陈仲信①就读，受过严格儒学教育。十九岁时，父亲病故，他继承父业，受聘任角尾、灌口等地乡村任塾师。清宣统二年(1910年)，在同盟会会员庄尊贤等人的引导下，于灌口石头亭乡加入同盟会。辛亥革命前夕，庄尊贤即派遣陈仲赫、陈延香等人返回同安县城，打入立宪派创办的自治研究所，以青年学员为对象，创建同盟会的外围组织"同安青年自治会"于铜鱼馆芝田书房，陈延香任副会长。辛亥革命爆发，陈延香与陈仲赫等人发动青年自治会会员，打出同安革命军旗号，与庄尊贤率领的灌口革命军里应外合，于九月二十九日光复同安县城。1913年，陈延香被推选为福建省议会议员。1915年，军阀福建省省长李厚基解散省议会，陈延香因反对袁世凯称帝被通缉。越年，袁世凯死，陈延香复任议员至1926年。这期间，他把所提议案、质询书及往来文牍编成《延香建言录》，全书24万字，是研究辛亥革命后十数年间同安乃至福建省历史的珍贵史料。

陈延香出身于书香世家。其太祖陈昌祚乃前清岁贡生，喜好藏书，在阳翟村荔枝宅(其周围原有成片的荔枝林，故名)建有坦园，"藏书数千卷"。其父亲陈仲信是清末秀才、乡村塾师。清末民初时，陈仲信在荔枝宅建置一座由双曲燕尾脊的前后两进主体建筑以及天井、拜亭和护厝组成的房屋(今同安区祥平街道阳翟村二房三里282—293号)。陈延香继承先祖遗志，在这荔枝宅左前护厝增建二层楼房作为书房，取名"宜宜楼"，取宜书宜画之意。陈延香于书房内收藏大量书籍、字画，其中或含有其太祖陈昌祚的坦园遗藏。

陈延香早年受"教育救国"思潮的影响颇深，故辛亥革命之后，致力于兴办家乡教育。1912年，陈延香与陈仲赫创办阳翟学校。陈延香将其七世祖的书堂"坦园"改建成校舍(即现在阳翟小学校址)，为同安县最早的私立学校。1923年，陈延香出洋募捐，筹办阳翟学校中学部，得到陈嘉庚及其他华侨的大力资助。当年，中学部正式招生。②

为了让学生增长知识，陈延香捐出本人收藏的图书一千多部(一部数

---

① 洪大埕所撰的《阳翟图书馆创办概况》中误作陈仲新。
② 陈金城.陈延香先生传略[M].同安县政协文史资料委员会.同安文史资料：第6辑.同安：同安县政协文史资料委员会，1986：36.

册),在阳翟学校中选择了一间平房作为藏书室,为本校师生提供图书阅览。1928年,陈延香又增加图书几千册,正式成立了阳翟图书馆。经费由阳翟学校基金拨付。阳翟图书馆成立后,不仅接待本校师生,还服务校外读者。① 因此,阳翟图书馆具备了学校图书馆和公共图书馆的双重性质,而这正是陈延香热心故里、造福乡梓的一贯做法。

为了兴教办学,从1923年至1929年,陈延香先后4次出洋,历经东南亚多个埠头,劝募文化教育基金10多万元。其中,拨出2万元作为图书馆经费。几年间,陈延香陆续兴建了二层教学楼、图书馆楼和室内体育室等建筑,构成了阳翟学校的基本格局。

阳翟图书馆的创办,是同安县图书馆事业兴起的前奏,陈延香是同安县图书馆事业的先行者、开拓者。阳翟图书馆后来改属同安公立中学,当年收藏的数万册藏书,于1935年移交同安公立中学图书馆(即同安第三中学的身)。

矢志于家乡文化教育事业的陈延香,于1917年就曾任同安县劝学所所长(相当于今教育局局长)。1920—1922年,他还应陈嘉庚先生之聘,任集美学校总务主任兼女子小学校长,代理集美中学和师范学校校长,并参与筹建厦门大学。

陈延香还热心家乡的实业建设和公益事业。曾开设仁爱医院和公中银行,又曾担任同安侨办同美汽车公司经理和同马灌角汽车公司经理。抗战期间,担任县筹赈会常务委员。他将毕生的精力都献给故乡文化教育和社会慈善等公益事业,对国家、社会贡献殊多,令人钦佩。

私藏向公藏转化,是私家藏书的最好归宿。明末清初的藏书转型时期,"藏以致用""私藏公用"的思想在社会得到共识,许多藏书家将藏书向社会开放,付诸社会共享,其时,厦门的不少私家藏书就是走这样的路径。直至新中国成立后,还有不少民国时期的藏书家将藏书捐献给厦门市图书馆。

---

① 洪大埕.阳翟图书馆创办概况[M].同安县政协文史资料委员会.同安文史资料:第7辑.同安:同安县政协文史资料委员会,1987:112.

例如,1956年,藏书家吴在桥捐赠各种图书4486册;1958年,藏书家江煦(字仲春)的家人江启迪代表江煦捐赠家藏古籍线装书789册。而持守传统封闭模式的藏书,秘不示人,在社会变革与动荡中终究会走向衰败,或随着本人的离世而散佚,或毁于动乱之中。如中医名家吴瑞甫、医师叶勉吾、教育工作者王道尧等人的私家藏书,多在"文化大革命"中被查抄焚毁,幸好残存部分线装古籍移交给同安县文化馆图书室,后来成为同安县图书馆馆藏古籍的基础。

第三章　民国时期的厦门藏书机构

经历了清末民初的近代图书馆草创阶段,民国时期的中国藏书事业进入了一个曲折起伏的发展时期,它包括成熟与动荡两个阶段。成熟阶段乃20世纪20年代末至30年代初的一段时期,中国近代图书馆事业走向成熟,从新图书馆运动进入了新图书馆建设的阶段。据统计,"1925年时,全国共有图书馆502个,其后全国图书馆数量开始迅猛增长……1929年增长到2988个,1935年达到5812个,比1916年新图书馆运动时期的260个图书馆增加了大约20倍"[①]。各类型图书馆普遍设立,图书馆的管理体制基本建立,图书馆学教育也得到较大发展,形成了20世纪中国图书馆事业的第一次发展高潮。动荡阶段又包括受挫与恢复阶段:20世纪30年代末至40年代中期,是中国图书馆事业受挫阶段,中国经历了一场大浩劫,日寇铁蹄狂虐地践踏中国土地,各类型图书馆都遭受日伪当局的极大破坏。20世纪40年代中期至40年代末,是中国图书馆事业的恢复阶段,抗战胜利,各类型的图书馆得以复员与重建,但4年的内战,使中国图书馆事业发展甚为迟缓。

在厦门,图书馆事业也同样经历这么一个曲折起伏的发展阶段。在成熟阶段,各类型图书馆都较民国初年有较大的长进,管理制度趋于完善,藏书补充与服务工作都已步入正常的轨道。厦门市图书馆转成公立,使厦门公共图书馆的举办首次上升为政府行为;同安县辖区内又诞生了政府举办的同安县民众教育馆图书室。厦门大学图书馆和集美学校图书馆有较大的发展,各中学也都办起图书馆或图书室。在受挫阶段,厦门图书馆事业也难逃浩劫的厄运。1938年厦门沦陷,厦门市图书馆的馆舍与藏书在一把莫名之火中化为

---

① 程焕文.百年沧桑　世纪华章:20世纪中国图书馆事业回顾与展望[J].图书馆建设,2004(6):15-21.

灰烬,其他图书馆的藏书也难逃日寇的劫持。抗战胜利后,各类型图书馆得以恢复,还出现了诸如厦门私立海疆学术资料馆的专业图书馆和巷声图书馆的私立图书馆。在那动荡的年代中,厦门的图书馆事业并没有多大的起色,但在图书馆人的不懈坚持下,民国时期的厦门图书馆事业为社会保存下丰富的文化遗产。

第一节　民国时期的厦门市图书馆

作为厦门藏书事业转型的典型代表,厦门市图书馆经历了20世纪20年代初的草创阶段,形成其近代图书馆的基本模式,进入了民国时期曲折起伏的发展时期。

一、20世纪30年代短暂的兴盛发展

20世纪20年代末,厦门市图书馆逐渐走向成熟,进入民国时期的一个黄金时期。20世纪20年代的厦门城市建设运动,促进了厦门的城市近代化发展步伐。1925年,海军入据厦门后,漳厦警备司令兼要港司令林国赓致力于厦门市政建设,接收市政会,并将市政局改组为市政督办公署,统筹规划与协调组织整个建设工作,体现出政府对地方的控制能力增强了。在海军当局的强力推动下,厦门市政建设得到迅速发展,不仅改善市民生活条件,亦带来厦门社会结构与市民意识的变化,提升市政配套的公共设施水平自然成为社会需求。在这种时代背景下,作为市政配套设施和地方文化发展重要标志的厦门市图书馆也得到了发展。

厦门市图书馆创办之初的馆舍在文渊井巷21号。文渊井巷,在思明区养元宫巷至青墓石烛巷之间,原称蚊香井,因附近有蚊香作坊而得名。巷里有玉屏别馆,乃玉屏、紫阳书院之财产。厦门市图书馆筹建之时,厦门道将其拨作图书馆馆舍。因巷内的文化氛围,"蚊香井"也就雅化为"文渊井"了。厦门市图书馆刚落户于文渊井21号时,馆舍面积不大,据资料所载,不过近100方丈。设置了编目室、书库和阅览室,勉强容纳下这个规模不太大的图书馆。

第三章　民国时期的厦门藏书机构

馆里配置工作人员5人,除了馆长周殿薰和主任余超外,还有3名馆员,分别担任编目员、书库管理员和阅览室管理员工作。

1929年原馆长周殿薰病逝,图书馆董事会于1930年8月10日遵照《厦门图书馆章程》召开会议,选举原主任余超兼任馆长。余超(1885—1967),号少文,福建厦门人。1915年全闽师范学堂毕业后,回厦门创办励业女校。1917年任省立十三中学数理教师。1920年,北京大学图书馆馆长李大钊教授组织北平高等师范学校举办"暑期图书馆讲习会",厦门道尹陈培锟即派遣余超赴京学习。余超在讲习会系统地学习了"图书馆的建筑、设备、分类、编目、出纳、典藏诸方法和图书馆的作用和方针"[①],并在返厦的路上,沿途参观考察各地图书馆设备情况。学成回厦后,余超被周殿薰聘为图书馆主任,挑起图书馆业务管理的重担。

余超接任馆长不久,属于私立性质的厦门市图书馆于1930年10月归为公立,改称"思明县立厦门图书馆",归县教育局管辖,正式成为由政府举办的具有公共性的"国有"图书馆。余超被重新任命为公立后的首任馆长。于是重修馆章,呈转省教育厅核准备案。公立后的首要变化,是图书馆的经费改由地方教育经费项下拨给,有了固定的来源。虽然经费不是很充裕,但确保图书馆的日常运转。1930年,县教育局每月下拨经费630元,全年达7560元,用于添置图书、报刊、器物以及日常修缮、办公、工资、印刷等开支。[②]

1933年初,厦门筹备建市,成立思明市政筹备处。8月,筹备处接管了思明县署,进入建市的实际运作。8月22日,思明市政筹备处训令厦门市图书馆,着将思明县立厦门图书馆改称"思明市立厦门图书馆",加委余超为馆长。1934年,思明市政府筹备处撤销,厦门又恢复了思明县建制,厦门市图书馆又恢复原来的"思明县立厦门图书馆"名称。1935年2月,南京国民政府通过厦门设市的方案,4月1日,厦门市政府正式成立。4月13日,厦门市图书馆奉

[①] 余超撰,陈红秋整理.厦门图书馆倡办者——周殿薰[J].厦门图书馆声,2004(总第61期):39.

[②] 厦门市图书馆.厦门图书馆馆史(1919—1998年)[M].厦门:厦门市图书馆,1999:29.

市政府令改称"厦门市市立图书馆",仍委任余超为馆长。

新设立的厦门市虽沿袭港口商埠和侨汇弥补进口出超的经济格局,但随着港口的发达和商贸的兴旺,厦门地方经济有较大的复苏。而厦门设立建制市,增加了税费收入的地方提留,有利于厦门城市的发展,也为政府举办的图书馆事业注入活力。1935年,厦门市图书馆人员已增至10人,达到建馆以来的最高峰。其中,馆长1人,综理全馆事务,下设编目兼典藏1人,庶务兼会计1人,文牍1人,装订1人,出纳1人,阅览1人,及助理员3人。

有了一定的经济条件,图书馆也积极寻求拓宽馆舍,以保证日益增长的馆藏有足够的存储空间。1935年,图书馆再向同善堂租赁书库左侧毗连的房屋,扩为第二书库。至此,图书馆拥有翻建的两层楼房一座和平房两座。两层楼房内设置了藏书室、阅书室、阅报室、目录室、古玩图书陈列室等,右侧平房设置读者休憩室、应接室、办公室、勤务室等,各类设施齐全,全馆馆舍总计面积达120方丈6方尺。[①] 1937年,又扩大了办公室。

当然,并非年年如1935年这样的好光景,经济的兴衰、当局的好恶,决定着政府投入的高低。转为公立初时,因为购书不多,经费尚能维持时日。而随着图书馆规模逐渐扩大,经费就出现问题了。自1930年至1936年,图书馆的经费基本维持在每月630元,但自1935年起,这630元中还得摊出30元作为向同善堂租赁第二书库的租金,因此每月经费实际仅有600元。[②] 而1936年起,市政府不仅减少了对地方教育经费的投入,时常出现拖欠经费现象,甚至连职工工资也被积欠5个多月之久。书刊订购常因市教育局经费积欠,苦无办法,不得不用借垫或挂账的方法以资周转。

二、逐趋成熟的藏书建设与利用

馆藏文献是图书馆赖以生存的基础。开馆之时,厦门市图书馆已拥有藏书2万余册。这些馆藏主要是接收"玉屏书院旧存经史子集、九通等万余册,

---

① 编者.本馆概况[J].厦门图书馆声,1936,3(10-12):3.
② 编者.本馆概况[J].厦门图书馆声,1936,3(10-12):3.

海关倒塌停办的博闻书院余存的六千余册图书,再添置新译新著图书三千余册,总共二万余册,报纸杂志亦各添置数十种"①。其中较为重要的馆藏是《古今图书集成》。这部图书进入馆藏,还有一段佳话。博闻书院余存的图书中,原有一部《古今图书集成》,但册数残缺,留有缺憾。博闻书院董事林古徒自己也曾购置《古今图书集成》一部,但也是缺三短四,十分可惜。林古徒干脆将自己收藏的《古今图书集成》连同樟木书橱4架,一并赠送厦门市图书馆,来个合二为一,凑成了完整的一套。

对于热心人士的捐助,图书馆均按《厦门图书馆章程》所规定的"凡以财产及大宗图书捐助本馆者,应依据《捐赠褒奖条例》分别呈请奖励"。如1933年,王玉琛的子嗣王华忠根据王玉琛遗愿捐赠《四库全书珍本初集》影印本一部2000册。省政府依照《国民政府兴学褒奖条例》给予奖励,思明县政府为此特在政府大礼堂举行隆重授奖典礼,以鼓励捐资兴学之义举。② 此外,热心文化事业人士陈克舒、龚植、应上钿、吴碧芳、余晋龢、洪聿斡、吴在桥、杨廷玉、许弼德等人捐献的大宗图书,图书馆都会在馆刊《厦门图书馆声》上刊登"赠书鸣谢",以彰显社会各界对图书馆的支持。

除了本馆购置、热心人士捐赠之外,图书的入藏还有一种寄存的形式,即有些热心人士将自己收藏的珍贵文献交给图书馆代为保管,可供读者阅览使用。这种形式的文献收藏,也有点像18世纪中叶英美近代公共图书馆萌芽时期出现的会员图书馆,即有条件的会员出资购买图书,供大家共同利用,以满足收入不富裕的市民阶层的阅读需求。这种形式增加了馆藏数量,无形中提高了服务能力。

在厦图人的努力下,至1937年,馆藏的中外图书近5万册,报纸40余份,杂志200余种,包括20世纪二三十年代厦门岛上出版的报纸杂志。并且,馆中收藏的特藏文献也比以往丰富多了。据厦门道尹陈培锟的回忆,建馆初期

---

① 余超撰,陈红秋.厦门图书馆倡办者——周殿薰[J].厦门图书馆声,2004(总61期):39.
② 编者.本馆概况[J].厦门图书馆声,1936,3(10-12):3.

馆藏古籍善本就有不少。他在《岁寒居士集》中,就录下了113部古籍目录。①

1930年改为公立后,县教育局每月下拨的经费相对固定,因此藏书建设也相对得到稳定发展。1935年,是建馆以来新添置图书最多的年份。当年新购置图书达一万余册,报纸杂志亦添订五十余份。其中不乏大套丛书,如影印《宛委别藏》一套、《万有文库》两千册、《丛书集成》四千册以及《六法汇编》《清代笔记丛刊》《中小学生文库》《幼稚文库》等。此外,还购置了各省通志、各种辞典、外交年鉴、六法汇编以及各书局新出版的新书等。

除了经典文献的收藏外,图书馆还十分注重配合时势的需要补充一些重要的参考资料,提供读者研究之用。1932年1月,日寇攻占锦州,东北全境沦陷。在国难当头之际,厦门市图书馆及时购置有关抗日救国的图书近200种,提供读者阅读与研究。

在图书组织整理上,厦门市图书馆亦建立较为完整的分类编目体系。1932年,余超馆长编制了一部本馆使用的图书分类法——《暂编统一分类法》。这部《暂编统一分类法》"采取美国杜威氏十进的方法",但"不采取其原定的大纲和细目及编制的秩序",类分"各科学为九部,但不归入九部中的图书,有的范围包罗很广,就另归入总部,共成十大部"。这十大部类的序列为000总部、100哲理科学部、200教育科学部、300社会科学部、400自然科学部、500应用科学部、600语言学部、700文学部、800美术科学部、900史地学部。"每部用三位数代表之,其百位数代表部的位置,十位代表类的位置,单位代表目的位置"②,各目下再以小数点标识,进一步细划出分目、细目。其与"杜威十进分类法"相比较,类目设置有一定区别:一是将"杜法"的"200宗教"归入哲理科学,而将教育科学单独列为大类;二是调整了部类的次序,如将语言学列在应用科学之后,使社会科学、自然科学、应用科学三部依次列类,语言学、文学、美术科学、史地学四部依次列类,更符合国内学科分类排序的习惯。尽管这部自编的分类法并不完善,但毕竟有个适应本馆情况的使用

---

① 陈培锟.岁寒居士集[M].福州:福建美术出版社,2015:66.
② 余少文.本馆图书分类法简要的说明[J].厦门图书馆声,1932,1(3):1.

标准,从而达到馆藏文献分类的规范与统一。这部分类法在厦门市图书馆一直沿用到日伪占领时期。

自使用《暂编统一分类法》起,厦门市图书馆即取消原有的分类、书名两种卡片式目录,重新编制分类、书名、著者与种类(即主题)四种目录,同时配上指引卡、参考卡和分析卡,从而形成完整的馆藏文献目录检索系统。这在当时的图书馆界中,乃属较为先进的管理方法,尤其是种类(即主题)目录的编制,更属稀见,在本省图书馆中尚属首屈一指。它为读者检索图书多增添了一条途径。

藏书是否充分利用,反映出藏书机构的开放程度。而开放则是封建藏书楼与近代图书馆的分水岭。藏书利用的开放性,体现在服务的手段和布局。

建馆初期,图书馆面向民众的服务手段主要是书刊阅览。《厦门图书馆章程》明确规定:"本馆在开馆时间无论本籍、外籍各界人士均得来馆阅览,不取阅览费用,但须守本馆阅览则。"开放时间定为上午 8 时至中午 12 时,下午 1 时至 6 时,每日有 9 个小时服务时间。除每月一日闭馆和元旦、除夕和春节休假外,其余时间均对读者开放。其开放性与封建藏书楼有很大的区别,一是提供公益服务,二是有较充分的开放时间。

其时的图书阅览采用闭架借阅制度,阅览室与书库是分开的。就目前的眼光来看,这种制度的开放性很不足,然而这是那个时代图书馆通常的服务布局。厦门图书馆采用的是跃层布局,楼上为阅览室,设有百余位的座席。阅览室两旁安置杂志、报纸架数架,中间设出纳台。室内配置分类、著者、书名三套目录,供读者查检图书。楼下为藏书室,排列近百架双面书架。书架的层板是活动的,"可视书脊高下变通层数"①。这种布局颇有点奇特,因为通常的跃层布局是采用"楼上藏书,楼下观书"的分区方法,"阅览人非经特别认可,不得上藏书楼",而厦门图书馆的布局正相反,或许是楼上采光较为充足,因而将好的空间留给读者。

---

① 余超撰,陈红秋整理.厦门图书馆倡办者——周殿薰[J].厦门图书馆声,2004(总 61 期):39.

这种布局的取书,采用升降机来解决阅览室与藏书室不在同一建筑层面所造成的困难。在阅览室出纳台的"台后有类似井形设计降机通楼下藏书室"①。读者在阅览室通过目录找到所需图书后,将索书单交给出纳台上的出纳员,出纳员再将索书单传给书库管理员,管理员找到书后,将图书从书库提出,通过"降机"传到楼上,完成借阅手续。这个"降机"估计是手工的垂直提升装置,虽然笨拙,但解决问题。

三、火灾之谜与伪市立图书馆

1938年5月11日清晨,侵华日军在五通登陆,分兵进攻厦门,与厦门守军发生激战。至13日,守军苦斗不敌,厦门沦陷。厦门岛东部上空浓烟蔽空,许多乡村尽付一炬。市区居民纷纷出逃,或避难内地,或躲入鼓浪屿。街市关门闭户,图书馆亦停止开放,馆务无人管理,处于混乱状态。

9月17日夜,位于文渊井的厦门市立图书馆馆舍突然起火,熊熊烈火吞没了整座馆舍,5万余册藏书和建筑设备皆成灰烬。据估计,损失价值为当时国币132350元。这对厦门市图书馆来说无疑是灭顶之灾,二十年呕心沥血的文献积淀毁于一旦,厦门文化教育事业的宝贵资产损失巨大。而这种损失,是无法用金钱来衡量的,它使厦门的文化传承出现阙失,至今都难以弥补。

厦门市立图书馆的失火原因,众说纷纭,至今仍是个谜。一说是日寇、汉奸将书掠去,其余则纵火焚之;另一说是管理人员丢书失责,怕当局查究焚之灭迹。

前一说有几条记载。1942年6月12日的《大公报(桂林版)》刊载的一条消息,称:"厦门太古堆栈存货均被运往台湾……又中山、厦门两个图书馆全部名贵藏书,亦由敌派台奸将其变卖一空。"原任厦门道尹陈培锟的回忆亦称:"近闻敌人占我厦岛,悉得宋元明旧版暨手钞秘籍,捆载东渡。"②这两条信息均认为当时厦门市立图书馆收藏的"宋元明旧版暨手钞秘籍"等"名贵藏

---

① 余超撰,陈红秋整理.厦门图书馆倡办者——周殿薰[J].厦门图书馆声,2004(总61期):39.

② 陈培锟.岁寒居士集[M].福州:福建美术出版社,2015:66.

第三章　民国时期的厦门藏书机构

书"是被日寇掠夺而去,载往台湾。数年前,台湾台中图书馆曾寄来数册钤有厦门市立图书馆印章的图书,似乎佐证了这一事实。而掠夺厦门市立图书馆馆藏的日寇、汉奸,很可能就是纵火灭迹者。1948年8月8日《厦门大报》的《日敌毁灭下市图书馆废址　居民争相种植》一文则直截了当地指出"厦门沦陷,敌人存心毁灭我文化机关,即纵火焚烧"。

后一说,乃据1946年1月9日、10日《江声报》刊载的《市一图书馆的更生》所称,"劫后厦门在无政府的一度混乱状态中,少数无知的市民争相偷书出卖,及至当局发觉,管理人员怕被追究,遂一把火烧毁富丽堂皇的馆舍"。这后一说是否成立,值得推敲。因为即使是管理人员监守失职,也不必放火烧书,自砸饭碗,何况在那非常时期。

据陈培锟回忆,当时馆藏的珍贵秘籍,包括一部宋版《埤雅》、一部元版麻沙本《注陆宣公奏议》以及明、清版的罕见图书计二千余册。其中,宋版《埤雅》、元版《注陆宣公奏议》这两部镇馆之宝,在厦门沦陷之前,由躲避战乱的余超馆长随身携往香港,至抗战胜利后带回厦门归于市图书馆,从而幸免于难。而二千余册明、清版古籍,大多下落不明,不是葬身火海,就是被日寇、汉奸掠去。

当年厦门市立图书馆的那场大火,究竟何人所为,至今仍是个谜,但是沦陷时期损失的大量图书,除了为大火吞噬之外,日寇掠夺珍贵图书"捆载东渡"亦有很大的可能性。

1939年7月,日本侵略者拉拢、扶持以李思贤为首的汉奸,成立伪厦门特别市政府。为了粉饰太平,装扮门面,更为了对厦门市民实行奴化教育,1939年12月,伪市政府教育局决定"恢复"厦门市图书馆。因文渊井的旧馆址只剩下一片颓垣断瓦、荒草杂乱的废墟,只好择水仙路47号面积仅有100余平方米的原中国银行旧址充作馆舍。未几,中国银行旧址又被日军征用,不得已又再迁设大同中学。伪教育局将原中华中学等校残存的图书及原市图书馆散失在社会上的图书集中起来,拼凑出个图书馆,定名为"厦门特别市市立图书馆"。编制为馆长1人,馆员3人,馆丁1人,共5人。先后有王兆麟、陈懋复任馆长。

原厦门市立图书馆劫后余生的残缺图书，从中国银行迁往大同中学时，"图书未及搬运一半，日军已行入驻，所剩图书，几至无法运出"[①]，故这个拼凑起来的图书馆，馆藏图书只有万余册。为此，图书馆除购置了一些图书外，还登报征募图书。当时伪市政府提供的经费只能维持职工薪水，故新购置的图书甚少，多为日文和台湾出版的图书。订阅的报纸主要是厦门岛上出版的《全闽新日报》《华南新日报》《闽光报》等几份。杂志亦是岛上出版的《新江半月刊》《孔教月刊》《火乘月刊》《艺林月刊》《华侨月刊》《厦门教育月刊》《协建月刊》《道言月刊》《决战联盟月刊》等十几种。而购置的日文报纸杂志及其他沦陷区的中文报纸杂志，则因交通关系，时来时断。当时的图书分编，沿用原厦门市立图书馆编制的《暂编统一分类法》，提供的检索工具，仅有分类目录一种。此外，制订了"厦门特别市市立图书馆规则"20条。

1940年1月30日，伪厦门特别市市立图书馆正式开馆。馆内设有普通阅览室、儿童阅览室、藏书室、演讲厅等，在狭窄的馆舍中，设置这么多个功能室，显然十分拥挤。提供阅览的书刊也是十分有限的。日本占领时期，日伪政权对图书馆控制很严，除了大量的日文图书不必接受审查外，其余的中文则严格管控，因而开放借阅的图书很少，报刊也就只有20余种。而这些能够提供借阅的书刊，内容则千篇一律，都是宣扬所谓"中日亲善""东亚共荣"，歌颂日本军国主义。"为谋使读者灌输新思想，明了东亚新秩序"，图书馆在馆内空处墙壁及缘柱，挂贴所谓"东亚共荣"的标语。图书馆开展的儿童活动，也尽是为了"灌输新思想"。1944年，伪厦门特别市市立图书馆成立4周年纪念时举办的儿童时事测验比赛，即以"为唤起儿童注意时事，认识困境，加强必胜信念，养成模范国民，以便协力大东亚战争，击灭公敌英美，确立东亚共荣圈"为宗旨，[②]完完全全是奴化教育。

虽然日伪当局一再变换手法，并严令图书馆配合宣传，却难以欺骗厦门岛上富有民族意识的中国人，所以伪厦门市立图书馆开放后，门庭冷落。据

---

① 厦鼓图书馆沧桑小志[N].江声报，1949-09-30(3).
② 记者.儿童时事测验比赛在厦门图书馆举行完毕[N].全闽新日报，1944-02-03(2).

日伪时期《华南新日报》社出版的《新厦门指南》一书所载的统计数据,日伪厦门市立图书馆开馆的第一年,即1940年2月起至12月共11个月,包括成人和儿童读者在内的参阅人数为11719人次,[①]包括儿童读者在内,平均每日阅览的人仅35人次,而其中儿童读者占了57.5%。与1935年的日均阅览236人次相比,只是当年的14.8%。就这么一个数字,就可看出日伪统治之下厦门文化事业的凋零破败。

四、光复后的艰苦复业

1945年,厦门人民盼来了抗战胜利的喜讯,日寇投降了! 1945年10月3日,市长黄天爵率领接收人员进入了厦门,厦门光复。10月5日,厦门市政府即派员接收伪厦门市立图书馆,将其改名为厦门第一图书馆。11月,任命李禧为馆长,配置工作人员5人。

李禧(1883—1964),字绣伊,号小谷,福建厦门人。清末毕业于全闽师范学堂。1912—1938年,任厦门竞存小学校长、厦门(思明)教育会副会长。曾任厦门市政会董事,参与市政建设。厦门沦陷时避居香港,后返鼓浪屿执教。抗战胜利后,任厦门市临时参议员,被聘为厦门市图书馆馆长,直至1958年退休。

光复后的厦门,百业待兴。作为文化教育机构的图书馆,没能得到多少眷顾,市政府只拨出万元作为复办费。时大同中学从平和迁返厦门,原占用的校舍得退还学校,图书馆只好暂借小走马路33号基督教青年会的部分楼房为馆址。其馆舍狭窄,只有一间50个左右座位的报刊阅览室。因馆址未固定,且复办经费有限,馆舍不敢进行装修改造,书库只略做整理,阅览室也不能适当布置。馆里的设备亦十分简陋,书库中的书橱、书架和阅览室应备的阅览桌椅,多由李禧馆长亲自出马分别借用,东挪西凑而成,离合理的要求实在太远;而图书也多是李禧馆长陆续向各方搜罗。

筹建中的厦门第一图书馆,除接收伪厦门市立图书馆的藏书外,还收集了伪厦门女子中学和旭瀛书院等处的图书,合为1.8万册。然而,这些图书大

---

① 杨滴翠.新厦门指南[M].厦门:华南新日报社,1941:127.

多支离破碎，"一些珍贵的名著，不是上下不接，便是少掉三本五本，即一贯保管最完密最有系统的《万有文库》和《丛书集成》，也不能逃脱残缺的命运。长久无人看管的图书，有的已被白蚂蚁咬去半截"①。又有不少内容存在问题的图书，只能束之高阁，因此，只能取一小部分图书进行粗略分编与整理，整理后的图书只有3554册能提供流通。② 当时的图书分编采用的是《杜定友图书分类法》，编制目录也仅有分类目录一种。

恢复后的厦门第一图书馆于1946年1月5日对外开放。由于经费支绌，订阅的报纸只有19份，杂志近百种，新书补充也不多。因为书刊数量太少，只能提供阅览服务，难以满足读者要求，因此图书馆的流通量并未见大的提升，平均每日阅览者30人次左右。

不久，因青年会兼设地方干部训练所，本是狭窄的馆舍变得更加嘈杂，无法给读者提供一个安静的阅读环境，再加上业主索还借住楼房，于是，图书馆复借厦禾路186号南洋公会一楼面积近200平方米的场所作为馆舍，于1947年8月21日迁入，9月3日正式开放阅览。迁入新馆后，环境有所改善，流通量有所增加。据1947年12月31日《厦门大报》刊载的《市立图书馆统计》中的数据，当年读者阅览达18793人次，日均达52人次；借书有2177人。③ 这样的流通量，虽比沦陷时期略有增多，但仍赶不上1935年鼎盛时期的流通量。然而从这一条消息中，我们得到一个信息，即厦门市图书馆开始提供图书外借服务，虽然借出数量不多，具体借书方式也不明了，但是这又是一次突破，它改变厦门市图书馆建馆近30年来只单纯提供阅览服务的格局，使读者不受时间、空间的限制能够阅读图书馆的藏书。自此，图书外借服务成了厦门市图书馆的传统服务项目。

同年12月，厦门市图书馆恢复原称厦门市市立图书馆，同时向中华图书馆协会重新申请入会。

不久，国民党发动全面内战，军费开支数额庞大，财政赤字连年不断。国

---

① 白蕊.市一图书馆的更生[N].江声报，1946-01-09、10(3).
② 白蕊.市一图书馆的更生[N].江声报，1946-01-09、10(3).
③ 市立图书馆统计[N].厦门大报，1947-12-31(4).

民党政府为此推行滥发纸币政策,引起货币贬值、物价飞涨、人民生活日益贫困,国民经济逐渐崩溃。在这种状况下,文化教育事业的发展根本无从说起。厦门市市立图书馆与一般文化教育机构一样,维持现状尚感困难,积极发展更无可能,景况十分萧条。虽然 1946 年市政府曾拨 27 万元作为购置费和购书费,但是,面对物价飞涨,货币贬值,能够购置的物件和书刊无几。而厦门市教育局每月拨给图书馆的事业费,也只能维持日常的普通费用。

生存的条件十分艰难,但图书馆人仍自强不息,尽自己的力量去发展图书馆事业。李禧馆长积极呼吁社会各界支持图书馆事业,多方搜集图书资料。1946—1947 年,有吴瑞昆、白如玉、王人骥、蔡慧成、谢云声、卢国伦等社会热心文化事业人士向图书馆捐献图书,市长黄天爵也亲自向图书馆捐赠图书,厦大再生出版社、灯塔月刊社、台湾林业所等单位也捐赠了一些图书。1947 年 6 月,著名收藏家郭美坚先生将家藏名人扇画 500 帧通过市政府捐献给厦门市图书馆。1947 年 11 月 29 日,原馆长余超返厦,将随身携带的《埤雅》《注陆宣公奏议》两善本完整无缺地交还图书馆。这两种镇馆之宝,乃厦门沦陷前,余超携带避难香港,他在艰难困苦的环境下,仍妥善地保护这两种善本。1941 年底日军占领香港,曾诱其返厦出任图书馆长,遭其严词拒绝。余超先生忠贞爱国的民族气节和磊落无私的高风亮节,堪为后人高山仰止。

在原有近 2 万册图书的基础上,厦门市图书馆又通过购置新书、社会捐赠及低价收购等形式补充图书,经过近 4 年的积累,截至厦门解放,厦门市图书馆馆藏有中文图书 27268 万册、线装书 7854 册、外文书 897 册,共 3 万 6000 余册,报纸 77 份,杂志 130 种。①

第二节　民国时期的中山图书馆

1928 年,鼓浪屿中山图书馆迁入日光岩山麓的新馆舍,正式对读者开放,从而开启了其曲折起伏的发展时期。

---

① 厦门市图书馆.厦门图书馆馆史[M].厦门:厦门市图书馆.1999:36.

一、20世纪30年代中山图书馆的变迁

20世纪20年代末,中山图书馆有了固定的新馆舍,使其事业的发展有了基础保证。图书馆馆舍位于日光岩山麓,明郑成功水操台故址在望;西侧为延平公园,有延平王开凿之国姓井等古迹,风景宜人,古风犹存,因此吸引了不少读者来利用图书馆。然而,其体制隶属关系却发生一段纠纷,一定程度上影响了发展。

鼓浪屿中山图书馆本是由许卓然、李汉青等国民党临时市党部负责人创办的私立性质的图书馆,实行董事会领导下的馆长责任制。由于国民党内部发生纠纷,产生一场隶属关系的体制风波。

1930年,由国民党思明县党部宣传部部长高峰把持的国民党思明县指导委员会排斥李汉青,以"渎职""图谋不轨"之罪名将其开除出党,并呈报省党部接收中山图书馆。9月26日,高峰率人前来接收,该馆员工蔡景清等人及读者30余人拒绝接收,形成对峙。高峰遂请鼓浪屿会审公堂派出警员查封了图书馆。李汉青极为不满,上南京状告高峰。董事会也开会议决,电告国民党中央党部和南京政府教育部,控告高峰接收图书馆为非法。而高峰接管期间,实则无暇兼顾,意交予董事会管理其事,而其时许多董事已出国离去。国民党派系林立,究竟谁来接收,归谁管辖,县党部、县党务指委会和县政府等部门相互扯皮,事难议,议难决。此事一拖再拖,直至1932年尚未论定。①由于得不到经济支撑,日常经费难以继续,中山图书馆成为接手者手中一块烫手的山芋,以致到了1933年甚至陷入无人管理的境地。

1933年,国民党常委会对中山图书馆的归属做出批复:"既系私立,毋庸接收。"当时的教育部部长蒋梦麟也主张由董事会收回管理。2月11日,思明县党部遵照中央命令,在中山图书馆召集该馆捐款人及文化教育团体代表开会,选举新的董事。当日选出9名董事,一半为图书馆捐款的社会热心人士,一半为大学教授、中学校长,其中归侨巨贾黄奕住、原馆长李汉青票数最多。

---

① 记者.昨中山图书馆一幕 接收、管辖都生问题[N].江声报,1932-03-12(3).

第三章 民国时期的厦门藏书机构

会议将选举结果呈报中央定夺。^①6月28日,中山图书馆接县党部函,称"省党部令知中央已准备案"^②。至此,中山图书馆第二届董事会宣告成立,于7月1日在图书馆举行第一次会议及就职典礼。新的董事会由鼓浪屿的富绅与名流组成,包括黄奕住、周辨明、李汉青、叶谷虚、苏谷南、陈荣芳、张贞、林鸿飞、吴着盔等9人,黄奕住担任董事长,著名学者周辨明任副董事长,李汉青任馆长。中山图书馆复为私立。

新的董事会成立后,全年经费支出3600元均由董事会募充。馆务经费有了保障,中山图书馆再现生机。鼓浪屿工部局董事会也于预算案内拨出补助经费,仅1935年6月和9月就2次购买图书合计400余册,价值500元。经费相对充裕,藏书补充也增加许多。"该馆在民十九年(1930年)以前,储书2万余册,经高峰收管2年余,散失千六百余册。新董事会接收后,又添置约1万册。目下(指1935年)有书3万余册,杂志300种,报纸四五十份。该馆颇多善本书及闽省先贤遗着手稿,寄藏有明末延平户官杨英所记《延平实录》,记郑成功生平事实,为海内仅存孤本。……又藏有福建革命史料多种。"^③至太平洋战争爆发前的1941年,藏书达到近5万册。

中山图书馆的三层洋楼,馆舍宽敞,一层为礼堂,二层为书库和办公室,三层为阅览室,并辟有洞天阁藏书楼。设备书架桌椅均按美国图会图书馆的样式定制,全部采用名贵的黄花梨木材料,极为适用。环境幽静,适于读书养性,故来馆阅览者众多,平常每日有百余人次。

1936年,中山图书馆应读者的要求延长阅览时间。自4月1日起,每日下午延长2小时,即上午9时至12时,下午2时至7时为开放时间,使鼓浪屿的各界读者都能获得业余阅读之便利。^④

幽静的环境、丰富的馆藏、便民的措施,使图书馆的流通量大大提升,每

---

① 记者.鼓中山图书馆董事选出 候中央审定再发表召集[N].江声报,1933-02-13(3).
② 记者.中山图书馆董事七一就职 并开一次会[N].江声报,1933-06-29(4).
③ 记者.中山图书馆十年历史[N].江声报,1935-10-10(4).
④ 记者.中山图书馆今日延长阅览时间[N].江声报,1936-04-01(3).

日来馆读者不少,有时日达五百余众。① 1928—1937年的十年间,中山图书馆处于稳定发展的较佳状态之中。图书馆还着手编撰《福建革命史》《鼓浪屿志》,并拟翻印乡贤遗著,以弘扬海滨文化。李汉青甚至计划在日光岩山另建石室为新馆舍,以满足长久发展的需要。然而,这些美好的梦想被七七事变的炮火摧灭了。

二、动荡岁月的中山图书馆

1938年5月13日,日本侵略者攻陷厦门,大量难民涌入鼓浪屿。鼓浪屿虽为公共租界地,但日本领事馆在岛上飞扬跋扈,致使人心惶惶。中山图书馆诸董事及馆长李汉青皆退往内地或远游海外,将馆务委托鼓浪屿工部局管理,并留有资金做继续开放之用。工部局每月也拨款100元充作购书经费,并时有华侨捐款赠书。在鼓浪屿沦陷之前的几年,在大量难民涌入的鼓浪屿上,中山图书馆成为广大民众的精神寄托,各类读者甚众,其中不乏洋人,每日到馆的读者近千名,或查阅国际消息,或关心时政走向,或从阅读中寻求心灵慰藉。

1941后12月,日本帝国主义发动太平洋战争,侵略者登上了鼓浪屿。日伪厦门市政府强行接管中山图书馆,并改名为"厦门市立鼓浪屿图书馆",命杨东壁为馆长。日伪接管后,将大量内容涉及反日爱国和亲美亲英的书刊资料全部封存,同时,将宣扬"大东亚共荣圈"的中、日文书刊充塞书库。据媒体报道,"当时日伪以该馆图书多有抗日之言论,拟予焚毁,不准留存。时任馆长之杨某,乃临机应变,答以所存图书,可待细检后,其确有反日言论者,自当检出烧毁,因是迁延时间乃得保全"②。1942年上半年,日寇又将一些名贵图书或变卖,或运往台湾,致使图书馆的藏书量锐减。资料数据显示,太平洋战争爆发前,中山图书馆的藏书已达近5万册,而到抗战结束市教育局接收鼓浪屿图书馆时,图书经清点仅剩2.2万余册。

---

① 江林宣.中山图书馆的七十年沧桑[M]//鼓浪屿文史资料再版委员会.鼓浪屿文史资料:上册.厦门:鼓浪屿申报世界文化遗产系列丛书编委会,2010:372.
② 厦鼓图书馆沧桑小志[N].江声报,1949-09-30(3).

日本侵略者占领鼓浪屿的四年时间,鼓浪屿的居民日愈减少,大部分难民返回厦门岛,本地居民不少避难内地或海外,故鼓浪屿图书馆的读者也随之锐减。再加上没有多少书可读,门可罗雀也就不足为奇了。

1945年10月3日,厦门光复。当月,厦门市教育局即派员接管鼓浪屿图书馆,并改名为市立第二图书馆,任戴光华为馆长。不久,中山图书馆的董事张贞、陈荣芳、周辨明、苏谷南等和原馆长李汉青陆续返厦,纷纷请求市政府归回图书馆,并恢复原名。原馆长李汉青更是带头奔走于省市之间,使劲鼓呼。功夫不负有心人,1947年8月,经市政府同意,图书馆恢复为私立,复名为私立中山图书馆。

复名后,回鼓的中山图书馆董事们于9月3日在张贞公馆举行会议,决定重组董事会,张贞、陈荣芳、周辨明、黄浴沂、杨迪康、张圣才、苏谷南、黄省堂、卓全成、林荣庭、李汉青等11人为第三届董事会董事。因其时黄奕住已逝,故推选陈荣芳任董事长,周辨明任副董事长,李汉青仍任馆长。李汉青着手整顿馆务,雇请两三名管理员,将馆舍修葺一新,向读者开放。

然而,好日子并维持不了多久。国民党政府腐败无能,致使货币贬值,物价飞涨,图书馆的馆务日愈难以维持。虽然,市政府每年皆给图书馆拨一笔购书费,但不过是写在预算书上,待图书馆领得经费之后,币值下跌,已不足购上2本图书、3种杂志。政府机关人员常有借书而不还的,部分读者交了抵押金将书借出,时间稍久,法币市值江河日下,索性放弃抵押金,留下图书更为合算。如此一来,图书馆的藏书就日愈减少。1947年,年事已高的李汉青自觉力不从心,遂将馆务交付李芳远主持,自己则远走他乡,1976年病逝于台北。

李芳远(1924—1981),笔名空照、晴翠山民、离离斋主,为李汉青的二儿子,弘一法师的关门弟子,13岁随父到日光岩寺拜谒驻锡于此的弘一法师。弘一法师见李芳远聪明好学,态度很虔诚,非常喜欢,结下忘年之缘,李芳远有"芳远童子"之称。1943年,李芳远入私立福建学院,获法学学士学位。1947年任鼓浪屿中山图书馆馆长。曾为弘一法师编选诗文遗作《弘一大师文抄》。

第三节　民国时期的同安公共图书馆

民国时期,同安县出现过三家公共图书馆,一家为诞生于20世纪20年代的私立图书馆——阳翟图书馆,1936年转为中学图书馆;一家为1930年由政府举办的公共图书馆——同安县民众教育馆图书室,1949年停办;一家为抗战期间由同安马巷知识青年为主集体创办的图书馆,实际开馆只有一年多。这三家图书馆虽体制不同、规模不同,但都是面向广大民众开放的藏书机构,填补了民国时期同安县辖内公共图书馆之不足。它们存在的时间虽然不长,但为同安的民众教育亦发挥了一定的作用。1946年底,同安县县长李拔夫曾发起筹建同安中正图书馆,以"推广社会教育、启迪人民知识",印发请柬向各镇地方乡绅募捐,并请同安县同声平剧社公演筹款。然而,此事"只听雷声,不见雨点",只是媒体上喧闹了一番[①],就无踪无影了。民国时期图书馆事业的成熟阶段,同安未能很好地发展公共图书馆,错过时机。抗战期间,地处前线的同安各种事业免不了要受影响,而光复之后也还是无所作为,这不能不说是文化之悲哀。

一、同安阳翟图书馆

阳翟图书馆即本书第二章所述的由私人藏书楼演变而来的图书馆,是同安县西柯乡阳翟村的乡绅陈延香创办的私立图书馆。因为它既为阳翟学校的师生提供服务,还对社会开放,因此这个图书馆具有公共图书馆的性质。

陈延香于1912年创办阳翟学校后,先是选择学校的一间平房设置藏书室,将自己个人收藏的图书1000多部(一部数册)捐出来作为藏书室基础馆藏,供给学校教育教学使用。随着社会阅读需求的提升,陈延香发现同安城内缺乏提供公众阅读的图书馆,很不利于民众教育的需要。因此,矢志于家乡文化教育事业的陈延香,觉得有必要设立一所为民众服务的图书馆。1928

---

① 同安县筹建中正图书馆[N].中央日报,1946-12-05.

第三章 民国时期的厦门藏书机构

年,陈延香在藏书室的基础上,又增加几千册图书,正式成立阳翟图书馆。阳翟图书馆设馆长、副馆长各一人,管理员二人,经费由阳翟学校基金拨付。

图书馆开馆之后,陈延香感觉藏书几千册的图书馆规模不大,不能满足社会之需要,而仅靠个人有限的力量来推进图书馆的发展显然是不够的,因此,他于 1929 年先后 4 次出洋,向各地华侨同胞劝募文化教育基金,计得 10 多万元,他将其中的 2 万元拨出作为图书馆经费。1933 年春,陈延香利用这些基金在校园内新建平屋 6 间,前两间作为阳翟学校的仪器室和图书馆的阅览室,后两间为图书馆藏书室,中间为办公室,工程造价 4000 元。1934 年冬,又重建二层楼馆舍,占地面积 2799 平方尺,投资 8000 元。馆舍为西式建筑风格,坐西朝东,双层砖木结构,折坡瓦顶,正立面中部凸出上、下两层方柱门廊,建筑面积 340 平方米。楼上为图书库和报刊图片收藏室,楼下层为图书出借处和报刊阅览室。这座楼是当年阳翟学校唯一保存到今天的楼房。1946 年,厦门市委机关在同安县立中学建立地下党组织,就是以这座楼作为活动地点,今为区文物保护单位。

由于经费有保证,至 1934 年阳翟图书馆的图书收藏量已达到 17000 册。藏书以中国古籍线装书为最多,外文图书只占少数。图书的分编,其中一部分采用《杜威十进制图书分类法》,而另一部分图书却采用王云五制定的《中外图书统一分类法》。古籍线装书则采用经、史、子、集、丛五部分类法,目录另录。古籍善本孤本图书采取专库保存、妥善管理的办法。

为了便于群众阅借和充分发挥图书作用,阳翟图书馆还开展图书巡回出借活动,也就是当今的图书馆外流通服务。它还与集美、马巷等地的图书馆、图书室及社会团体的图书室,建立了相互交换书籍的关系,尽力提高每册图书的利用率。此外,馆内还附设儿童图书室,为小学生开辟了良好的学习园地。[①]

1931 年,阳翟学校奉教育局训令改为同安县立初级中学。1936 年,阳翟

[①] 洪大埕.阳翟图书馆创办概况[M]//同安县政协文史资料委员会.同安文史资料:第 7 辑.同安:同安县政协文史资料委员会,1987:112.

图书馆藏书移交给同安县立中学(即同安三中的前身),图书馆结束了作为公共图书馆的历史使命,转变为一所学校图书馆。其中上万册古籍线装图书和民国年代出版的《万有文库》丛书等,于1956年移交给同安县文化馆图书室,成为同安县图书馆的基础馆藏,其中有几部图书后来被列入全国善本书目,引起了有关部门的重视。

二、同安县民众教育馆图书室

民众教育馆为民国时期推行时间最长的一种社会文化教育机构,相当于现今的文化馆(站)。但其职能比现今的文化馆更繁杂,只要涉及民众教育的工作,皆可入列,除了开展歌咏、演讲、展览、灯谜会、书法比赛、球赛及演文明戏等文体活动外,还创办平民义务夜校,创办图书室、阅报室和露天阅报栏,出版刊物,甚至创办平民医院,免费为民众提供各种服务。民众教育馆出现于民国初年,20世纪二三十年代,全国各地都兴起举办民众教育馆的热潮,开展多种多样的教育与文体活动,在改良民众文化、改善民众生计、塑造公民观念等方面,发挥过积极作用。

20世纪20年代初,厦门就办起了首家民众教育馆,比各地都办得早。也许当时的民众教育馆并没有一个规范的名称,因此这家教育馆称作"厦门市通俗教育社",是由社会人士集体创办的社会团体。由热心社会教育人士康伯钟、李维修等发起组织,于1922年4月正式成立。教育馆除了创办平民义务夜校和设置多个文体活动部门外,还设置4个阅报室,12处露天阅报栏。1933年,厦门市通俗教育社在魁星河附近(今中山公园西门内市南乐团团址)建成一座两层钢筋水泥结构的新社址,楼内就设有图书阅览室。可见,图书阅览活动是民众教育馆的重要职能之一。20世纪30年代,民国政府规范民众教育馆建制,厦门市通俗教育社更名"厦门市民众教育馆",除了原有业务外,还设立民众阅报所。

同安县民众教育馆的创办,就是由图书阅览室发展而来的,这在民众教育馆的创办中是较为特殊的,但也说明民众教育馆将图书阅览作为主要活动。1927年,同安县政府在县城西北角葫芦山下建起中山公园,占地面积

21142平方米，并辟有一处公共体育场，面积84224平方米。1930年，为了启迪民众、传播知识、改良文化，同安建立县民众教育馆，在公共体育场的中山台设置了一间图书阅览室，对民众开放阅读服务。民众教育馆设馆长1人，工作人员3人。

同安县民众教育馆成立之初，图书阅览、外借服务是主要业务，因此，其图书阅览室自然成为当时同安县唯一的公立图书馆。民众教育馆经费由同安县政府教育经费开支，但每月拨发的业务经费很少，只够订购5份报纸。故规模不大，阅览设备极为简陋，仅有几个书橱、阅览桌，藏有《万有文库》《小学生文库》等2000余册。大部分书籍、刊物多由社会各界捐赠或借用。

1942年，县政府将中山公园和公共体育场并入了县民众教育馆。此后，民众教育馆除了经营图书阅览室，还要管理公园和体育场。而随着民众教育馆的职能不断拓展，出版墙报、举办球赛、划龙舟、放风筝以及歌咏、演文明戏等文化体育活动渐渐成为民众教育馆的主要业务，图书阅览室也就变成其附属的单位，成为"同安县民众教育馆图书室"。1942年，民众教育馆将图书阅览室移出中山台，在城西驿路李氏祠堂设置一阅览室，收藏图书报刊若干，提供民众阅览。1949年，民国时期的同安县末任县长余愚以经费缺乏为由，宣布停办民众教育馆，封存了图书室的藏书。近20年惨淡经营的同安县民众教育馆图书室就这么落下帷幕。1949年10月，人民政府接管了同安县民众教育馆，封存的图书也随之移交，但仅剩下几百册的《万有文库》及报纸。

同安县民众教育馆图书室规模虽小、藏书不多，远远比不过同时期的鼓浪屿中山图书馆，然而，在同安县还没有建立公共图书馆的时候，它担负起公共图书馆的职责，在引导民众阅读、普及文化知识、推动民众教育等方面起了一定的作用。

三、同安马巷巷声图书馆

同安马巷巷声图书馆是由马巷知识青年为主集体创办的私立公共图书馆。其创办宗旨在于传播文化科学知识，启迪民智，提高文化素质。虽然存在的时间很短，但作为抗日战争时期马巷地区的一个文体活动阵地，在宣传抗日、联络四方、传播知识、活跃文化生活等方面发挥了一定的作用。

马巷,是闽南四大古镇之一,地处厦漳泉闽南三角洲的中心,历史悠久。得天独厚的地理环境、四通八达的交通网络,使其经济一直保持快速的发展趋势,且凭借深厚的文化底蕴而人才辈出,绵延不绝。然而,民国时期,曾是"厅"级建制的马巷本应"废厅改县",却被降为"保"的建制,公共文化的建设也就受到影响。为了建设一个民众教育的文化活动阵地,马巷进步知识青年洪伯铿、傅有才、方瑶卿等人发起筹建创办巷声图书馆。① 1943年秋,在一次集美学校马巷地区的学友聚会中,他们倡议创办一个图书馆,得到众学友的赞成和支持,于是开始着手筹备。其馆名取自马巷学友们组成的巷声篮球队之"巷声"两字,"巷"代表马巷,"声"乃唤起民众之声。

筹备之初,经费极为困难,他们便发动省内外的学友捐献书籍或报刊。在广西经商的石浔村巨贾吴玉琛先生不断予以经费资助,并且搜集广西、云南的报刊如期寄来。当时旅居重庆、贵阳、昆明、桂林等地的马巷籍学友,也将该地发行的报刊按期寄来。此外,社会各界也给了极大的支持,傅有土提供了大部分的经费,还承担管理人员的伙食;朱清禄提供三座书橱借给图书馆使用。

在各方的努力下,不到几个月筹办工作已初见端倪,于是正式向省府呈送报告,不久便获省府批准。筹办的同时,还成立巷声图书馆董事会,聘请陈企钳、朱为满、陈高超、朱景德、陈远源、刘志轩、陈延庭、吴玉琛、朱千里(朱清禄)、傅有土等人为董事,朱景德任董事长,方瑶卿为馆长。② 图书馆设四个组:推广组、采编组、阅览组、总务组。推广组由傅有才负责,采编组由朱振声负责,阅览组由吴迪仁负责,后由杨进嘉接任,总务组由朱甲庚负责。此外,图书馆还设有剧务组和体育组,剧务组由洪凌(字学禹,马巷蔡浦人)、许先兆、林树居主持;体育组由洪文炳(马巷窗东人)、洪伯铿(马巷窗东人)、刘文璞主持。

---

① 洪文章,陈树硕.同安文化艺术志[M].厦门:厦门大学出版社,1996:201.
② 洪文章,陈树硕.同安文化艺术志[M].厦门:厦门大学出版社,1996:201.

1944年农历正月初一日,巷声图书馆正式开馆。馆址设在马巷五甲原三恒书房。图书馆大门正中上方悬挂着国民政府主席林森手书的馆牌,馆内大厅墙壁和两厢壁廊挂满了国民政府及民主党派中央和地方的要人、名人以及文化教育界的知名人士如林森、冯玉祥、陈立夫、于右任、孙科、何成浚、马叙伦、黄炎培、刘建绪、陈肇英等人为图书馆题写的条幅、横匾和贺词。吴玉琛先生专程前来参加并主持剪彩仪式。同时,图书馆组织多种多样的文体活动:剧务组演出了由洪凌导演的多幕话剧《海啸》,体育组举行首届"巷声杯"篮球比赛、象棋比赛、自行车技巧比赛和灯谜等活动。南安的奎霞、莲河、沟江,同安的石浔等地的篮球队和漳州、泉州、同安城的棋坛名手应邀参赛,龙争虎斗,异常热闹。整个活动持续三天,盛况空前。

在社会各界的捐赠支持下,巷声图书馆馆藏达一万余册图书和数十种报纸杂志。图书多数为科技知识和古今中外进步文艺作品,报纸杂志除了旅居外地的马巷籍学友寄回的当地报刊外,主要为本省发行的报刊,如永安的《中央日报》《民主报》,泉州的《泉州日报》《福建日报》《大众报》,漳州的《福建新闻》等,均都齐备。这些藏书大体满足马巷地区读者之需求。巷声图书馆的阅读者多数是马巷青年,许多当年受到新知识启迪的读者,后来成为祖国各条战线的有用人才。

巷声图书馆除提供图书借阅服务外,还组织篮球比赛,开展多种多样的文体活动。如1944年暑假期间,图书馆举办了第二届"巷声杯"。赛后,在巷声篮球队的基础上,邀请地方上的体育爱好者成立"马巷体育会"。又如1945年春节,巷声图书馆为纪念成立周年,举行庆祝会,演出独幕话剧《放下你的鞭子》,举办以抗日战争为主要内容的图片展览,并出版了纪念专刊。为解决图书馆经费问题,图书馆还开办了一家"巷声商店",起初专营文化学习用品,以后不断扩大业务范围,出售图书、杂志,代办发行《泉州日报》《福建日报》两报,盈利全部用于馆务活动开支。这家商店的开办,不仅解决了图书馆的部分经费问题,而且为马巷地区的民众尤其是中小学师生提供了诸多的方便。

致力传播文化科学知识的巷声图书馆竟然引起了国民党当局的注意。1945年夏,泉州兴泉指挥部指挥官陈重率兵二三十人到马巷搜查巷声图书馆,虽然一无所获,但这个生机勃勃的图书馆自此横遭扼杀。事后,陈延庭先生以他在社会上的崇高名望,出面收拾残局,请归侨陈朝柳先生照管巷声商店,看顾图书馆门户,但所有活动都停止了。

1949年底,朱振声倡议恢复巷声图书馆,受到各阶层的支持,遂成立以陈延庭先生为董事长的董事会,并推选陈伟任馆长,廖璇为管理员,朱清禄任董事会秘书。馆址附设在原马巷工商联筹备处。巷声图书馆复馆后,除出借图书外,还兼做舫山中学、马巷小学的课本订购工作。由于人手、经费不足,巷声图书馆复馆一年多就停办了。①

第四节 民国时期的厦门大学图书馆

民国时期的厦门大学图书馆,走过草创阶段后,冯汉骥、林语堂、孙述万、俞爽迷等相续接棒主持馆务,继承首任主任裘开明的办馆思想与工作作风,不断地推动图书馆的发展,使厦门大学图书馆走上了成熟,藏书得到较快增长,图书也得到充分利用。而抗战全面爆发之后,厦门大学播迁长汀,图书馆亦随之经历动荡的路程。

一、继往开来的图书馆管理

厦门大学图书馆的草创阶段,在图书馆主任裘开明以及其继任者冯汉骥的悉心主持下,图书馆建设初具规模,管理与服务等各项工作走向规范,为20世纪20年代末至30年代初的成熟发展打下良好的基础。

1924年夏,裘开明作为我国图书馆界首批选派人员赴美留学,离开了厦门大学图书馆,原任襄理冯汉骥接任了主任职务。冯汉骥在厦门大学图书馆任职达五年多,专心致力于图书馆工作,不断改进馆务,完善服务布局,提高工作质量。1926年,首次下设机构,分设办公室、阅览室、书库等三部分。办

---

① 刘文璞,陈荣芳.马巷"巷声图书馆"创办始末[M]//同安县政协文史资料委员会.同安文史资料:第7辑.同安:同安县政协文史资料委员会,1987:108-111.

公室又分主任室、编目室和装订室。阅览室分学生阅览室、教员阅览室、阅报室。书库包括中西文书库、中西文杂志室。①

在此期间的1926年9月至1927年3月,林语堂先生曾代理图书馆主任一职。林语堂任职虽然十分短暂,但毕生酷爱读书、热爱图书馆的他,在任职期间,非常重视图书馆的服务工作,"经常可亲地站在图书馆柜台前接待读者,并亲自取书给他们,还由于他精通图书的分类,取书的速度很快且又准确","他为了做好图书馆管理工作,曾在图书馆管理方面提出了很好的建议并进行了实施:一是制定了图书馆管理制度,尤其是借阅制度方面,延长了图书馆开放的时间;二是提出增加图书馆馆员的数量使其能积极认真地做好读者服务工作;三是增加购书经费,丰富图书馆的藏书量,以提高读者水平"。②

冯汉骥任职期间,聘孙述万为襄理。孙述万(1902—?),湖北黄陂人。1925年毕业于文华图书馆学专科学校。1928年4月起担任襄理,1929年曾代理主任。孙述万与冯汉骥一样,也是裘开明的师弟。1931年,冯汉骥赴美,留学于哈佛大学研究院人类学系(后转入费城宾夕法尼亚大学人类学系,获人类学哲学博士)。孙述万后继任主任一职。两位"文华图专"出身的专业人才,接棒裘开明管理厦门大学图书馆,以裘开明的办馆思想与工作作风继续推动图书馆的建设发展。

在孙述万之后,又有杨希章、詹汝嘉等人担任图书馆主任。在这期间,图书馆的馆舍有了扩大,1933年,图书馆已拥有集美楼的全部并拓展至群贤楼的一部分。其时,厦大图书馆组织机构也已经较为规范,人员也得到扩充,由1924年的5名工作人员扩展到1936年的9名工作人员,其中,主任1人,管理员2人,馆员5人,助理员1人。③

1935年,图书馆学专家俞爽迷来馆主持工作。俞爽迷(1905—1986),又名素昧,字颂明,浙江平阳人。1930年,上海复旦大学中国文学系毕业,获文

---

① 李金庆.文华图专与厦门大学图书馆[C].武汉:第三届中美数字时代图书馆情报学教育国际研讨会.
② 徐艳.林语堂与图书馆的渊源[J].兰台世界,2012(28):18-19.
③ 图书馆概况[J].厦大周刊:十五周年纪念专号,1936(总第397期).

学士。毕业后,曾任上海正风中学高中部文史教员、南京文化学院教育学副教授、国立编译馆书记。1934年,任江苏省立教育学院民众教育系副教授兼图书馆主任。1935年,赴厦门大学图书馆,接替詹汝嘉担任主任一职。到厦大之前,他曾在江苏省立教育学院主讲图书馆学课程,并著有《目录学》讲义。任职厦大之后,又于1936年出版《图书馆学通论》《图书流通法》《新闻学要论》三部著作,且于1934年至1937年在《图书馆学季刊》《厦门大学图书馆报》《中华图书馆协会会报》发表了十余篇的图书馆学论文,是一位著作等身的图书馆学学者。俞爽迷的学术成果,在中国近代图书馆学理论和实践方面均做出了一定的贡献。他提出了图书馆三要素:积极保存有益的图书、科学的处理方法以及活用图书馆增进人民知识修养;归纳了现代图书馆的四大性质:自动的而非被动的、活用的而非保管的、平民的而非贵族的、社会化的而非个人的;并提出了图书馆是重要的社会教育机构以及终身教育思想。这些图书馆学理论至今仍具有现实意义。俞爽迷任职期间,还对图书馆工作进行改革,加大图书馆为读者服务的力度。如增加图书馆开放时间,在阅览室内开放现刊阅览,加强书刊采购,开展读书竞赛活动。他还创办和主编《厦门大学图书馆报》,发行全国。[①]

俞爽迷在厦大图书馆任职时间不长,只有一年多而已。1936年夏,俞爽迷离开厦大图书馆,原因是其洋学历造假东窗事发。[②] 从此,他离开其已有相当成就的图书馆界,低调地任职中学教员,令人为之扼腕。

从裘开明到俞爽迷,厦门大学图书馆在一批图书馆学专家学者的主持下,加强队伍建设,建立并完善规章制度,规范业务流程,加强藏书建设,积极拓展服务,把一所私立大学的图书馆办得风生水起,在全国大专院校图书馆中颇有名气。1935年9月,俞爽迷创办的《厦门大学图书馆报》,是全国大学图书馆界较早的学术性刊物之一,发行全国。前七期的刊名由当时国内著名的图书馆学专家杜定友、刘国钧、沈祖荣及孙科等分别题写,足见其

---

① 吴稌年.俞爽迷的图书馆学研究及其瑕疵[J].大学图书馆学报,2009(4).
② 赵霞.民国名家俞爽迷洋文凭造假及其履历之谜[J].湖北大学学报(哲学社会科学版),2015(3):99-105.

影响力。该刊计出版一卷八期,受到各处欢迎,所印全部售出,后因经费支绌停刊。

二、蓬勃发展的业务建设

在几任主任的努力下,20世纪20年代末至30年代初厦门大学图书馆的藏书建设有较大的发展。1928年馆藏总量达到5万册,约为1924年的1.5倍。[①] 凡本国及英、美、日、法等国出版之著名杂志,无不择要购置。当年已订有欧美杂志400多种,尤其有贵重全套旧杂志80多种,均为国内所仅有。

进入20世纪30年代,厦大图书馆的购书经费较为稳定,据1932年的数据,当年度图书馆经常费用约为1万元,其中购置书报费约6000元,占经常费用的60%。"另由文化基金会补助本校理学院及教育学院每年三万元中拨出书报费约五千余元,统计全年书报费共一万一千余元。"[②]1936年,图书馆重新成立图书委员会,第一次会议就专门讨论图书购置经费分配及采购图书手续,进一步明确了书刊采购经费与采购制度。由于有较为完善的机制保障,因此馆藏书刊总量增长较快。至1937年,馆藏文献总量已达到144071册(件),为1924年草创时期馆藏30000册(件)的4.8倍。其中,中文图书62400册,西文图书22635册,中文杂志800余种、20004册,西文杂志400余种、39032册,中西报纸23种。[③]20世纪30年代,厦大图书馆的藏书之丰富,在国内图书馆界已有相当地位,中文图书虽跟不上国内有名图书馆之众多,而西文书籍、刊物之完善,据说为国内大学图书馆之罕见。

除了采购补充外,图书馆还积极争取华侨和社会知名人士捐赠图书。1927年8月,华侨黄奕住先生捐助图书设备费国币3万元,冯汉骥尤为重视,"积极组织人员采购,后获购中文图书6120册,西文图书1814册,并编制捐助

---

① 李金庆.文华图专与厦门大学图书馆[C].武汉:第三届中美数字时代图书馆情报学教育国际研讨,2010.
② 图书馆概况[J].厦大周刊:十五周年纪念专号,1936(总第397期).
③ 李泽文.陈嘉庚与图书馆[M].厦门:集美图书馆,2008:10.

图书目录,林文庆校长还特为此目录撰写序言"[1]。此外,还通过征收手段来获取图书,如当时征收到本省各县县志,丰富了地方文献的收藏。

在图书的整理方面,厦门大学图书馆历来重视目录体系建设。图书目录采用卡片式和书本式两种,西书卡片购自美国国会图书馆,分书名、著者、分类目录三种。[2] 1930年,印刷出版中文图书目录,为两百多页的一厚册。次年刊印发行,1934年又做补充。1935年,俞爽迷主任主持编印《中文书目分类纲要》,次年10月出版。1937年,还编印《厦门大学图书馆中日文期刊目录(附日报目录)》。[3] 目录体系的建设为馆藏书刊的充分利用奠定了基础。

大专院校图书馆设置的目的在于搜集、组织和运用图书文献资源,以达成支持教学,配合研究与推广学术之使命。大专院校图书馆的藏书是完成这一使命的重要信息来源。藏书的利用是否充分,体现着图书馆存在的作用及其真正价值。大专院校图书馆的读者对象包括教师、学生和其他工作人员,不同的读者群有着不同的阅读需求。教师读者以教学参考和学科研究的文献资料为主,对图书馆的文献服务要求较高、较专;学生读者以学习参考和知识拓宽的书刊为主,希望图书馆能提供较为全面的文献服务。而在图书馆利用的时间上,教师的时间相对较为宽松,而学生则因为上课时间固定而有一定的局限性。可见,多种因素制约着图书馆的藏书利用水平。

20世纪30年代,厦门大学图书馆就针对图书馆读者对象不同的藏书利用特点,提供不同层次的服务,以有效地提升藏书利用率,满足读者的不同需求。除了分设学生阅览室和教员阅览室之措施外,1930年和1935年,图书馆两次修订《厦门大学图书馆借阅图书规则》《图书馆阅报室规则》《教职员借阅图书规则》《教员指定课程参考书规则》《学生借阅教员指定参考书办法》《图书馆阅览室规则》等一系列服务规则,从开放时间、借阅方式等方面实施区别服务。

---

[1] 李金庆.文华图专与厦门大学图书馆[C].武汉:第三届中美数字时代图书馆情报学教育国际研讨会,2010.
[2] 图书馆概况[J].厦大周刊:十五周年纪念专号,1936(总第397期).
[3] 厦大校刊:图书馆中日文期刊目录专号[J],1937,1(9).

在开放时间上,图书馆规定了"每日上午八时到十二时,下午一时到五时,晚上六时半到九时半,惟星期日改为上午九时至十二时,下午二时至五时,晚上六时半到九时半,例假日则上下午停开,晚间照常开放"①。这个开放时间,除了平常日子的正常开放外,还增开了晚间的开放,包括例假日的晚间开放,从而保证学生读者能在下课时间去利用图书馆。

在借阅方式上,当时的图书馆一般采用闭架借阅,学生读者非主任同意不得进入书库,"由馆员代查借出馆外阅览"。而本校教职员除周日及周六下午外,可以进入书库查找图书。过刊杂志室则于周一、三、五上午九时至十一时对教授开放,允许他们入内查阅。为了提升藏书利用率,图书馆曾在1935年实行现刊开架阅览,因毁损较为严重而于次年停止开架。对正在撰写论文的毕业班学生提供特殊服务,可多借至六册图书。当馆藏某种书的复本已经全部外借时,而某些读者又十分需要的情况下,图书馆还提供预约借书服务。1936年春季学期起,还开放服务本校工友。② 从当时留下来的档案资料来看,厦大图书馆的服务,不仅有阅览服务,还有外借服务,在当时的条件下,其开放程度还是较高的。

图书馆提供的服务,还不局限在外借、阅览与检索上,引导阅读也成为其工作职责。俞爽迷任职期间,在校长的支持下,连续组织了1935—1936年两年的读者读书活动,为广造声势,同时也为解决开展活动的费用问题,在校内教职工中开展了捐款活动,上至校长,下至教员,纷纷捐款用于购买奖品。首次活动于1935年11月30日举行,12月3日评出一、二、三等奖各1名以及3名纪念奖。这次活动的开展,为推广阅读积累了经验。随后,在1936年5月,举办了第二届读书竞赛活动。③ 读书竞赛活动的开展,引导学生读者多读书,对提高图书利用率也起到了很好的推进作用。

20世纪30年代,厦门大学图书馆的服务达到民国时期的高潮,当时的资料记录了这一辉煌:"每日到馆阅览者极形拥挤,平均约二百人以上,实十年

---

① 图书馆概况[J].厦大周刊:十五周年纪念专号,1936(总第397期).
② 李金庆,陈滨.厦门大学图书馆大事记(1921—2006)[Z].未刊稿,2006.
③ 吴稌年.俞爽迷的图书馆学研究及其瑕疵[J].大学图书馆学报,2009(4).

来未有之盛况,就中阅览图书,以新闻杂志及文学书为多。其借出阅览者,学生六百余人,借出书籍二万五千三百余册。教职员百余人,借出书籍约一万八千二百余册。借阅之踊跃,于此可见一斑。"①

三、播迁长汀时的磨砺与坚守

1937年,厦门大学改为公立,而不久就爆发了七七事变。八年全面抗战时期,厦大图书馆是在长汀度过的,以坚韧不拔的精神战胜诸多艰苦,努力地为广大师生提供服务,并不断地发展壮大。

20世纪30年代初,资本主义世界爆发了空前惨烈的经济危机,陈嘉庚先生在南洋的企业也遭受惨重打击,被迫收盘,使经费仰给于陈嘉庚先生的厦门大学陷入困境。迫不得已,陈嘉庚先生具函请求政府接办。1937年7月1日,南京国民政府决定将私立厦门大学改为国立,7月6日,简任著名物理学家、清华大学教授萨本栋博士为国立厦门大学首任校长。翌日,七七事变爆发,日军大举入侵,中华民族陷入一场大劫难。

国难当头,临危受命的萨本栋校长考虑到厦门地处海防前线,难免战火侵袭,为保证抗战期间教学不致中断,决定将厦门大学迁往闽西山城长汀。1937年12月,图书馆随学校长途跋涉迁往长汀,重要的图书则提早装箱内运。

抵达长汀后,萨本栋校长把校部安置在长汀县学文庙,而将图书馆安排在城北卧龙山麓的江西会馆万寿宫,万寿宫后厅设置文法商阅览室,并于嘉庚堂辟理工学院参考书阅览室。卧龙山乃汀州八景之首,风景如画,美不胜收。卧龙山麓西侧的万寿宫安静幽雅,为厦大师生们提供了一个良好的阅读环境。1944年访问过长汀厦门大学的著名英国学者李约瑟对改为图书馆的江西会馆万寿宫是这样描述的:"有一次,我在福建长汀,很愉快地住在这所很华美的旧式旅馆里,里面有亭台楼阁,画栋雕梁,甚为精雅。原来这是一个

---

① 图书馆概况[J].厦大周刊:十一周年纪念专号,1932(总第280期).

第三章　民国时期的厦门藏书机构

商业公所……"①为了便于师生们晚上利用图书馆,萨本栋校长甚至将政府拨给他专用的唯一一部汽车拆卸了,将汽车的发动机交给图书馆发电。当时,由于经费困难,校内各系做了调整,由曾郭棠代理图书馆主任。

萨本栋校长将万寿宫改造成图书馆之后,这里成为广大师生渴求知识的殿堂。为了满足广大师生的迫切需要,萨本栋校长千方百计筹措经费,想方设法添购图书,乃至到国内外购买图书资料。他争取到中英庚款委员会给予的4万元国币,全部用于购置图书。图书馆的藏书日益增多,平均每年增加3000册左右。藏书内容丰富,仅丛书一项就达100余部。② 这种增长速度在今日看来可能微不足道、不值一提,但这是在80年前又是战争期间,不能不算是了不起的成绩。据李约瑟访问过长汀的回忆,令他没有想到的是在东南很偏僻的一所大学图书馆中竟找到他一直寻觅不着的图书,足见图书馆藏书之丰富。

当时,厦门大学的师生利用图书馆可谓是到了如饥似渴的地步。图书馆的藏书虽然丰富,但某些经典文献和学科参考书复本不足以满足师生的需求。因此,图书馆对图书的外借有个奇特的规定,一本书只能借一个小时,到时后如果没有其他人要借,才可以续借。晚上十点闭馆时,可以将书借回宿舍继续看,但必须在第二天开馆后一小时内归还,否则取消借书资格。这个奇特规定的目的大概是提高图书周转率,让有限的图书资源能够得到充分的利用。图书馆人敬业的苦衷可见一斑。

除了为广大师生提供图书借阅服务外,厦门大学图书馆还编制了《国立厦门大学教育系各科战时补充教材研究参考书目及论文索引》,为广大师生的教研与学习提供文献线索,方便检阅。

与长汀的厦门大学图书馆成鲜明对比的是,留存在厦门校区的书刊则毁损严重。日寇占领厦门后,把数万册图书运至台湾大学。1946年光复后,仅从台湾追回的厦大图书馆藏书就有上万册,其中,中文6892册,西文3592册。

---

① 李约瑟.四海之内[M].北京:三联书店,1987:49.
② 李金庆,陈滨.厦门大学图书馆大事记(1921—2006)[Z].未刊稿,2006.

因此,1946年图书馆从长汀迁回时,全部藏书只剩90681册,与1937年的144071册藏书相比,损失了37%。①

1945年8月14日,日本宣布无条件投降,中国人民终于赢得十四年抗战的胜利。厦门大学师生欢欣鼓舞,急切盼望返回厦门的时刻。其时,赴美讲学的萨本栋校长因旧病复发而辞职,故国民政府于9月19日正式任命代校长汪德耀博士为国立厦门大学校长。汪德耀接掌厦门大学后,立即抓紧学校复员厦门的各项工作。由于厦门沦陷时厦大演武场校舍被日寇炸毁,修整需待时日,故学校在鼓浪屿设立新生院,1945年新招的一年级学生于12月在新生院开课。为此,图书馆派员在鼓浪屿新生院设立图书分馆,为新生院师生提供服务。

1946年6月,厦门大学校部及各系开始迁返厦门,图书馆随之从长汀返回校园。至7月,九百多箱馆藏书刊全部运回。图书馆以群贤楼和集美楼为馆舍,其中,群贤楼中间底层为书库,二楼厅为文法商阅览室,三楼厅为理工阅览室,而报纸阅览室仍设于集美楼。② 1947年,曾募得菲律宾华侨资助,计划兴建图书馆新大楼,然最终未果。

返回校园前,图书馆即着手补充书刊。至1946年底,购得图书47000余册,内含台湾运回的中文图书6892册,西文图书3592册。同时设置了福建文库。尽管国民党政府严禁"赤化",但图书馆仍搜集了部分进步读物,对推动学生倾向革命产生了积极的影响。

至1949年,厦大图书馆馆藏文献总量达13万册(件),其中,中文图书6万余册,外文图书2万余册,中文期刊2万余册,西文期刊2万余册。③

返回校园后,图书馆对馆舍与书刊稍做整理,即重新为师生服务。为了满足广大师生的阅读需求,图书馆积极拓展服务。1948年12月,报纸杂志阅览室改为全天开放,从上午八时至下午九时半,方便了不同作息时间的读者需求。

---

① 李金庆,陈滨.厦门大学图书馆大事记(1921—2006)[Z].未刊稿,2006.
② 李泽文.陈嘉庚与图书馆[M].厦门:集美图书馆,2008:10.
③ 李金庆,陈滨.厦门大学图书馆大事记(1921—2006)[Z].未刊稿,2006.

第五节　民国时期的集美学校图书馆

20世纪初,受欧美教育革新思潮的影响,中国也开始致力改革传统教育的探索。教育革新的目标是实施现代教育,而要义之一就是要造就具有自由思想和独立个性的个体,其中急需培养的是独立学习的能力。利用图书馆是这种能力培养的重要渠道,因此,图书馆作为学校教育的重要组成部分,不仅是在大专院校,而且在中小学也受到重视。民国时期厦门地区的中小学图书馆在经历草创阶段之后,也逐步走向成熟,最有代表性的是集美学校图书馆。

一、成熟时期的稳步发展

20世纪20年代,集美学校图书馆在陈嘉庚先生的关怀下,在蒋希曾主任的主持下,完善了馆务管理制度,建立起业务工作规章,使图书馆工作趋于规范化,为30年代的发展奠定了较为雄厚的基础。进入20世纪30年代,继任的图书馆主任秉承陈嘉庚先生的办馆理念,不断完善图书馆的建设,努力提升服务质量,推动图书馆的成熟与繁荣。

1929年春,蒋希曾主任因家中遭遇丧事而回归故里。居丧期间,将家藏丹桂楼藏书3万余册对外开放,取名丰乐图书馆,亲自管理该馆工作。由于蒋希曾的离职,图书馆主任一职无人接替,学校暂时设立图书馆委员会主持工作,由校董会主席叶渊聘蔡玑(号斗垣)、施宗浩、叶书德、李遂良为委员,陈庆(字延庭)为主任委员。

1931年春,学校决定废除图书馆的委员制,恢复主任制,由学校秘书处主任蔡玑兼任。蔡玑因校务繁忙,无暇兼顾,故校董会于1932年春改聘黄毓熙为图书馆主任。黄毓熙(1906—1982),又名黄村生,湖南凤凰人。小时候随八叔黄绶铭到集美学校读书。后从燕京大学毕业返回集美,历任国文教员、中学训育主任等职。黄毓熙任图书馆主任一职的三年,正处于图书馆事业蓬勃发展的历史时期。他兢兢业业,加强图书馆建设,一方面大修馆舍,完善图书馆的服务布局,使图书馆面貌焕然可观。1933年,博文楼内的服务布局基本成型：三楼为普通阅览室、杂志阅览室、陈列室、中日问题研究室、南洋问题研究室、典书室、杂志收藏室以及办公处；二楼为书库、主任办公室、编目课办公室、登录课办公室、会议室、晒书台和职员住室；一楼为报纸收藏室、装订室、铅印室。一方面完善组织机构，设置登录课、编目课、购书课、典书课和装订课，各部门分工明确，各司其职。

1935年，黄毓熙调任他职，学校改调科学馆主任陈庆（字延庭）接任。1936年，陈延庭也调任他职，改聘林惠柏为主任。是年秋，王瑞璧（字邃碧）继任主任。

陈嘉庚先生对集美学校图书馆十分重视，自图书馆创办以来，对图书馆的购书经费给予充分的保证。图书馆的购书经费全由集美学校经常费内拨用，每学年开始，由主任造具预算，呈交校董支取。从《集美学校20周年纪念刊》中的一份《历年购书费统计表》中可见，自1920年至1932年，学校下拨购书经费合计30176.96元，年均2321.30元。其中建馆初期的1920年投入较大，为6542.00元，而后历年从未间断，最低年份也拨有1000多元。①

由于有经费之保障，集美学校图书馆的藏书得以稳步发展。1923年，图书馆藏书有15190册，图表243幅，杂志624件，报纸37种。② 到了1933年初，馆藏的中外文书刊（包括杂志合订本，不包括报纸）已达到13746种、42917册。③ 册数为10年前的2.8倍。

馆藏书刊的补充，除了历年不间断地购置供教师研究参考的专业书刊及学生阅览的一般图书外，还注重于古籍经典和地方志书的搜集，包括不少巨帙珍本，如《四库全书珍本初集》《四部丛刊（初编、续编、三编）》《丛书集成》《古今图书集成》《武英殿聚珍版丛书》《广雅丛书》《知不足斋丛书》《船山遗书》《榕村全书》《涵芬楼秘籍》《玉海》《太平御览》《文献通考》《续文献通考》《清文献通考》《通志》《续通志》《清通志》《通典》《续通典》《清通典》等，以及

---

① 李泽文.陈嘉庚与图书馆[M].厦门：集美图书馆，2008：94.
② 私立集美学校创办之概况[M]//吴锡璜著，厦门市同安区地方志编纂委员会办公室整理.（民国）同安县志.北京：方志出版社，2007：454.
③ 李泽文.陈嘉庚与图书馆[M].厦门：集美图书馆，2008：94.

《大英百科全书》等西文巨帙。至于地方志书,则有《浙江通志》《江西通志》《湖南通志》《广东通志》《福建通志》南方若干省志和本省各地的府志、县志,①实谓洋洋大观。

图书馆不仅注重于古籍经典的补充,更是坚持其20世纪20年代藏书进步性的特色。在1931年4月的新书采购中,可以看到大量的革命、进步书籍的补充,有《政治思想史大纲》《世界经济与帝国主义》《马克思经济学说的大发展》《唯物史观的文学论》《资本主义的发展及其冷落》《中国问题之回顾与发展》《资本主义的浪费》《法国革命与阶级斗争》《农业的社会化》《法律与阶级斗争》《马克思主义经济学说方法论》《马克思十二讲》《社会革命论》等。②这些书籍影响了集美学校的许许多多进步青年,其中部分进步青年如民族女英雄李林、革命诗人鲁藜等就是在这些书籍的引导下走上了革命道路。

图书编目工作也进一步完善。图书分编采用的是《杜定友图书分类法》,分为总类、哲理科学、教育科学、社会科学、艺术、自然科学、应用科学、语文、文学、史地,计十大类,属于"改杜"式的十进分类法体系。

集美学校图书馆直接为集美学校所属各专业学校的师生服务,师生每人均发给借书证,阅览室则实行开架借阅。这段时期,图书馆平均每天外借图书700册,阅览达1000人次左右。1933年,图书馆还增设了中日问题研究室和南洋问题研究室。除了学校图书馆外,个别专业学校还设置自己专用的图书室。从当今集美图书馆收集到的馆藏章中可以看到,集美商业学校曾设置图书室,集美商业学校自治会曾设置图书馆,据集美图书馆初步推断,其馆藏章的使用年限分别为1932年和1930年。这专用的图书馆(室)大概是收藏专业书籍以方便本专业使用。也许,这是集美学校各专业学校后来独立兴办图书馆的滥觞。

二、迁徙安溪时的艰辛与曲折

1937年9月3日,日寇飞机、军舰袭击厦门海口;10月,日寇侵入金门,集

---

① 李泽文.陈嘉庚与图书馆[M].厦门:集美图书馆,2008:94.
② 李泽文.陈嘉庚与图书馆[M].厦门:集美图书馆,2008:53-54.

美成为前线了。为了师生的安全和教育不致中断,学校决定迁校到地处山区的安溪县继续办学。1937年10月13日,师范中学迁往安溪文庙;10月27日,商业学校迁往安溪后坪乡,12月7日,又迁往安溪同美乡;12月16日,水产航海学校迁往安溪官桥乡。1938年1月,水产航海、商业、农林各校亦迁入安溪文庙,改设为科,与师范合并办学,称"福建私立集美联合中学",以陈村牧校董兼任校长,各校校长改为科主任。

1937年10月,图书馆的书刊开始打包,于1938年1月大部分运抵安溪,集中于文庙。时图书馆主任王瑞璧调任联合中学训育主任,图书馆主任职务改由时任水产部主任杨振礼兼任。9月,杨振礼赴南洋,图书馆主任仍由科学馆主任陈延庭兼任。

图书馆设馆于安溪文庙,虽然馆舍狭小,设备简陋,书刊补充不易,但图书馆克服各种困难,配合学校的教学活动为师生开展图书流通服务。同时,还开展书展等丰富多彩的读者活动。在播迁的日子里,集美学校的学习风气比战前更加深厚。学生们不仅认真学好原有课程,而且充分利用课外时间在文庙内的图书馆里阅读,贪婪地吮吸着知识的乳汁。

随着沿海战争局势走向紧张,到内地上学的学生日益增多,集中于安溪文庙的集美联合中学校舍爆满。为此,学校于1939年1月将水产航海、商业、农林各校迁往大田县,与联合中学脱离,定名为"福建私立集美职业学校"。为了保证职业学校师生的阅读,学校图书馆在大田设立了职校分馆。

1939年9月,敌机袭击安溪。为避免损失,图书馆将贵重的图书即行疏散,只留下常用的普通图书在馆出借。疏散的图书最初寄存于离县城三十里之外的蓬莱乡,其后数年,闽海战事日愈紧张,故屡屡易地收藏。在图书馆人的精心保护下,集美学校图书馆在成熟阶段建立起来的丰富馆藏得以留存下来。而留在集美博文楼未及搬迁的馆藏就没有那么幸运了。1939年5月13日,日机滥炸集美学村,博文楼被炸,楼顶中弹,三楼全毁,二楼亦被洞穿,未及搬迁的馆藏,包括20世纪初20多年的京沪大报等书刊均遭炸毁,损失惨重。

1941年秋,高中部改部为校,迁址南安诗山登科头,称集美高级中学,初

第三章　民国时期的厦门藏书机构

中部留在安溪独立为校。为此,图书馆又添设高中分馆。

在这段播迁的日子里,图书馆主任分别由林泗水(1939 年秋)、王瑞璧(1940 年秋)、许玛琳(1945 年秋)担任。

1945 年 4 月,世界反法西斯战争进入最后胜利阶段,日本帝国主义大势已去。随着胜利的来临,集美学校开始制订复员计划,并着手进行复员工作。图书馆除了农校分馆外,大田职校分馆、诗山高中分馆全部停办,各分馆图书归回本馆,集中于文庙,于是年冬天随全校迁返集美。因博文楼被炸还未来得及修缮,暂以文学楼及敦书楼部分房间收藏书刊。

1946 年 4 月 17 日,图书馆结束了农校分馆的服务,图书悉数运回,与前期运回的书刊集中在一起,重新进行分类、编目。图书分类仍采用杜定友的十进分类法,同类书排列采用著者号码表。图书目录分为分类目录、书名目录,提供读者检索使用。此时,被炸毁的博文楼修葺竣工,图书馆迁入原址,所有设备如书架、阅览桌椅皆重新添置;书刊资料全部上架,投入流通。

至 1947 年 7 月清点,集美学校图书馆所藏中外书籍数量增至 22649 种,74394 册。除去未装订的杂志 20189 册和未分编的图书 8500 册外,计有 45705 册入库书刊,其各类书刊的结构比例为:总类 17943 册,占 39.3%;哲理科学类 2055 册,占 4.5%;教育科学类 1059 册,占 2.3%;社会科学类 3677 册,占 8.0%;艺术类 927 册,占 2.0%;自然科学类 1600 册,占 3.5%;应用科学类 1356 册,占 3.0%;语文类 768 册,占 1.7%;文学类 8264 册,占 18.1%;史地类 5119 册,占 11.2%;杂志合订本 2937 册,占 6.4%。[①]由此看来,除了总类外,文学类图书在馆藏中仍是占据头把交椅。

恢复开放的同时,图书馆也进一步完善规章制度。从目前能找到的一份集美学校图书馆于 1947 年印制的章程中,可以看到当时的图书馆管理者已经制定出一套较为完整的规章制度。这份章程包括组织大纲、借书规则、假期借书规则、阅览规则、参观规则、图书委员会规程、购置图书规程、办事细则、征求书籍简章九个部分,包括图书馆管理与服务的各项工作内容,条文简洁

---

① 李泽文.陈嘉庚与图书馆[M].厦门:集美图书馆,2008:95.

明了,可操作性强,之后数年虽略有修改,但大体上一直沿用。

图书馆恢复开放后,博文楼三楼设典书课、阅览室和参考室,二楼为书库及办公室,一楼为装订室。阅览室提供杂志、报纸,实行开架阅览,阅毕归回原处,不得带出室外。普通图书及杂志合订本藏于书库,实行闭架借阅,读者通过查检目录、填写索书条办理外借。教职员借阅期限为14天,学生借阅期限为7天。期满还书时,如无人预约,可以续借。除了借阅流通服务外,图书馆还开展新书推荐,举办巡回图书展览,引导读者阅读,努力使图书馆成为学生学习的第二课堂。

除了集美中学图书馆外,民国时期还有一些近代图书馆草创之时诞生的中小学校图书馆也不断发展,除了藏书的增长外,主要是建起了新馆舍。如1931年,鼓浪屿毓德女子中学图书馆在原校舍之东拓地建筑一幢三层新楼,最上层两室作为图书阅览和储藏室。[1] 1936年9月,鼓浪屿英华中学由百名校友捐建的图书馆楼——"百友楼"落成。双十中学在抗战全面爆发之前也建起图书馆楼。同样,厦门的中小学图书馆在动荡时期也走过曲折的道路。例如,厦门沦陷后,双十中学校舍被占,图书馆、体育馆等建筑及设备器材、教学仪器多被毁坏,损失甚巨。其中,图书馆建筑损失8000元,图书2000册15000元,书橱35架840元,仅此三项就损失23840元。[2] 其他中小学图书馆也同样遭受损失。

第六节 私家藏书:红兰馆与海疆资料馆

民国时期,厦门私家藏书渐成余响,著名藏书家屈指可数,然而,却有两位藏书家值得为之书写一番。这两位藏书家都是泉州籍人士,来自闽南文献之邦,然他们都与厦门藏书事业有着不解之缘。有趣的是,他们的藏书轨迹

---

[1] 厦门市档案局,厦门市档案馆.近代厦门教育档案资料[Z].厦门:厦门大学出版社,1997:107.

[2] 厦门市档案局,厦门市档案馆.近代厦门教育档案资料[Z].厦门:厦门大学出版社,1997:513-514.

却是相向而行。一位的收藏活动始于厦门,而藏书终回归故里;一位的收藏活动始于泉州,而藏书则献给厦门。他俩就是苏大山和陈盛明。前者是泉州有名的私家藏书红兰馆的主人,后者是闻名海内外的私立海疆学术资料馆主人。两位先生的藏书,无论是北归泉州还是南下厦门,最终归宿都是"变私藏为公用"。红兰馆藏书载归泉州后,苏大山曾借出自己的珍贵藏书,会同乡贤吴桂生、陈盛明等人合创泉州地方文献图书室。[①] 1958年,其后裔遵其遗愿,将红兰馆藏书连同存放书籍的橱柜悉数捐赠给泉州市图书馆。而陈盛明则以其私家的"起斋图书馆"藏书,创办了面向社会的海疆学术资料馆,开创厦门地区研究型专门图书馆的新篇章。两位先生以他们的藏书为闽南地区地方文化事业和图书馆事业的发展做出了贡献。

一、苏大山的红兰馆

素有海滨邹鲁之称的泉州,私家藏书于闽南地区可谓名列前茅,而其中红兰馆的主人苏大山,更是近代福建著名的藏书家。人们大多知其数十年孜孜以求,致力于民间藏书的收集、整理,以及泉州地方文献的研究,在泉州可谓是大名鼎鼎的藏书家,可有几人知道,其收藏活动始于厦门。

苏大山(1869—1957),初名有洲,字君藻,又字荪浦,福建晋江(今泉州鲤城区)人。出身于书香门第,少时聪颖,从学于孝廉出身的母舅林资美。又受聘于泉州文化名人陈棨仁藤花吟馆西席。早年的这些经历,为其日后驰骋诗界、耽迷典籍奠定了厚实的基础。光绪三十三年(1907年),苏大山参加"选士"。虽然考上邑庠生,然他不求仕进,而加入了同盟会,于1907年至1910年在广东汕头主《潮报》《公报》笔政,从事辛亥革命的宣传工作。1910年,苏大山来到厦门。在厦门寓居长达二十二年。这二十二年,他挥笔纵横于报坛、学坛与诗坛,翘才露颖,声名鹊起,而更为令人瞩目的就是成就他的红兰馆藏书,将其推上了人生的辉煌。

[①] 尤小平.苏大山与红兰馆藏书[J].泉州师范学院学报(社会科学版),2009(5):42-44.

1911年10月,厦门同盟会创办《南声日报》,苏大山即到报社担任主笔。同年,厦门的崇实小学由吴济美、杨凤翔等人改办成商业学堂,聘请苏大山兼任堂长。1913年,这所学堂又改为崇实小学,苏大山仍旧担任校长。此后,他克尽厥职,将崇实小学办成当时厦门的名校,而他也被推为"厦门道教育会"会长。1917年,苏大山辞去崇实小学职位,开始了近两年的外出游历,先后游闽、沪、宁、赵、鲁、京及台澎。归来后,于1919年冬受聘于鼓浪屿林尔嘉的菽庄吟社。自1919年至1931年的十三年,他一直在菽庄吟社,作为驻社宾客,参与吟社活动的组织,与诸君名流唱和,是吟社的核心成员。

　　"苏大山藏书时间大约为上世纪20—40年代。"其实,苏大山从小爱书成癖,喜欢藏书,只是家庭经济情况不好,无法多买。20世纪20年代,差不多在他进入菽庄吟社前后,经济状况稍好,开始较系统地大量收藏图书。每到一地,他都投入相当大的精力去搜集图书,一次往往购买数十种。除了常用的经史子集外,他着重寻找本地乡贤著述、地方文献。为了购书,他节衣缩食。在南洋当教师的儿子寄回来赡养老人的钱,基本上都被他用来买书。可谓"藏书过于积产,爱书胜于爱财"。[①]

　　苏大山为自己的藏书室起名"红兰馆",自号"红兰馆主",其藏书印有"红兰馆""红兰馆藏书"等。苏大山寓居厦门时,其红兰馆藏书室就在鼓浪屿鹿礁路。1931年,苏大山购得张鞠园旧藏《范文忠公诗文集》,在书上书写题跋,落款为"古上巳日有苏氏荪浦识于鼓浪屿鹿礁扇楼"[②]。此"扇楼"可能就在菽庄吟社主人林尔嘉位于鼓浪屿鹿礁路的林氏府别墅内。

　　和许多藏书家一样,精善本是苏大山所注重的收集对象。在其藏书中,宋版书虽不多,但也曾购得宋版《资暇集》。《资暇集》为唐人李匡义撰考订辨证类笔记,是李匡义诸多著述中的一种,也是今日仅存的一种。这部《资暇集》乃乾隆二十八年(1763年)进呈本,卷首有翰林院印章,书中有内阁中书李签勘误20余处,系《四库全书》的底本,极为珍贵。为此,他曾作诗曰:"远采遗

---

①　翁海珠.泉州藏书家苏大山及其红兰馆藏书初探[J].图书馆,2010(4):140-141.
②　尤小平.苏大山与红兰馆藏书[J].泉州师范学院学报(社会科学版),2009(5):42-44.

闻收雅集,独搜古本人新储。"而明版书则稍多一些,现在尚能见到的有明万历年间所刻的李贽《李温陵集》(又名《李氏文集》),此书现存福建博物院。

地方文献的收藏则是红兰馆藏书的重点。在他的收藏中,有明代抗倭名将、晋江人俞大猷的《剑经》和《兵法发微》。这两部书汇集了俞大猷一生所学的精要,由于清廷"将一切拳棒禁止"的禁令,此二书《四库全书》未收,故相当珍贵。红兰馆还收有宋代同安苏洞《金陵杂兴》;明代晋江陈琛的《正学编》、晋江李廷机的《燕居录》《在官录》、惠安骆日升的《易解》、同安黄文炤的《九日山志》、同安阮旻锡的《清源诗会编》;清代同安苏廷玉的《亦佳室题跋》、厦门吕世宜的《爱吾庐题跋》、晋江陈荣仁的《汉律辑余》等大批罕见的乡贤著述。

苏大山对闽南藏书家的旧藏情有独钟,注意收集闽南藏书家身后散出的书籍。如晋江黄宗汉"一六渊海"的藏书散失于清末,他就多方搜访、购买了一部分。陈荣仁的藏书多流入民间,他四处查询,收购到不少陈氏旧藏,其中有陈荣仁著述的手稿及部分金石古器等。他还收购到晋江许祖涝"聊中隐斋"的部分藏书。

苏大山绝非以藏书为饰物的人,其藏书的主要目的是读书治学,故而他利用所藏图书进行多方面的学术研究,并取得重要成果。《晋江私乘》《温陵碎事》《红兰馆小丛书》等均为其研究成果。尤其《红兰馆小丛书》,是苏大山从大量藏书中摘录、选辑而成的地方文献集,起了保存和弘扬乡土文献的作用。如宋朝宰相苏颂四世孙、南宋诗人苏洞(字召叟),在宋代文学史上有一定地位和成就,但由于官位低下,宋以后渐不为人所知,生平事迹几近湮没,著作亦多亡佚。苏大山从所藏的诗集《金陵杂兴》中选录了《如叟诗录》,保存了苏洞不少诗词。又如宋朝晋江人林洪(字龙发,号可山),擅诗文,对园林、饮食也颇有研究,著述常被后人引用。《红兰馆小丛书》保存了他较少见的《文房图赞》和《茹草纪事》。又如明代同安人黄文炤(字季叟,号毓源),学问渊博,人称"理学布衣"。其著述等身,然绝大部分都已失轶,只有苏大山的《红兰馆小丛书》保留下他的《九日山志》。此外,《红兰馆小丛书》还辑录了陈琛的《正学编》、李廷机的《燕居录》《在官录》等一大批罕见的乡贤著述。

寓居厦门期间,苏大山收藏的图书达万卷以上。他于1929年编的《红兰馆藏书目》，著录藏书已有四千五百余卷。此后在厦的两年，他又大量购书，《据苏大山事略》一文所称，至1931年，苏大山的藏书已有一万二千九百余卷。

1932年，已是64岁的苏大山起落叶归根之思，遂辞去菽庄吟社之职，雇用木船满载书箧，把这十数年所搜集的一万二千九百余卷藏书从鼓浪屿运回泉州。为此事，他请友人绘《归舟载书图》，遍征荐绅题咏，成为当地传诵一时的雅人韵事。

返回泉州后，苏大山不仅继续收藏图书，还活跃于泉州文坛。1933年8月，苏大山与吴增、林骚等倡组温陵弢社。1944年，厦门大学教授庄为玑曾应聘出任晋江教育科长，在其倡议下，次年2月晋江成立县文献委员会，苏大山任主任。委员会以购、抄、捐、征的方式，开展文献搜集、收藏，并组织整理活动；编印《晋江文献丛刊》，出版前人未刊或绝版的遗著和本地乡土研究著作。苏大山的藏书在这些活动中发挥了积极的作用。福建师范大学的黄寿祺教授，曾用其收藏的《资暇集》来校勘李贽的《续焚书》就是一例。这项校勘，对于李贽学术思想研究大有裨益。

1957年8月，苏大山卒于泉州。其一生不仅耽迷于图书收藏，而且勤于著述，作品颇多。撰有《红兰馆诗钞》《红兰馆游仙诗册》《红兰馆文钞》《温陵碎事》《鹿礁随笔》《东国杂事诗》《晋江私乘》，编有《红兰馆小丛书》《简明诗韵》《清人万首绝句》《温陵文征》《温陵诗征》等。其中，《晋江私乘》是他个人编纂的晋江县志。[①] 与《红兰馆小丛书》一样，这部作品的编纂，很多是得益于他的藏书。

1958年，苏大山的后裔遵其遗愿，将红兰馆藏书悉数捐赠给泉州市图书馆。与明末清初藏书转型时期的许多藏书家一样，红兰馆藏书付诸社会共享，实现私藏向公藏转化，这也是红兰馆作为私家藏书的最好归宿，同时为福建的藏书事业书写下了浓墨重彩的一笔。

---

① 洪峻峰.《红兰馆诗钞》前言[M]//苏大山.红兰馆诗钞.厦门:厦门大学出版社，2019:1-7.

二、陈盛明与私立海疆学术资料馆

抗战胜利后,厦门出现了一家称为"厦门私立海疆学术资料馆"的图书馆。它的创立,开创了厦门地区研究型专门图书馆的历史篇章。这家图书馆是从私家藏书演变而来的,前身是泉州藏书家陈盛明的"起斋图书馆"。

陈盛明(1905—1985),又名明诚,福建泉州人。祖父陈槐三是清朝秀才,父亲陈育才则是清光绪二十八年(1902年)举人,学识渊博,是泉州地区有名的藏书家、社会活动家。1924年,陈盛明毕业于福建省立甲种农业学校。次年初,到厦门鼓浪屿普育小学任教兼私立思明初中物理教员。10月,到广东大学农学院深造,1926年退学回家。北伐军东路军进泉州,陈盛明担任兴泉永政治监察署民运指导员,同时协助台湾籍共产党员唐生、黎明创办泉州书店。1937年抗战全面爆发,陈盛明经共产党员辛仲钊推荐,任晋江县后援会宣传委员会总干事,主编《晋江抗敌周刊》,进行抗敌宣传。1938年,又担任在泉州复刊的《江声报》新闻编辑,积极参与抗日进步活动。[①]

20世纪30年代初,陈盛明以先父的藏书加上个人所购之书,在自家两间祖屋办起私家图书馆,以其父之号"起吾",命名为"起斋图书馆"。藏书达三千多册,其中不乏珍本、善本,有其父购置的泉州名人何乔远所著的《名山藏》《闽书》、俞大猷的《正气堂集》、陈允锡的《史纬》、陈庆镛的《籀经堂类稿》《温陵盛事》,以及《大清一统志》等名书。后来,陈盛明利用先后担任《江声报》《福建民报》《永春日报》等报编辑的机会,积累下大量的剪报资料,其中大多数是有关闽南历史与现状的资料。到1940年,起斋图书馆已拥有藏书、图片、剪报资料四千多件,这为后来创建"私立海疆学术资料馆"奠定了扎实的物质基础。

1944年,陈盛明出自对家乡文化的关心和热爱,积极参与筹建晋江县文献委员会,被推为总干事。他积极参与文献委员会的图书征集、《晋江文献丛

---

① 陈自强.陈盛明先生传略[M]//陈盛明著,陈自强、蔡一村编.明诚集.厦门:厦门大学出版社,2015:1-2.

刊》的编印和晋江文物展览会等活动的组织,为其后来主持"私立海疆学术资料馆"积累下丰富的经验。

抗战胜利后,陈盛明意识到闽南作为负有盛名的侨乡,今后对外发展将会有更为广阔的远景,因此,有必要了解华侨历史,了解侨乡和东南亚等华侨居留地的情况,掌握充分的资料,开展学术研究,为开展对外交流活动提供充分的理论论述与经验总结。为此,他决定以起斋图书馆的图书资料为基础,创办一个以搜集、整理和研究东南亚、东南海疆和台湾省的学术资料为内容的机构,定名为"海疆学术资料馆"。

1945年冬,陈盛明在其弟陈盛智的协助下,于泉州中山路原侨务局旧址(今中山路355号)挂出了"私立海疆学术资料馆筹备处"的牌子。可是,创馆初期即遇到难题。由于资金筹募艰难,建馆工作一度陷入停滞状态。就在彷徨之际,闽南名流张圣才、黄其华等人伸来援手。当时,张圣才等人以抗战胜利后需要振兴家乡文化教育事业的名义,向菲律宾华侨募集到一笔捐款,成立"现代文化教育基金委员会"。委员会除了支持厦门双十中学外,正想进一步拓展其他文化事业。而陈盛明兄弟筹办的海疆学术资料馆正符合基金会的宗旨,于是决定给予资助,而馆务则由陈盛明按自己的意愿主持。这对陈盛明来说,无疑是雪中送炭,也就一拍即合。张圣才同时提出,厦门是闽南通往海外的枢纽、华侨出入的口岸,且现代文化教育兴盛,有较浓的学术气氛,更适合开展海疆研究,因此建议陈盛明将馆址迁往厦门。

1946年5月5日,厦门私立海疆学术资料馆在厦门虎园路21号正式开馆,陈盛明任馆长。同时,成立董事会,由张圣才任董事长,陈盛智任副董事长,董事会成员有基金会主要捐款人黄水源以及张圣才、黄其华、张天昊、秦望山、陈村牧、梁龙光、郑玉书、张述、李述中等。

迁厦后,资料馆又曾有过两次搬迁:1947年秋,因虎园路21号业主收回房屋,改租华侨黄奕住在鼓浪屿的观海别墅为馆址。此别墅因缺乏发展余地,又于1949年冬再次迁往空间更大的日光岩西林别墅(现厦门市郑成功纪念馆)。这时,资料馆知名度日高,为加强研究工作,提高学术水平,经董事会研究,决定聘请厦门大学历史系主任林惠祥教授为馆长,陈盛明改任副馆长。

第三章 民国时期的厦门藏书机构

添设研究部,聘当时的《江声报》主编陈一民为研究部主任。不久,由于林惠祥工作繁重而辞去馆长职务,陈盛明回任馆长。

陈盛明办馆的宗旨,在于"储集学术资料,研究海疆问题,沟通中南文化,促进海外发展",其申请办馆的呈文中对办馆目的做了详细的阐述:

> 我中华民族之发展,盖由此而趋东南,由大陆而临海洋。史迹昭彰,势有必然。闭关时代,固以陆围为重。开港以后,海疆实居冲要,以我国海线之长,海利之薄,海外侨胞之众,海疆国防经济文化诸建设,攸关建国前途,不待智者而知。方今国运中兴,台澎光复,非图进出海洋,无以确保胜利。此后国际重心移太平洋,勿论微波巨浪,我脊首受荡激。知己知彼,古有明训,海疆问题之研究,实有不容或缓者。顾研究工作,必以资料为本。资料不备,巧妇难为无米之炊,诚宜专设机构,以从事各项资料之收集,历史文献之保存,与夫研究风气之提倡。斯亦推进学术所必需,而建国程中之要务也。①

这一段话,在将经略海洋作为国家基本国策的今天来看,不啻真知灼见,大有先见之明。

遵循办馆宗旨,资料馆重点进行东南海疆、东南亚文献资料和标本的收集、整理并提供给研究者查阅和利用;从事东南海疆和东南亚的调查研究,并将收集资料与研究成果进行编译出版。为此,资料馆积极开展相关资料的采选工作。

馆中的资料,除了以起斋图书馆藏书和陈盛明在泉州积累下的剪报资料为基础外,主要依靠董事们协助外出募捐征购和向海外各界索赠。为了丰富馆藏,陈盛明亲身躬行外出募捐。1946年秋,陈盛明赴上海,除了获得在沪董事郑玉书和秦望山自捐巨款外,还在他们的协助下得到闽南帮商家的赞助,用所募款项在沪购买大量图书。1948年冬,陈盛明又赴台湾,在董事梁龙光的协助下,获得在台永春帮商家的捐助。所得捐款,在台湾购得不少有关南洋的日文图书。此行陈盛明跑遍台北、基隆、台中、台南和高雄等地,边募捐

---

① 陈宪光.厦门私立海疆学术资料馆沧桑[J].海内与海外,1999(6):66-70.

边访购,收获甚丰。所购图书中,《南洋史纲要》《安南通史》《大东亚海的文化》《太平洋史》《群岛之国——印度尼西亚》《菲律宾的矿物资料》《马来亚半岛与欧洲政治关系》《南洋政治地理史志》等文献资料,都具有较高的参考价值。

在资料馆的文献中,剪报资料是一大特色。这些剪报从当时国内外各种重要的报纸剪辑,并按专题整理成册。因经费拮据,资料馆自己订阅的报纸很少,大多向外界索赠。其来源主要是当时东南亚地区的《公理报》《华侨商报》《南洋日报》《南洋商报》《星洲时报》《南侨日报》《光华日报》《槟城日报》《吧城朝报》等,香港的《星岛日报》《华商报》《文汇报》《工商日报》等,上海的《新闻日报》《大公报》《申报》等,本省的《星光日报》《江声报》《中央日报》《泉州日报》《立人日报》等,共计百余种。

剪报内容以东南亚各国政治、经济、社会情况和华人华侨问题为中心,同时兼顾国内其他地区和世界政治局势,涉及20世纪中叶国内外的政治、军事、社会、经济、文化、风俗等方面,不仅从宏观角度关注社会的大变迁,而且注重从细小的问题来反映当时的社会。尤其是涉及南海问题、台湾研究、东南亚华人华侨研究等主题的资料,专业性强、数据庞大,其中多为海内外孤本,受到国内外研究学者的高度重视。

剪报资料最为完备的是侨情侨史主题的研究资料。资料馆剪辑了《菲律宾华侨人物志》(1936年5月至1948年8月)、《菲律宾华侨情况》(1946年6月至1950年6月)、《闽籍华侨事情》(1925年5月至1949年8月)、《侨汇统计》(1940年8月至1949年11月)、《民信局与侨汇》(1946年6月至1950年7月)、《归侨侨眷生活》(1942年2月至1947年2月)、《归国华侨及归侨团体》(1946年12月至1948年2月)等侨情侨史资料以及《陈嘉庚》(1940年12月至1950年4月)、《陈嘉庚生平》(1934年4月至1950年4月)等早期陈嘉庚研究的重要资料。大部分剪辑资料都注明出处及出版日期,其时段多为20世纪20—50年代。

在陈盛明及其同人的努力下,短短的四年多时间,资料馆的藏书剧增。"在厦开馆时,由泉州运来的图书近三千册,剪报、图片约四千件。及至1950

年秋并入厦门大学,有图书杂志近三万册,剪报资料装订本一千多册,图片万余帧,地图(包括海图)两百多幅,文物数十件,以及各种附带设备。"①

资料馆的管理,皆以方便学者利用为要务。在服务窗口设置和文献资料整理等方面,都做了精心的安排。尤其是在资料馆迁往西林别墅后,有充裕的场地,除安排书库、阅览室、资料室和办公室外,还专门设置研究室、文物室,为学者的研究工作提供便利。馆中资料,分为图书、剪报、博物、研究、出版等部门,分门别类进行搜集、整理。陈盛明亲自制订《图书分类表》《剪报目录分类表》,用于统一分类编目。图书分类采用当时通行的十进分类法,类下细分纲目;图片分类采用十进分类的分类号加"+"符号标识,如"2174"为苏联民俗的类号,"+2174"就是苏联民俗图片。报纸剪贴后,依其性质分存封套,各附内码,依序排列。某项资料积累到一定数量,再装订成册。

资料馆的资料,尤其是剪报资料特别珍贵,为保证图书与剪报资料的有效利用且不受损坏,资料馆规定只在馆内查阅、浏览,不提供外借。也因为馆内资料的珍贵与丰富,许多学人还是不辞辛苦屡屡往返阅览,有的甚至自带干粮泡于馆内,笃学不倦。其时,"馆中阅览平均每天六十五人,请求借阅或提供专门资料的,每天平均三件,以报社、文化机关、侨务机关、建设机关、金融贸易机关、大学教授和学生为多,省外和南洋也有通讯提供"②。由此可见,资料馆为社会提供了多么丰富的服务。而更为令人赞叹的是,这些资料不仅利于当时,而且至今仍在为南洋华人华侨研究、东南亚历史研究、海外交通史研究及地方史研究事业发挥作用。

除了提供阅览和咨询服务外,资料馆还多次举办主题展览活动,如在厦门本岛举办"万帧图片展览",在集美中学举办"福建文献展览",在南普陀举办"佛国图片展览"等;编印出版资料馆整理与研究的出版物,如《厦门私立海疆学术资料丛书》,又有陈盛智利用馆内资料撰写的《印度尼西亚民族运动史》等,以发挥图书馆文献推荐和知识传播的职能。

① 陈盛明.我与海疆学术资料馆[J].闽南乡土,1985(2):28-29.
② 陈宪光.厦门私立海疆学术资料馆沧桑[J].海内与海外,1999(6):66-70.

资料馆作为纯属公益性的服务机构，凡查阅资料均免费，这对私立机构来说经济负担很大。新中国成立前夕，以基金会为资本开设的"互惠实业公司"倒闭，资料馆经费改由添聘董事林梦飞的裕康行负责。可几个月后，裕康行又走下坡路，资料馆的经费又成问题。后来，陈盛明征得张圣才的同意，于1950年8月向厦门大学提出将资料馆归并厦门大学的建议。经王亚南校长首肯，报请华东教育部批准，1950年9月，厦门私立海疆学术资料馆正式并入厦门大学，馆中书刊资料等财产均无偿献给厦门大学。为此，厦门大学成立了"南洋研究馆"（后改为南洋研究所，现为南洋研究院），林惠祥为首任馆长，傅家麟为副馆长。海疆学术资料馆成为南洋研究馆附属的"海疆资料室"，陈盛明任主任。从此，陈盛明服务于厦门大学，直到1966年退休。[①]

[①] 陈宪光.厦门私立海疆学术资料馆沧桑[J].海内与海外，1999(6):66-70.

第四章　新中国成立后的厦门藏书与图书馆事业

中华人民共和国的成立，开启了中国藏书事业的一个新的历史时代。在这一时期，中国图书馆事业经历了新生与开创阶段（1949—1957年）、跃进与停滞阶段（1958—1977年）、改革与复兴阶段（1978—1991年）、现代化跨越阶段（1992年至今）四个发展过程。虽然整个过程曾呈现出波浪起伏的状态，尤其是在改革发展之前。但是，在党的方针政策引导下，中国图书馆人在各种复杂环境中不断摸索前进，并且在党的十一届三中全会重新确立解放思想、实事求是的思想路线指导下，拨乱反正，推动图书馆事业不断前进。与中国图书馆事业发展同步，厦门地区的各类型图书馆也经历了这么一个发展过程，由单薄弱小、各自为政、发展缓慢的分散个体，逐步发展成为一个统一活动目标的集合体，在数量、质量、规模、发展速度和组织形式等方面不断增长、不断壮大、不断进步、不断完善，从而走向21世纪的跨越发展，为厦门市的经济建设与社会发展做出应有的贡献。

第一节　厦门藏书事业的新生与开创

1949—1957年，是中国藏书事业走向新生，也是现代图书馆的开创阶段。这一阶段通常又分为接管与改造阶段（1949—1952年）和建设与开创阶段（1953—1957年）。在这一历史时期中，厦门藏书事业发生了根本性的变革。各类型公立藏书机构经历了政府的接管与改造，成为新民主主义文化事业的主力军；私立的藏书机构也自觉地接受政府的接收，改造成为人民的图书馆，厦门藏书事业进入新中国成立后的现代图书馆开创时期。

一、各类图书馆的接管与改造

1949年10月17日,厦门解放,宣告国民党统治时代的终结。早在厦门解放之前的9月中旬,中国人民解放军福建军区厦门市军事管制委员会在泉州市成立,制订厦门市接管方案,包括对各类型图书馆的接管。厦门解放后,厦门市立图书馆、厦门大学图书馆和同安县民众教育馆图书室等公立图书馆首先接受接管,而私立的中山图书馆则稍迟接收。接管的同时对旧时代的图书馆进行改造,引导厦门地区的图书馆"建立新的人民图书馆",坚持为人民群众服务的方向,"为新民主主义文化事业服务"。

厦门大学图书馆最早接受厦门市军管会的接管。1949年10月20日,厦门市军管会委派吴强、肖枫为正、副军事代表,负责厦门大学的接管事宜。23日,留厦师生举行盛大的欢迎大会,积极协助军事代表做好接管工作。厦门大学图书馆随即完成了图书财产清点与馆务交接,迎来了它的新生。

1949年11月2日,厦门市军管会文教部派军事代表董厚英、办事员岑礼美等接管厦门市图书馆。当日下午,全部移交工作完毕后,军事代表召开厦门市图书馆全体职员座谈会,提出建立新的人民图书馆,取消一切对人民有害的反动书籍,充实进步的新书籍,使广大的群众获取新的文化知识。会上讨论筹备人民图书馆的工作计划,确立近阶段的工作任务:一是进行书刊清理,清除反动书籍,大量补充进步图书、报刊;二是整理阅览室,满足人民群众读书学习的需要;三是组织职员进行学习,提高理论水平,为新民主主义文化事业服务。[①] 此后,厦门市图书馆用不到一周的时间完成了馆务整顿和书刊清理,清点馆藏中文图书27268册,线装书7854册,日文图书384册,英文图书513册,同时剔除带有反动及封建、迷信、海淫色彩的书籍。[②] 整顿后的馆藏文献总量达3.5万余册,于11月8日重新开放。重新开放的图书馆改名为厦门市图书馆,李禧仍任馆长,配有5名工作人员。

---

① 董厚英.市立图书馆职员筹建新馆工作[N].厦门日报,1949-11-05(1).
② 李力.学习的好地方:记市立图书馆[N].厦门日报,1950-03-29(1).

第四章 新中国成立后的厦门藏书与图书馆事业

同安县民众教育馆的接管也是在当年底。当时,同安县民众教育馆因经费困难于1949年初闭馆,图书室也处于关闭状态。1949年10月,军管会接管民众教育馆,改名为人民教育馆,馆址迁至同安工商联。接管时,图书室仅有几百册《万有文库》,订购一份《江声报》而已。

作为私立的中山图书馆,其接收则迟于其他图书馆。在厦门解放后的两三年时间内,私立中山图书馆以积极向上的态度响应人民政府的号召,自觉地接受改造,留厦董事为此召开董事会议,"会上决定配合当前需要将尽力添置1950年以来各种新图书、杂志、报纸,供给工农兵及各界人民阅览学习。此外,并计划更进一步为读者服务……"[①]图书馆照常开放,为读者提供服务。

然而,私立的中山图书馆办馆经费依赖于董事会的募款和社会各界的赞助。由于临解放之际,大部分董事离开鼓浪屿远走他乡,董事会名存实亡,图书馆经费来源断了,业务无法正常开展,留厦的董事徒有壮心,却难以维持。为此,留厦董事张圣才等人合议后,决定请求人民政府接办。厦门市人民政府接受中山图书馆董事会的请求,于1952年12月下旬起,派出董福相等人组成接办工作小组,并通过该馆董事会,协商聘请关心该馆、爱护文化事业的社会知名人士丘廑兢、郑静安、吴卓洪、张人希、黄省堂、余超等人以及政府工作人员共11人组成清点委员会,推选丘廑兢为主任委员,郑静安、吴卓洪为副主任委员,董福相为秘书,以具体领导接办工作的进行。清点委员会共清点接收图书30284册(其中,中文图书13052册,线装书17232册)、文物19件、大小器物杂具等312件、馆舍一座、地皮一段。[②]经过4个月的馆产清点,厦门市政府正式接办中山图书馆,并将其归厦门市图书馆管理,作为市图书馆的分馆,但考虑到它在海外颇有影响,故对外仍称"鼓浪屿中山图书馆"。

完成接管接收后,各图书馆均进行改造整顿工作:改革旧的规章制度,建立新的管理秩序;清除内容反动或不健康的图书,补充新时代的图书报刊,并及时做好分编整理,投入流通;想方设法改进服务工作,努力为读者提供便利。

---

① 林新.鼓屿中山图书馆决添置新书报[N].厦门日报,1951-02-22(1).
② 化.市人民政府接办鼓浪屿中山图书馆[N].厦门日报,1953-06-17(3).

厦门藏书史略

厦门大学图书馆完成接管之后,根据党和人民政府的文教方针和政策进行改造和建设。1950年5月,中央人民政府任命著名经济学家王亚南为厦门大学校长。王亚南非常重视图书馆,将其改为校部直属机构。他认为,"高等学校要培养高级人才,必须充分发挥图书馆的作用,要让学生浸淫在书海中,培养学生自学能力和独立钻研精神,而单凭课堂教学是远远不够的"①。他聘请朱保训教授为图书馆馆长。朱保训一上任就整顿工作机构、藏书布局与服务体系,废除和改革不合理的规章制度。图书馆下设采购、编目流通和资料三个组,设置一个书库、三个阅览室和两个小工作房。对原有藏书进行清理整顿,大量征集与购买马列主义、毛泽东思想的革命书刊与科学书籍以补充馆藏。

厦门市图书馆在接管之后,在原馆藏的基础上加大图书补充力度。虽然新中国刚成立,百废待兴,但市政府以图书馆为文教事业重要组成部分,尽最大力量给予厦门市图书馆经费支持,除依原有人员编制拨给经常费外,并按月增拨书报购置费人民币100万元(旧币,1万元折后来的新币1元)。② 据统计,1950—1952年间,厦门市图书馆购书12292册,馆藏量达4.8万册。

中山图书馆归市图书馆统一管理后,获得充分发展的活力。总馆基本上每个月都有新书源源不断地配送进来,又不时有海外华侨和社会热心人士惠赠书刊,乃至社会主义国家驻华使馆捐赠图书,因此吸引了众多读者前来利用图书馆。书刊的流通量急剧增加,据1954年的统计,全年读者阅览达21663人次,图书外借达11640册次。比较1947年流通统计数字的阅览2700人次、384册次,③分别增长了7倍和29倍,充分展示人民图书馆的新面貌。

同安县人民教育馆图书室在接管后购置一部分苏联文艺作品及宣传民主建设的普及读物。由于不属于独立核算单位,经费有限,藏书补充缓慢,许多书刊靠社会捐赠以补充馆藏,甚至借用私人藏书以资流通。虽然如此,人民教育馆图书室在没有馆舍的情况下,仍积极配合形势开展借阅服务。先是

---

① 郑宏.厦门大学文化的历史与解读[M].厦门:厦门大学出版社,2010:59.
② 立.市立图书馆的今昔[N].江声报,1950-02-03(4).
③ 厦门图书馆.厦门图书馆馆史:1919—1998年[M].厦门:厦门图书馆,1999:112.

在工商联门口摆摊提供报刊阅览和图书外借,后与新华书店筹备组合作在西门十字街口租房,出借图书兼营新书。不久,又在三秀路独自租房设馆。1951年,人民教育馆改名文化馆。次年,迁址于原国民参议会旧址。1954年,又迁至三秀路原航山印刷社。虽然,图书室随馆屡屡搬迁,居无定所,但仍坚持办下来,这为后来的独立建馆奠定了基础。

各公办的中学图书馆也随学校的接管而重获新生。如省立厦门中学、市立中学(后合并改称厦门第一中学)、市立第二中学(在禾山双涵),等等。而私立中学的转为公立则迟了许多。双十中学、大同中学、鼓浪屿女子中学、集美学校等在新中国成立初期仍为私立学校,但学校图书馆自觉地进行改造与整顿,剔除反动书籍,加强藏书建设,努力为师生提供健康的精神食粮。

集美学校图书馆在陈嘉庚先生的指导下,在校委会的领导下,健全组织机构,分设采编课、装订课、典书课,各课有专门人员负责,使图书馆工作走向规范化运作。馆藏书刊也进行整顿与扩充,剔除反动书籍并购进新中国成立后出版的书刊充实馆藏。至1952年上半学期,集美学校图书馆的藏书总量有7万多册,其中,新中国成立后出版的新书有7883册。

二、开创厦门的图书馆新局面

从1953年起,我国进入了大规模的社会主义建设时期——第一个五年计划。随着国家工业化的进展、农业合作化高潮的到来,国家制定了"提高质量,全面规划,加强领导,又多、又快、又好、又省地积极稳步地发展图书馆事业"的建设方针,中国图书馆事业开始进入建设与开创阶段。1955年7月,文化部发布了《关于加强与改进公共图书馆工作的指示》;1955年8月,中华全国总工会发布了《关于工会图书馆工作的规定》;1956年7月,文化部社会文化事业管理局向全国图书馆工作会议提出《明确图书馆的方针和任务为大力配合向科学进军而奋斗》的报告;1956年12月,高等教育部颁布了《中华人民共和国高等学校图书馆试行条例(草案)》。这些文件,明确了各类图书馆的方针、任务和服务对象,为各类型图书馆的发展指明方向。1956年1月,党中央向全国人民发出"向科学进军"的号召,更为图书馆事业的发展注入推动剂。

在这一阶段,厦门各类型图书馆紧跟发展形势,明确为工农兵服务、为社会主义革命与建设服务的方向,学习苏联图书馆建设的经验,积极发扬工作的积极性与创造性,加强事业建设,拓展服务阵地,图书馆的工作取得了显著的进步。

首先是图书馆馆舍的改善,为图书馆的发展提供相对充足的空间。

改造后的厦门市图书馆,业务工作迅速发展。但因藏书增多,读者日众,狭窄的馆舍成为制约其发展的瓶颈。此时,热心文化事业的工商业者郑忠益先生,自愿将其思明北路126—134号整座4层楼房,无偿借给市图书馆作为馆址。

郑忠益(1914—1985),福建南安人。其父郑尚山为印尼归侨,在厦门开福昌记百货店。郑忠益继承父业,经营百货、纱布等,业务发展迅速。抗战胜利后,福昌记一跃成为厦门百货、纱布行业较有实力的批发商行。新中国成立后,他亲睹中国共产党领导人民进行建设所取得的成就,深受鼓舞,积极响应政府的号召,积极参加购买公债、捐款购飞机等爱国行动。在对私改造、公私合营等运动中,率先带头,成为工商界响应党和政府号召的表率。曾任市工商联委员兼福利事业委员会主任。郑忠益关心人民教育事业,竭尽全力,为提高人民群众的文化知识水平尽力做出自己的贡献。新中国成立初期,他响应党的"全民扫盲,普及教育"的号召,捐资兴办夜校和初级文化学校,还捐建双十中学的"建设楼"。他看到许多职工忙于工作,家中幼儿无人照顾,就主动配合街道居委会,将自家房屋腾出来创办托儿所,以后又逐年负责维修所舍、添置部分设备。

郑忠益常说:"我姓郑,名忠益。一生的愿望就是要忠于祖国,有益于祖国,为人民做点有益的事,这就是我生活的目的。"为厦门市图书馆无偿提供馆舍,只是他众多贡献社会的义举之一。他不仅无偿提供馆舍,还献出黄金70多两、人民币5000多万元(旧币),作为馆舍修建费;并亲自主持和指导修建工程,不顾自己双腿残疾,行动不便,经常持着拐杖,深入施工现场,督促改建工程。

1954年12月,厦门市图书馆迁入新址,馆舍面积达1763平方米,是旧馆

第四章 新中国成立后的厦门藏书与图书馆事业

舍的9倍,四面采光,宽敞明亮。郑忠益先生的义举,大为改善办馆条件。一是人员增加了,1955年,全馆员工已从新中国成立初期的四五个人增加到15人。二是机构设置也规范了,全馆按业务需要设置了秘书组、采编组、推广组、外借组、儿童组等。三是服务窗口增多了,新馆一楼为外借处,提供图书外借服务;二楼为普通阅览室和儿童阅览室,分别提供报纸杂志和儿童读物阅览服务;三楼为特藏室,收藏古籍善本、珍贵图书和因某些原因不宜外借的图书。整幢楼内有有250多位阅览座席,大体能满足当前的读者需求。① 特别是附设儿童阅览室,是厦门市有专门的儿童阅览室之首创。

厦门大学和集美学校图书馆的馆舍建设,则饱含爱国侨领陈嘉庚先生的心血。1950年,陈嘉庚先生回国,定居集美,晚年把大部分精力用于发展教育事业,扩建了包括图书馆在内的厦门大学和集美学校校舍。

集美学校图书馆原馆址在集美博文楼,陈嘉庚先生觉得博文楼地处低洼,易积水潮湿,不利于图书的收藏与保护。为此,于1953年亲自选择在科学馆西侧位置较高处新建"工"字形的两层新馆舍。新馆舍于1954年夏落成,馆舍面积2000平方尺,一楼为书库、借书处和阅览室,二楼为教育资料室、教师备课室、文物陈列室和办公室、会议室,功能布局基本齐备。图书馆设主任1人,工作人员11人。全馆分设采购编目、书库外借、阅览宣传和装订4个组。此时,集美学校正进入繁荣时期,在校师生已达万余人。图书馆不断充实馆藏图书的各类和数量,建立方便读者阅览、借书的制度,成为师生读书的理想场所。

厦门大学图书馆馆舍亦是在陈嘉庚先生亲自主持规划下建成起来的。1954年,陈嘉庚在厦门大学上弦场规划设计的"一从四主"的五幢楼房落成启用。主楼为建南大礼堂,两侧分别为南光楼和成智楼、南安楼和成义楼。围绕着上弦场排列成弧形的五幢楼气势恢宏,堪称经典建筑。其中,3900平方米的"成智楼"作为图书馆的新馆舍,为图书馆开展工作创造了良好的条件。三楼大阅览厅面积468平方米,是当时全国各大学图书馆中最大的阅览厅之

---

① 记者.新的图书馆大楼[N].厦门日报,1955-02-04(1).

厦门藏书史略

一。大小阅览厅一共可容纳一千余人,还设有教员研究室,楼下设有书库和办公室。为利于开展工作,图书馆对组织机构进行了调整,恢复办公室,保留流通科,增设期刊组,隶属流通科。同时将采购装订和编目两科合并为采编科,增设教授研究室、线装书库和装订厂。此时的厦门大学图书馆已经颇具规模,组织机构也较健全,业务工作有了较大发展,为本校的教学与科研提供了较好的服务。

其次是藏书建设等各项业务迅速发展起来,提高服务质量,满足读者需要。

这一时期,厦门市图书馆加强藏书建设,制定了"全面安排,掌握重点,提高质量"的藏书建设方针,补充了马列主义经典著作和新出版的书刊。除积极采购外,还向社会征集文化典籍和地方历史文献等。这期间,有林尔嘉夫人高瑞珠、吴在桥、人民银行等个人藏书家与单位,捐献图书1.6万余册,其中大部分是线装古籍。藏书补充迅速提升,1954年购置图书7631册,为1953年图书购置量的2倍,而1957年则猛增到27815册。建馆38年来,馆藏总量首次突破了10万册。[1]

其时,借阅流通是厦门市图书馆的主要业务。为了向读者放宽开放尺度,当时采用闭架与半开架借阅相结合的流通服务方式。一楼外借处,包括书库和图书出纳柜台。书库是闭架书库,即读者无法进入的藏书区域。读者借阅其中图书,只能从读者活动区域的目录柜里查找所需图书,让管理员从书库取书。书库与读者活动的区域之间,用相连在一起的十多个带有玻璃的书柜和两个图书出纳柜台组成一道隔墙,把读者活动区和书库隔开。这十多个玻璃书柜称为半开架书架,书籍陈列在玻璃书柜里,书脊向外,读者能够到看到每本书的书名、作者、出版社和分类标识等,从而大体了解该书内容,以决定借阅与否。这就是半开架借阅。半开架借阅相对于闭架借阅来说,是一种进步,利于推荐藏书,是弥补闭架借阅缺点的一种辅助借阅方式。这种方式在20世纪50年代是十分流行的。

---

[1] 厦门图书馆.厦门图书馆馆史:1919—1998年[M].厦门:厦门图书馆,1999:41.

第四章　新中国成立后的厦门藏书与图书馆事业

这一时期,厦门大学图书馆积极响应党提出的"向科学进军"的号召,主动配合学校科学研究委员会确立的12项科研重点,补充藏书,提供服务。首先是加强科研重点课题的相关报刊订购,及时掌握科研前沿的信息。1956年,现刊报刊订购5.6万元,占图书馆总支出的30%,而其中外文报刊近千种,占报刊支出的70%;1957年现刊报刊订购4万多元,占全年总支出的31%,外文报刊也有720种,占报刊支出的72%。为配合历史研究和古典文学研究的需要,1956年派人到京沪采购旧书、线装书4万元,约3万册,买了9部二十四史,2部《古今图书集成》,10部《四库全书总目提要》,以及一二百种的地方志。馆藏文献总量从1955年的377285册发展到1957年的445625册,[①]其中外文图书约占16.2%。其次是在借阅流通的基础上,为科研拓展服务项目。如另设文财分馆、文艺书库、科教师参考室和学生阅览室,方便读者索取专业资料,同时在各系设立资料室,由图书馆指导业务。

1956年起,人民政府对集美学校实行全面负责,但仍尊重陈嘉庚先生的意见对学校进行管理。这一时期,集美学校进入繁荣时期,政府加大对学校的投入,学校图书馆每年购书资在万元以上,月进新书千余册。来馆借书的师生,日均300人次,700余册次,书刊日均500余人次。为配合学校教学经需要,学校图书馆编印了几十种教学参考资料分发各校师生,每年还举办10余次图片图书展览。[②]

三、厦门图书馆事业开始起步

所谓图书馆事业,是指各图书馆在数量、质量、规模和系统上形成一个整体,并对社会发展产生一定影响的活动。新中国成立初,厦门的图书馆事业还是比较薄弱,数量少,类型单一,根本未能形成事业体系。新中国成立后,人民政府除了加强原有图书馆的建设外,还努力发展各系统图书馆。在建设与开创阶段,厦门的公共系统、学校系统、科研系统、工会系统都办有新的图

[①] 厦门大学档案馆,厦门大学校史研究室.厦门大学校史:第二卷(1949—1991)[M].厦门:厦门大学出版社,2006:458.

[②] 李泽文.陈嘉庚与图书馆[M].厦门:集美图书馆,2008:33-34.

书馆,虽然数量不多,规模不大,但可以说是搭起了厦门图书馆事业的体系架构,开始了事业的起步。

公共系统图书馆基本保持原有市图书馆、中山图书馆和同安县民众教育馆图书阅览室三家格局,区级尚未建立图书馆,图书馆服务的触角没能深入基层民众。为此,文化部门一方面通过公共图书馆在基层建立图书流动站,一方面积极鼓励基层建立小型图书室,以推动基层的社会阅读。

1950年,厦门的图书馆召开一次联谊座谈会,决议推动"流动书站"的建立,并由市图书馆和通俗教育社各提供一部分书籍在禾山区设两个流动站。这次会议的决议,是厦门图书馆界推动开放、延伸服务的宣言。不久,市图书馆于西庵宫内前城内小学(现新华路公安局对面)"设阅览室一处,提供适合工人劳动者的通俗读物",向民众开放。[①] 图书流动站采用与街道合办的形式,街委会提供场所,市图书馆提供图书,定时开放,深受读者的欢迎。当时的《厦门日报》记者报道中山街的图书阅览站,称其站舍是街委会向业主借来的,"书刊是由市图书馆供应的,现在有通俗书刊100册、连环图画100册、书报10多种和图片数套。每一两星期便更换一次。该站每一次开放时,观众约有1000人,其中以孩子们占多数"[②]。这种模式解决了基层没有专门的经费用于建设基层图书室的难题,同时拓宽了公共图书馆的服务覆盖面,所以不少基层采用与市图书馆联办的形式建起图书室。市图书馆还策划在郊区设立图书流动站,1955年,在江头乡人民政府楼下设立了郊区第一个固定的图书流动站,该站有通俗读物1000册、连环图画2000册及报刊等15种。每星期四、星期五中午12时半到下午2时半,星期日、星期一下午1时到4时为其开放时间,每周开放4天。

基层的小型图书室由乡镇文化站兴办。马巷文化站图书室建于1952年,是较早建立的基层图书室。该室初租一民房为址,后迁入马巷通利庙旁一公房。虽然规模不大,但为远离城区的偏远农村提供服务,发挥了积极作用。

---

① 罗维.市立图书馆适应劳动者的要求 将增设阅览室一处[N].厦门日报,1950-11-05(2).

② 记者.街道的图书阅览站[N].厦门日报,1955-03-30(1).

此外,在基层还出现一些民办图书室,如60多岁高龄的市政协委员、前厦门图书馆馆长余超在张前街自办的张前阅书报所,此外还有大众书报室等民办图书室,弥补公办图书室之不足。

1951年7月16日,全市各公共图书馆为加强协作,提高业务水平,更好地为读者服务,联合组织"厦门市图书馆(室)工作者联谊会",在中苏友好协会召开成立大会。到会的有市图书馆、大众书报室、张前阅书报所、中苏友协阅览室、人民文化馆书报室和青年服务部阅览室等单位,会上通过联谊会章程,选出首届干事会干事。这次会议虽然是以联谊会的形式举办的,但实际上是厦门公共图书馆协调协作的滥觞,为公共图书馆乃至各类型图书馆的合作协调起了一个好的开端,也预告着厦门地区图书馆事业开始起步。

学校系统的图书馆虽然普遍规模较小,但却是发展潜力较大的一种图书馆类型。1952年3月教育部颁发的《中学暂行规程(草案)》《小学暂行规程(草案)》,提出了"实施智育、德育、体育、美育全面发展的教育"。中小学图书馆作为"全面发展的教育"的重要组成部分,作为学校教育的第二课堂,受到了各级教育部门的重视,出现了新中国成立后兴办中小学图书馆的第一次热潮。在厦门,除了原有的集美学校、大同中学、双十中学、同安第三中学(前身为阳翟图书馆)等校图书馆保持下来并继续发展外,其他学校也纷纷建立起图书馆。

1951年,复办不久的省立厦门师范学校自禾山双涵迁至鼓浪屿,有了较为充裕的办学空间,建立了图书馆。

1951年2月,省立厦门中学与市立中学合并,更名为厦门市第一中学,两校图书资源合并,构成厦门第一中学图书馆,设立书库、资料室、教师阅览室、学生阅览室。

1951年,同安县第一中学建立图书馆,馆址设于同安孔庙大成殿右侧林公祠,设有外借处、阅览室。

1953年1月,创办于1924年的禾山中学改名为厦门第三中学,成立图书室,设有书库、学生阅览室和教师阅览室。

1954年,同安第二中学建立图书室。初以四间教室为图书室用房,设有书库、外借处、学生阅览室和教师阅览室四个服务窗口。

1954年,前身为中级文化补习学校的思明中学设立图书室,1956年随着校名的更改成为厦门第六中学图书室,设有书库、学生阅览室和教师阅览室。

1955年秋,厦门第一中学一分为二,玉屏书院原址定名为厦门市第五中学,同时建立图书馆,设有书库、学生阅览室和教师阅览室。

1956年,厦门海沧中学建成新的图书馆。这所学校原为1949年三都归侨及地方人士在莲塘别墅利用财务军官学校的设备创办的三都中学,1950年由人民政府接管。其时办有图书室,馆藏图书主要为原财务学校遗留和华侨捐赠的书籍。1956年建成新校舍,购置新的书刊,发展成为图书馆。1958年,学校随海沧地区划归厦门市管辖而改属市教育局。

1957年,厦门郊区灌口中学成立图书馆,设有书库和教师阅览室、学生阅览室。

鼓浪屿各中学原本都有规模不等的图书馆(室)。1951年,毓德、怀仁女中合并为私立鼓浪屿女子中学,1954年2月改为公立,改名为厦门女子中学,以毓德女中图书馆为基础设置厦门女子中学图书馆。同年,厦大校友中学、英华中学合并为厦门二中,以英华中学的百友楼作为图书馆馆址。1959年,厦门女子中学并入厦门第二中学,分别在原英华中学和毓德女中设立初中部和高中部,百友楼成为初中部图书馆的馆舍,而高中部图书馆则设在毓德女中教学楼三楼。厦门第二中学图书馆藏书甚为丰富,保存了不少民国时期的书刊资料。两处图书馆分别配置专门的管理老师,是本地区中学图书馆中较为完备的图书馆之一。

其他系统的图书馆也开始在厦门地区出现了。

党校系统有中共厦门市委党校图书资料室,于1956年在鼓浪屿创办。"文革"期间随党校停办而解散。1973年4月,党校恢复办学后重新建立。

科研系统有厦门大学南洋研究所资料室,创办于1956年。它是陈盛明的海疆学术资料馆并入厦门大学南洋研究所而建立的,陈盛明为首任主任。该室的藏书资源承袭了海疆学术资料馆的全部馆藏,并有新的补充。其内容集中于东南亚国家的经济、历史、文化、教育、宗教、风土人情、华侨华人和中南关系等方面,资源甚为丰富,不仅为本地学者查阅提供方便,还接待来自全国各地的学者。此外,一些医院、工厂也建起小型的资料室,为本单位的专业人员提供信息资料。

工会系统则有同安县总工会图书室,创建于1950年。成立时,即设立小图书室。1953年县总工会成立工人俱乐部,为同安县工人文化宫的前身。总工会原有的小图书室即归于工人俱乐部,规模有所扩大,分设借书处和阅览厅,藏书亦增加不少。此外,一些工厂企业的工会也建起规模不等的图书室,为广大职工的业余生活提供阅读条件。

各个系统的图书馆逐步建立起来,为厦门图书馆事业体系的形成奠定了基础。

第二节 厦门藏书事业的跃进与停滞

1958—1977年,图书馆事业经历了跃进与停滞两个阶段。前一阶段是跃进与调整阶段(1958—1966年),"大跃进"时期的急躁冒进以及紧接着的三年困难时期,影响了图书馆事业正常发展的步伐。后一阶段是停滞与恢复阶段(1966—1977年),"文革"动乱使图书馆事业遭受极大的打击,但图书馆人仍坚持发展的方向,在困难中站立起来,把图书馆事业延续下去。

一、"大跃进"热潮中的厦门各图书馆

1956年,在全国政协三届二次会议上,周恩来总理代表党中央、毛主席向全国人民发出"向现代科学大进军"的号召。为贯彻落实党中央的号召,国务院批准《全国图书馆协调方案》,全国建立地区性中心图书馆委员会,图书馆的规模与图书馆的服务全面发展。而1958年的"大跃进"热潮,更对图书馆的建设起推动的作用。在这个背景下,厦门图书馆事业得到一定的发展,但也出现一波三折的局面。

厦门市人民政府贯彻落实文化部"关于加强与改进公共图书馆工作的指示"精神,加大对厦门市图书馆建设的投入,使厦门市图书馆的整体实力比前

一时期有较大提高。首先,经费得到了一定的保证。1955年迁馆后,每年拨款突破万元,后拨款逐年增加。至"文化大革命"前,年拨3.6万余元,其中购书费占总经费的30%左右。其次,馆藏文献数量剧增。年均补充量一直在2万册左右,截至1966年,全馆藏书已达28.6万余册,是1958年的2倍多。最后,书刊流通量迅速提高。1958—1966年间,到馆读者达360.5万人次、外借图书达184.8万册次,[①]年均比刚解放时增加了数十倍。

1958年,文化部明确提出图书馆要坚持"勤俭办馆、开门办馆"的方针,改变图书馆"坐守办馆、等客上门"的旧传统。厦门市图书馆积极响应,打破图书馆机关化的老规矩,改进管理和借阅制度。开门办馆的第一举措就是延长开放时间。过去读者反映进图书馆有"三难",其中第一难就是进馆"时间难"。图书馆开馆时间和社会各行各业的办公时间差不多,人们下班,图书馆也下班了,上班族们难得使用图书馆。1958年5月始,外借部、阅览室实行"长年开馆、天天服务"的全日制开放制度。下午闭馆时间由原来6时延长至晚上9时;取消周日、节假日闭馆,工作人员轮流休息。第二举措就是实行开架借阅服务。1958年10月,报刊阅览室实行开架借阅,读者可以从刊架自行索取近期发行的报纸、杂志。这些措施为读者敞开方便之门,受到读者欢迎。

同安县文化馆图书室在"大跃进"热潮中落实了馆舍。1958年,同安县人民政府对原国民党时期的县参议会旧址进行维修,将其改造成展览场所,命名作"红旗馆"。展览结束后,"红旗馆"即作为县文化馆图书室的专门用房,使同安的群众阅读活动有了固定的场所,也为其后来升格为同安县图书馆奠定了基础。迁入"红旗馆"后,图书室有了2名专职管理人员,管理渐入规范;政府拨款购置了一批图书,充实了图书室的馆藏。

中学图书馆的建设投入在加大。1956年起,人民政府对集美学校经费实行全面负责后,图书馆的购书经费进一步提高,每年皆在万元以上,使图书馆能够有计划地补充图书,每月可进新书千余册。这一时期,集美学校图书馆

---

① 厦门市图书馆.厦门图书馆馆史:1919—1998年[M].厦门:厦门图书馆,1999:32,42,60.

第四章　新中国成立后的厦门藏书与图书馆事业

进入一个发展的高潮。组织机构健全,工作人员增加,最多时达 13 人。各种管理制度也健全起来。

中学图书馆队伍也在继续壮大。一些新办的学校也都建立起图书馆。

1958 年,新创办的华侨中学设立学校图书室,借用市青年会为馆址。1960 年,随学校迁址厦港新村,设有书库、资料室、教师阅览室和学生阅览室。

1962 年 11 月,在原同文中学旧址组建厦门市第七中学,学校的图书室同时成立,设有书库、资料室、阅览室。

1965 年,同安第六中学建立图书室,设有图书外借处、资料室、阅览室。

与中等学校图书馆相比,当时厦门高等学校图书馆未能成规模。1958 年前后在"大跃进"的形势下,厦门曾先后创办了厦门师范学院、厦门医学院、厦门工学院,并在原来的几所中专增办大学部或改为大专院校。但是由于仓促上马,不具备大专院校办学条件,不久又遇上国民经济困难时期,很快便匆匆下马或合并了。因此,在这一时期里,厦门地区的高校图书馆实际上只是厦门大学图书馆一枝独秀。

1958 年的"大跃进"热潮中,厦门大学图书馆以"一切为了读者"为宗旨,开展一系列的业务整改,提高服务效率。在文献加工上,缩短编目时间,由一个月减为 3 天。在流通服务上,简化借书手续,实行电话借书、预约借书;开辟文艺书库,实行开架借书,提高开放程度;设立政治阅览室,陈列有关政治运动、学术批判等图书资料。此外,进一步拓展服务项目,办理代查代译、送书上门服务。购买新的设备,逐步开展复印、缩微阅读等读者服务业务。

工会图书馆也有所发展。1958 年 2 月 16 日,作为地方标志性建筑的厦门市工人文化宫落成,同时开放了图书室,面积 200 平方米,设有图书外借处和报刊阅览处。虽然规模小了点,但地理位置十分理想,吸引了无数的市民前往借阅。

在"大跃进"的热潮中,最大的亮点是农村、厂矿的基层图书室建设。市政府结合群众文化建设,积极推进基层图书馆的发展,在广大群众中普及文化科学知识。

在这一时期,厦门地区的基层群众文化活动掀起高潮,识字班、政治夜校、图书室及歌咏、诗画和读书读报活动等广泛开展。由于当时各区县公共图书馆尚未建立起来,公共图书馆服务的辐射功能主要是通过发展城市街道和农村乡镇的基层图书馆(室)来实现的。厦门市图书馆担负起这项工作的组织指导,经常到各基层图书馆(室)巡回辅导,了解工作情况,协助解决问题。在巡回辅导中,注意发现典型经验,及时帮助他们总结提高,树立样板,并加以推广。在市区,"厦禾公社图书馆建立较早,他们除了定期在馆内开放阅览外,还在民办工厂、分社等处设立20个图书流通站(室),中华公社图书馆也分别在工厂、分社设17个图书流通站(室);公园公社还分别在园南、深田等食堂设立图书流通站。这些'开门办馆,送书上门'的措施和'千方百计为读者服务'的精神,受到广大群众一致的赞扬"①。在农村,先后在灌口公社李林大队、禾山公社江头等地举办农村图书管理员学习班,推广先进经验,开展业务辅导,有效地推动了农村图书室的发展。如后溪公社在全公社的42个自然村中建立了53个图书流通站,基本上实现了村村、队队、场场、厂厂有图书流通站。② 由于许多基层单位的购书经费有限,这些基层图书馆室往往与市图书馆建立合作关系,成为市图书馆的图书流通站。郊区的禾山、灌口、后溪、杏林、海沧等人民公社在建立文化站的同时也建起了图书室,并作为市图书馆的流通站。流通站在各个生产队建有图书流通点,由农村知识青年担任图书管理员,负责图书保管和借还手续以及定期到图书流通站成批交换图书。与此同时,市区的工厂、学校、机关、街道等单位的基层图书室也纷纷建立起来。从1958年到1961年的4年时间内,全市建起了324个基层图书馆(室)。基层的图书馆(室)成为公共图书馆系统的前沿阵地。

二、"大跃进"热潮后的调整与反思

"大跃进"时期,厦门图书馆事业呈现一派兴盛景象,但在热火朝天的热潮背后,却无法掩盖一个事实,即受"大跃进"急躁冒进思潮的影响,图书馆出

---

① 厦门市图书馆辅导组.欣欣向荣的市区人民公社图书馆[N].厦门日报,1959-05-10(2).

② 希.后溪公社队队有图书站[N].厦门日报,1960-05-15(2).

第四章　新中国成立后的厦门藏书与图书馆事业

现不尊重客观规律,甚至违背客观规律的现象,致使这一时期的图书馆工作出现波折起伏的状况。

在"开门办馆"方针的指引下,不少图书馆做出了延长开放时间、实行开架借阅、缩短编目时间、简化借阅手续等改革措施。应该说,这些措施都是图书馆改进工作的方向,主观愿望很好。然而,在手工操作的年代,人力、技术、设备等客观条件不成熟的情况下,仅凭一时热情,未能认真考虑长远安排,贸然上马,终以失败告终。例如,1958年厦门市图书馆的延长开放时间,才实行半年多,就又回到原来的开放时间,原因在于人员不足。报刊阅览室的开架借阅,也于翌年元旦后又回到闭架或半开架,关键是没有监控设备,图书丢失严重。厦门大学图书馆等的开架借书服务项目也出现如此情况。而由原来一个月缩短为3天的编目时间,也同样因为人力、技术、设备等客观条件不成熟而告失败。

基层图书馆(室)建设也存在违背客观规律的现象。"大跃进"时期,基层的图书馆(室)如雨后春笋,遍地开花。然而,这些图书馆(室)的建设有一种"一窝风"的味道。例如,厦门郊区的后溪公社"苦战十天","在全公社的42个自然村中建立了53个图书流通站,并且从建站的第一天起就广泛地开展了流通活动"[1],显然这是违反规律的事。"大跃进"时期,全市建立了大大小小的324个基层图书馆(室),然而大部分图书馆(室)隶属关系不明确,管理机制很不健全,管理人员又都是兼职,种种不利因素使这些图书馆(室)尤其是农村的图书流通站一遇到风吹草动即难以维持。"大跃进"的失败和三年困难时期的影响,使这些图书馆(室)随之风雨飘摇,有的停滞不前,有的名存实亡,有的干脆关门大吉。

种种波折起伏,既浪费了财政资源,又损伤了图书馆的声誉,影响了图书馆事业的发展。其原因,在于受"大跃进"急躁冒进思潮的影响,决策者没能充分考虑图书馆的人力、财力等客观条件能否维持这些拓展的需要,盲目跟风而做出违反事物发展规律的决策。

---

[1]　希.后溪公社队队有图书站[N].厦门日报,1960-05-15(2).

1961年1月,中共八届九中全会正式决定对国民经济实行"调整、巩固、充实、提高"的"八字方针",并在各行业全面开展纠风运动。这是在"大跃进"运动失败后,在全国范围内进行的一个大的调整,在"大跃进"中受到干扰的图书馆事业也在调整中逐步得到整顿恢复。

厦门各图书馆坚决贯彻执行党的"八字方针",纠正冒进作风,将调整作为这段时期的工作重点。图书馆人针对本馆工作中存在的问题,对"大跃进"时期的工作进行反思,实事求是地评价事业发展的规模、速度与人力、财力投入之间的关系,从而合理调整比例,包括经费的使用、开门办馆的各个因素等方面,均根据自身的人力、财力等条件做相应调整。通过调整巩固成果,在此基础上充实服务内容,提高服务质量,尽力满足读者的需求。

紧接"大跃进"后的三年困难时期,国家经济遭遇严重挫折,图书馆的经费也被削减,如厦门市图书馆的总经费从1960年的4.2万元减为1961年的3.2万元,而1962年又减为2.68万元。为此,各图书馆调整购书经费的比例,以保证图书馆有足够运作费用。调整后,采编部门本着既满足读者需求又"增产节约"的精神,做好馆藏补充的精选,尽力将有限的购书经费用在刀刃上。

"大跃进"期间,许多图书馆的开放时间反反复复变化,读者很有意见。为了满足读者需求,同时考虑图书馆人力、财力的可行因素,图书馆采取了变通的措施。例如,厦门市图书馆采取增加晚上开放时间,以保证读者在工余时间到馆借阅书刊。自1962年4月1日起,除星期天外,每天下午的开放时间从2时开始到晚上8时,延长3个小时。而星期一和星期三下午作为内务整理时间,暂停开放。① 如此调整,既考虑了读者需求,而每周增加的开放时间也就12小时,图书馆现有的人力和财力承担得起。

基层图书馆(室)建设成果的恢复,亦是调整工作的重点。针对"隶属关系不明确,管理机制不健全,管理人员不稳定"的具体症结,公共图书馆采用联合办馆的模式,由当地提供场地与设备,选派管理员,公共图书馆指导建

---

① 文图,冰华.市图书馆增加晚上开放时间[N].厦门日报,1962-04-03(1).

第四章 新中国成立后的厦门藏书与图书馆事业

设,培训人员,供给图书,建立图书流通站。1963年,厦门市图书馆在郊区农村恢复了公社一级的图书流通站10多个,大队图书流通点近50个,同时还在生产队中成立了16个农村知识青年图书流通小组。① 厦门市图书馆先后采选、整理了4万余册农村实用的图书在农村流通。"到了1965年,全市图书流通站与流通点增至了217个,流通的图书(包括连环画)将近4万册",形成农村三级网点的公共图书馆馆外服务网。其中,"李林大队图书室从1963年建立以来,越办越好。图书馆做到每晚开放借阅图书,吸引了许多读者。据初步统计,全大队知识青年已有70%左右成为这个图书馆室的读者,形成了大读革命书籍的良好风气"。② 这些图书流通站与流通点虽然规模小、藏书少,但在那个文献相对较为匮乏的时代,流通站立足于基层,满足了人民群众的文献阅读需求,弥补了当时厦门缺乏区县一级图书馆的不足。

三、"文革"风暴:对图书馆事业的破坏

1966年开始的"文化大革命",全盘否定新中国十七年的成就,中国图书馆事业遭到严重干扰与破坏,厦门图书馆事业也同样难逃噩运。

中共中央"五一六通知"发出后,"文化大革命"全面发动。1966年6月2日,厦门大学校园和《厦门日报》社出现第一份大字报,宣告厦门"文革"运动开始。随着斗争矛头指向所谓的"走资本主义道路的当权派",各级领导成了斗争对象,厦门各图书馆领导班子也被"靠边站",馆务工作基本陷入瘫痪。8月,以大中学校学生为主的红卫兵上街开展"破四旧"运动,凡是带有所谓"封、资、修"色彩的文物、图书等物品均在禁毁之列,图书馆的馆藏书刊也被作为"封、资、修"的"毒草",一部分被焚毁,而大部分图书被禁止流通,有的图书馆馆藏甚至大量散失。图书馆失去其用于服务社会的基本资源,业务工作基本停顿,或处于半瘫痪状态,或被迫闭馆。

厦门市图书馆除阅览室提供现刊现报仍旧对外开放外,外借处、鼓浪屿

---

① 记者.让电影、戏剧、图书为农村人民服务 市文化服务队满怀热情上山下乡[N].厦门日报,1963-11-11(1).

② 苏瑛辉.市图书馆在市郊农村大建图书室(站)[N].厦门日报,1965-11-28(2).

179

中山图书分馆和设在妙释寺的儿童阅览室均关闭,郊区的禾山、灌口、海沧等三个图书流通站陆续撤回,馆外的图书流通站点也全部停止供书。

厦门大学内狂热的"造反"运动,严重地冲击和破坏了学校的各项工作。图书馆的藏书被污化为"封资修黑货",图书馆被称作"藏污纳垢之处"而遭受严重摧残,大量的优秀书刊被禁锢封存,原订的外文书刊中断,藏书组织和目录体系被打乱,外借的图书大量流失,图书馆被迫闭馆停业。

各中学图书馆自1966年6月"文革"开始时,学校即停课"闹革命",校园内一片混乱,图书馆闭馆,馆务无人负责,有些学生就趁乱砸了图书馆的门窗,青天白日之下,把大量的馆藏图书盗走,图书馆损失惨重。

工会、党校、科研等系统图书馆,以及工厂、街道、乡镇等基层图书馆(室),全处于停滞状态。厦门市工人文化宫图书室和同安县工人俱乐部图书室停止开放,部分图书流失;中共厦门党校图书资料室随着党校的停办而解散,藏书基本流失;厦门大学南洋研究所、福建海洋研究所、厦门感光化学厂、福建省亚热带植物研究所等科研机构的图书资料室均关闭,书刊资料皆封存。

1967年4月,厦门市观点相左的两大造反派发生了首次武斗,此后的一年多时间,武斗屡屡发生,社会动荡不安,全市的图书馆都陷于关闭停顿状态。1968年,中央强势介入厦门市两大造反派组织的武斗,社会动荡的局面得到了控制。接着军宣队、工宣队进驻学校、文化单位和科研机构,统领"斗、批、改"运动。所谓"斗、批、改",即《十六条》中规定的斗争党内"走资派",批判资本主义和修正主义,改革教育、文艺和上层建筑。其目的是巩固和发展"文化大革命"的成果,把无产阶级专政的任务落实到基层,达到"抓革命、促生产、促工作、促战备"的目的。但实际上是把"文革"的"左"倾错误在各个领域具体化,结果造成社会矛盾的继续紧张。因此,人们私下将其称为"斗、批、散",因为有不少文教事业单位在"斗、批、改"运动之后,有的是人员被下放工厂、农村"接受再教育",有的是单位解散下马。

厦门大学在军宣队、工宣队进驻学校后,建立了革命委员会。其时,在校师生不多,尤其是在外串连的学生还未全部返校。1969年4月和6月,驻校军宣队、工宣队和校革委会分别发出通知和公告,催促师生返校参加"斗、批、改"。当年 10 月,"斗、批、改"运动以更加激烈的形式展开,矛头指向"九种人",涉及几百名教职员工,图书馆也逃脱不了这场风暴。运动过后,大量的图书馆工作人员被下放,图书馆也处于瘫痪状态。直至 1970 年 3 月校革委会提出建立"无产阶级教育新体制",试办工农试点班,图书馆才恢复部分业务。其时,设办公室和采编、流通、期刊三个组,隶属校宣传部门领导。

公共图书馆的大部分人员于 1969 年下半年至 1970 年 5 月,参加厦门市文化系统"斗、批、改"运动的"斗私批修""一打三反"学习班,实行军事化的编制与管理。参加学习班的人须"人人过关",每个人都必须"斗私批修",自我剖析,交代问题。学习班结束后,厦门市图书馆有 6 名工作人员被下放农村"接受再教育"去了,馆里只剩下 10 名工作人员,守着 30 多万册的图书。

厦门市图书馆虽然没有全部关闭,但也处于半瘫痪状态。1970 年,全市调整商业网点,厦门市图书馆再次受挫。处于思明北路与厦禾路交叉地带的市图书馆馆舍,早期是座商业用房,有双面临街的店面和四层楼的空间,而今被认为是服务工农群众的最佳商业网点,因此,厦门市革委会决定把图书馆迁移至中山路 147—165 号二楼(今新华书店的一部分),而把思明北路这幢楼房改为厦门第二百货商场。在那个"读书无用论"甚嚣尘上的时代,图书馆的申辩被淹没于"为工农兵服务"的雄壮口号中。1970 年 6 月 11 日,厦门市图书馆迁入中山路。这个馆舍面积只有 800 平方米,比思明北路的馆舍小了一半。狭窄的空间除了堆放 30 多万册的图书外,剩下的只能设置一个阅览室和一个办公室。经过整理,于 7 月 1 日开放。而这个"开放"却是有限度的,读者必须持有革委会的介绍信才能借阅。

"文化大革命"期间,出版业空前萧条,除了马列经典、毛泽东著作、无产阶级专政理论书籍和充满极左思潮的"革命"小说外,基本上没有其他的出版物,因此,图书馆的图书补充几乎处于停滞状态。已经关闭的学校图书馆无可言说,而尚提供阅览服务的厦门市图书馆,从 1967 年至 1970 年 4 年间才购书近万册。在此期间,由于馆舍狭窄,书刊无处存放,乃剔除了很大一部分复本和陈旧图书,馆藏建设的发展严重受挫。由于当时大量的馆藏处于封存状态,提供给读者阅览的只有 2 万余册图书,因此,图书馆的服务能力实际上十分低下,民众十分有意见。直到1971年9月2日,厦门市图书馆才恢复图书外借工作,图书流通量才略有提高。

四、"文革"风暴:对私家藏书的摧残

新中国成立后,消灭了剥削阶级,社会人人平等,无论党政干部、知识分子还是普通职工都是工薪阶层,其有限的个人收入不可能用于太大规模地收藏图书。公共图书馆及其他各类型图书馆在政府的重视与培育下,不断壮大发展,藏书规模扩大了,藏书利用的方式日趋改进,为广大民众的阅读提供了不少的方便,这无疑对私家藏书有颇大的冲击。一般的私家藏书者可以通过公共图书馆及其他各类型图书馆借到所需的文献资料,因而也不必再大量地收藏图书。社会思想观念的变化,影响了私家藏书者,不少私家藏书或捐赠,或作价归于公藏。20世纪50年代,不少厦门的私家藏书,如菽庄藏书、江煦的藏书以及吴在桥等人的藏书,由其家人或本人捐赠给市图书馆。因此,20世纪五六十年代的厦门私家藏书活动相对较为静寂,难见藏书家崭露头角。

然而,随着现代文化体系的形成,特别是现代教育体制的的确立,大学或一些学术研究机构的学者则成为新兴的藏书家。虽然他们的藏书规模不能与民国之前的藏书家相比,但是他们的藏书相比则要实用得多,也精要得多。这些私家藏书,多是因为学术研究的需要,使他们不惜收入之微薄而倾囊聚书。如厦门大学的韩国磐、汪澍白等教授,厦门六中教师洪卜仁,厦门市委党校副校长方友义等。当然,也有纯粹出于对书的嗜爱而收藏图书的,如鼓浪屿出名的民间藏书——"兄弟藏书"的主人曾志学。

私家藏书活动与公共藏书事业的发展规律一样,社会经济实力、文化与教育水平、科技发展程度以及社会环境构成它发展的外在动力。社会提供的活动承受力和范围越大,私家藏书活动的范围就越大,发展也越快;反之,私家藏书活动则趋于平静,甚至凋零。"文化大革命"时期,"破四旧"与抄家风,对私家藏书是一次极大的破坏。其时,极左思潮不分青红皂白地将书籍一律当成"封资修"的旧文化而扫荡一空。私家藏书无一幸免,甚至普通人家的藏书也被列入清除之列。"文革"中,洪卜仁的藏书遭受一场大的劫难,所有的

图书、报刊及地方文献一扫而空;曾志学因藏书而获"罪","红卫兵自其家中抄出六大麻袋禁书,付之一炬"。类似他俩遭遇的情况,许多私家藏书者尚历历在目,难以忘怀。至于"文革"对厦门私家藏书的摧残,曾志学的藏书是一个代表性的例子。

"兄弟藏书"之藏主曾志学是一位民间藏书者,或可谓"草根藏书家"。因为他不是什么专家、学者,没有高等学历,在当代厦门私家藏书中,他未曾获过任何荣誉称号。他的藏书活动,除了20世纪五六十年代鼓浪屿上之好书者外,如今已无人知晓。若不是舒婷在她的《真水无香》一书上披露出来,这位草根藏书家的名姓恐早已如烟飘逝。

曾志学(1928—1991),自号雪芷,生于印尼华侨家庭,毕业于鼓浪屿英华中学,曾在新加坡《星岛日报》主编副刊,后回国。新中国成立初,积极参加工作,任过街长,然因家庭成分不好,且思想跟不上潮流而被免职,从此失业。也曾拉过板车,当过搬运工人,终因体力不支而半途离去。好在有老父亲在海外的定期侨汇寄来,以之维持生活。

曾志学藏书,始于年青时代。他视书如命,省吃俭用,收入多用于购书。其住家康泰路37号小楼的底层卧室,四面环壁皆为书橱,鼎盛时期,积简充栋,满橱书香,乃至他充作床铺的老式湘妃榻,亦半榻卧位半榻书。所藏书籍,文史哲皆有,但以文学作品为主,小说、诗歌、散文,中外古今,无所不藏。

曾志学藏书,不独为己用,凡友朋来借,慨然允之。他的书室名为"兄弟藏书",所藏每册图书扉页上,必盖"兄弟藏书"红色印章,取"四海皆兄弟"之意,可窥其胸怀。当年鼓浪屿上的好书之人,多曾借阅过"兄弟藏书"的图书。笔者孩童之时,亦曾见叔辈借得的"兄弟藏书",依稀记得是新中国成立初期竖排版式的世界名著。可见其藏书流传之广。

然而,一场"文革"的暴风骤雨,吹散了"兄弟藏书"的万卷珍藏。在曾志学的藏书中,多有中国古典名著、世界文学经典以及新中国成立后出版的文学作品等。而在那个"横扫一切牛鬼蛇神"的时代,这些作品通通被打成"大毒草"而列入横扫之列。曾志学因收藏这些图书,又有海外关系而获"罪",红卫兵自其家中抄出六大麻袋图书,付之一炬。舒婷曾描写到当时的情景:"他蹲在一边,主动拿根拨火棍,仔细把每一页纸片烧得干干净净,像闽南妇女烧冥纸那样虔诚认真。"①一个视书如祖宗的形象跃然纸上,令读书人看了心酸。

"文革"期间,曾志学被粗暴地揪至郊区农场改造。"文革"过后,侥幸地从农场放回鼓浪屿,虽境遇困顿,然好书藏书之心怀意念终不改变。他继续大量藏书,并自刻闲章"苦茗庵书藏"。而此时外人借书,不再是有求必应,唯有志趣相投者,方慷慨解囊。

作为现代的民间藏书者,曾志学却有古代藏书家之遗风,抄书、勘书乃是其研读之余的又一大乐趣,常乐此不疲。"文革"后期,虽狂热已略消退,然意识形态仍受禁锢,各种出版物极度匮乏。此时,"手抄本"读物悄然流传于社会。原本文化气息甚浓的鼓浪屿,亦有《基督山恩仇记》等抄本流传。此《基督山恩仇记》的传抄,正是出自曾志学之手。他还抄了大量的西方优秀诗作,舒婷就保存有他手抄的诗集,"有米列的,有普拉斯的,字迹一丝不苟,有如他本人"②。而于文史名著,不仅精心钻研,且敢于纠讹勘误。钱钟书的《管锥编》新出之时,他就曾勘证编辑之误,且将意见寄往出版社。

1991年2月,曾志学因病逝世,享年64岁。"苦茗庵"随他离去也闭上大门。他一生未曾婚娶,为书而生,与书为伴,在书的世界里畅游,直至走完人生之路。

五、"文革"后期的恢复与调整

进入了20世纪70年代,在老一辈革命家的努力下,全国大混乱的势头有所减弱,全国的秩序得到一定的改善。1971年3月,周总理倡议召开全国出版工作座谈会。会议纪要指出:"目前很多图书馆停止借阅的状况应当改变。要积极整理藏书,恢复阅读。要根据图书内容、读者对象和工作需要,确定借阅办法,并加强读书指导。"这对图书馆的恢复起到重要的作用。

1971年9月13日,震惊中外的林彪叛逃事件发生,标志着林彪反革命集

---

① 舒婷.真水无香[M].2版.北京:作家出版社,2008:209.
② 舒婷.真水无香[M].2版.北京:作家出版社,2008:215.

第四章 新中国成立后的厦门藏书与图书馆事业

团的覆灭,客观上宣告了"文化大革命"理论和实践的破产。"九一三事件"之后,全国各个部门工作逐步恢复,全国各地关闭的图书馆也相继恢复开馆,一些图书馆干部复出,一些被下放的业务人员陆续调回。但是,"文革"还未结束,形形色色的极左思潮依然束缚着图书馆工作的开展。厦门的图书馆人在艰难的形势下,顶住种种冲击,坚持把图书馆办下去。这段时间,有两件事关图书馆生存的大事:一是集美学校图书馆由学校系统的图书馆变更为公共图书馆,一是厦门市图书馆在困境中又一次找到安身之地。

集美学校图书馆在"文革"开始之后就闭馆了,图书馆工作人员或被下放或退职,馆务无人负责。1971年,集美各校有的合并,有的停办,图书馆被列入解散对象,丰富的馆藏文献可能就此散佚殆尽。为了保护这些富贵的馆藏文献,厦门市文化界人士建议由市图书馆接管。1972年2月,经厦门市革命委员会政治处批准,市图书馆接收集美学校图书馆,并改名为集美图书馆,不再隶属集美学校校委会,而是成为市图书馆的分馆。自此,集美图书馆的性质便由原来的学校图书馆变为公共图书馆,面向包括集美各校师生在内的广大社会公众,直至今日。

1972年3月25日,厦门市图书馆派李曼青和苏瑛辉两位馆员接收集美学校图书馆,对馆藏书刊进行详细清点,计有馆藏书刊20余万册,其中,中文图书173678册,线装书3万余册,报纸合订本9183册。1972年7月1日,闭馆6年之久的集美图书馆正式向广大读者开放。

随着图书馆性质的变换,集美图书馆的馆藏结构进行了调整。除了继续重点搜集供研究型读者使用的有关陈嘉庚先生的文献、华人华侨史料和台港澳资料外,还注意收藏满足大众读者需求的科学性、知识性、趣味性较强的书刊。其藏书供给,自1972年起由总馆统一采购、分编加工再派送到馆。从1972年4月至1989年3月间,总馆向集美图书馆补充中文图书74691册、报纸50余种、杂志500余种。[①] 由于与总馆统一分编标准,因此,其20世纪50年代自行编制的《集美图书馆分类法》不再使用,改为总馆使用的《中小型图

---

① 厦门市图书馆.厦门图书馆馆史:1919—1998年[M].厦门:厦门图书馆,1999:38.

书馆分类法》。1986年元旦后,又随总馆统一使用《中国图书馆图书分类法》(以下简称《中图法》),自此,集美图书馆一直沿用该法分编图书。

1972年秋,为加强对集美图书馆的领导,市图书馆派出副馆长潘韵华常驻集美图书馆指导工作,健全了组织机构,配足管理人员。由于图书采购、分编和行政管理等工作均由总馆负责,因此,集美图书馆仅设置外借组、阅览组和特藏库,工作人员通常保持4~5人。

接收了集美图书馆之后,厦门市图书馆拥有了两个分馆,整体规模扩大了不少。馆藏图书增至48.5万余册,包括38万册中文书,8万余册线装书,1万余册外文书,1.5万册报刊合订本。然而,总馆仍蜗居于800平方米的馆舍中,藏书无法上架,堆积于地。唯一的阅览室又甚褊狭,不能满足读者需求。而此时又有不利的消息传来,全市第二次调整商业网,又要把市图书馆迁移至妙释寺,馆舍面积将再被缩小,图书馆人心急如焚。馆领导小组组长乔希会立即向市革委会反映,强烈反对这一规划,并要求把中山路67—71号原厦门日报社址拨给市图书馆作为馆址。市革委会最终同意了这一要求,1972年8月,厦门市图书馆迁入新址,面积1352平方米,终于在"文革"动荡的风雨中找到一块安身之地。

1972年10月1日,厦门市图书馆再次对外开放,恢复了图书外借服务,而发放借书证工作则拖到翌年。1973年10月1日,中山分馆也恢复开放。至此,厦门市图书馆的馆务活动才算走上轨道。此时,虽然部分图书解禁了,但能开放借阅的却还很少。出版业的滞后和经费的不足,年均购书量只在万册以内,新补充的图书尚远远不能满足读者的需求。而为生产、科研等服务工作未能起步,图书馆的职能还不能充分发挥出来。

大专院校系统图书馆相对来说状况会好些。1970年大专院校开始招收工农兵学员之后,图书馆逐步恢复服务。虽然当时是处于所谓的"无产阶级教育新体制"之下,但是图书馆人仍尽职尽责,坚持为教学科研服务。

1973年,厦门大学图书馆恢复了直辖校级的管理体制。健全工作机构,原采编、流通、期刊3个组升格为科。加强业务建设,1974年开始,对馆藏图书分类进行改革。新书采用《中图法》分类,旧书中已使用十进法分编的,保

第四章 新中国成立后的厦门藏书与图书馆事业

留不变；以前采用"大型法"和"武大法"分编的图书，则按《中图法》重新改编。至1979年完成13万册左右的图书改编工作。为了更好地指导图书馆的分编工作，还编制了《中国图书分类编目工作手册》，并分发全国。加大馆藏补充，年均有2万多册的购置量，到1976年，馆藏书刊达856571册。图书借阅量也逐渐回升，到1976年，图书外借已有69385册次。[①]

1972年11月1日，根据国务院的决定，上海水产学院迁到厦门集美，改名为厦门水产学院。学院的图书馆随院迁厦，为此厦门又增加了一所大专院校图书馆。

中学图书馆也有所恢复，除了原有的学校外，几所新建的学校也设立了图书馆。

1966年建校的厦门郊区杏林中学，于1969年设立图书馆，内设书库与教师阅览室、学生阅览室。

1969年建校的厦门郊区东孚中学，于当年9月设立图书室，规模较小，面积只48平方米，一室多用。

1969年建校的厦门郊区后溪中学，于1970年设立图书室，内设书库与外借处。

1973年建校的厦门第九中学，于1974年设立图书馆，内设书库、资料室、学生阅览室。

这几所中学多为区属中学，办学经费有限，且在"文革"期间所建，未能受到重视，因此规模少，藏书少，但也为以后的发展打下了基础。

1976年10月6日，以华国锋、叶剑英、李先念等为代表的中央政治局采取断然措施，一举粉碎了江青、张春桥、姚文元、王洪文为首的"四人帮"反党集团，结束了"文革"十年动乱。自此，中国迈入了一个崭新的时代，也宣告着图书馆事业春天的到来。

[①] 李金庆,陈滨.厦门大学图书馆大事记(1921—2006)[Z].未刊稿,2006.

第三节 厦门藏书事业的改革与发展

1978—1991年,图书馆事业进入了改革与发展阶段。党的第十一届三中全会,重新确立解放思想、实事求是的指导思想;做出中国今后发展目标是以经济建设为中心,大力发展生产力,实行改革开放的重大战略决策。从此,我国走上了建设中国特色社会主义的正确道路,进入社会主义现代化建设的新时期。随着改革开放的大幕全面拉开,我国图书馆事业建设进入了一个的新时代。1980年5月,中共中央书记处听取并通过了《图书馆工作汇报提纲》,要求各文化行政部门都要把图书馆事业的发展当作一件大事来抓,将图书馆事业列入计划预算项目,将图书馆的分布设置列入城市建设规划以内;加大投入,改善图书馆的条件;发展图书馆教育和科研事业,加速图书馆专业人员的培养;解决管理体制,加强和改善对图书馆事业的领导。该提纲的颁布,不啻大旱之望云霓,为我国图书馆事业的持续发展指明了方向。厦门各类图书馆努力地改进图书馆服务模式,探索更加开放的服务领域。而时代的需要,还催促新的图书馆诞生,为厦门图书馆事业注入了新鲜血液。

一、图书馆工作从规范走向拓展

党的十一届三中全会召开,厦门的图书馆工作走出停滞不前的状况,恢复了业务工作的正常化,并从规范化着手,深化改革,拓展服务,积极推动图书馆建设的持续发展。

首先是加强组织领导。

根据1979年全国人大五届二次会议通过的《关于修正〈中华人民共和国宪法〉若干规定的决议》,各图书馆的所谓"革命领导小组"随之撤销。1980年12月,厦门市文化局任命乔希会为市图书馆馆长,同时恢复了副馆长的原有职务,加强了市图书馆组织领导。厦门大学图书馆除了组建新的领导班子外,还于1985年成立图书馆委员会。主任委员为副校长王洛林,副主任委员为郑学檬、陈德辉。成立委员会的目的,主要是加强对图书馆工作的领导,推动图书馆密切配合学校的教学和科学研究,统筹安排中外书刊的购置经费,加强重点学科和核心书刊的采购工作,更好地为师生读者提供优质服务。

其次是加强图书馆的队伍建设。

图书馆的队伍建设是事业建设与发展的基础。"文革"期间,图书馆的干部队伍受到破坏,且图书馆专业教育停滞多年,因此干部队伍素质低下,被称为"老弱病残的避难所"。要确保事业的发展,队伍建设是改革与发展的重要任务。在这一阶段,厦门市各图书馆推进队伍建设,从而为事业发展夯实基础。

积极推动图书馆人员的配备,以确保足够的人力。厦门市图书馆工作人员从1978年的31名增加到1991年的48名;厦门大学图书馆工作人员从1976年的56名增加到1987年的98名。各公共图书馆(室)、大专院校和中学图书馆以及科研单位、工会的图书馆(室)也根据规模大小配备了工作人员。

量的增长也需要质的飞跃,图书馆的发展,首先需要建立一支思想过硬、团结协作、懂业务、会管理的人才队伍。为了提高工作人员的业务素质,图书馆加大对工作人员的专业培养力度。各馆除了平时利用业务学习时间组织馆内学习外,更主要的是有计划地组织系统性业务学习。一方面,有针对性地选派工作人员参加各级举办的图书馆业务培训班,另一方面举办专业学历教育。1983年,厦门大学图书馆开办夜大图书馆专业班,学制3年,学员30名。1985年9月,北京大学图书馆学厦大函授班和福建电视大学图书馆学专业厦门班同时开学,皆为大专班,分别为厦门大学和市图书馆学会承办,于1988年7月分别有32名和23名学员毕业。1988年以后,厦门大学图书馆又继续开办北大图书馆学本科函授班和夜大学图书馆大专班,学员共50名。这些班的学员来自厦门各系统图书馆(室),毕业后几乎都是本市各系统图书馆的骨干,有些学员还成长为领导干部。这对发展厦门图书馆事业和提高各图书馆的业务水平起着重要的作用。

改革开放以来,国家对图书馆专业人员的培养也十分重视,制定了图书资料专业技术职称评聘细则,引导图书馆工作者的专业化发展。1983年,厦门大学图书馆率先实施首次专业技术职称评聘工作。各系统的图书馆、资料室也于1987年开始进行首次技术职称评聘。截至1994年底,全市有图书资料系列高级职称者30人,中级职称者118人。这些技术人员全部被所在单位聘用,改变在此之前无专业技术人员的尴尬局面,为图书馆业务的改革探索与开放拓展奠定了人力资源的基础。

再次是加大投入力度,加强藏书建设。

党的十一届三中全会召开后,肃清极左思潮,出版的新书刊逐渐增多。各图书馆根据图书馆的性质修订藏书建设原则,统一图书分编标准,采用《中图法》分编图书。增加购书经费,大力补充新书,以满足读者的需求。

厦门市图书馆注重针对特区经济建设相关行业之需要,入藏的书刊资料中,经贸、法律、航空、交通、航海、海洋、环境、电子、食品、旅游、港台、东南亚等主题的图书以及相关的各种工具书的比例大大增加。在市政府的支持下,年度总经费从1978年的70350元逐步增加到1991年的996032元,年购书费也从1978年的37660元逐步增加1991年的198733元。比以往相对充足的经费,保证了馆藏的日常补充,年进书量超过2.5万册,年订报刊也有千种以上,并且有能力购置大部的丛书,如1984年、1986年购置的《台湾方志丛书》和1987年购置的《四库全书》,总价达15.7万元。馆藏总量从1978年的46.9万余册增加到1988年的80万余册。1988年,集美图书馆归还校委会时还回27.8万余册图书,至1991年,藏书总量仍有56万余册,其中,中文图书49.2万册,线装图书6.2万册,外文图书1.2万册。①

厦门大学图书馆根据本校教育教学与科研的需要制定馆藏藏书建设原则。在学校的大力支持下,藏书补充更是突飞猛进。1978年藏书总量907689册,而1991年则达1750458册,13年增长了92.8%。1988—1990年,每年购买图书经费均为75万元左右。②根据学校所开课程的需要,图书馆藏书组织设置了经典著作、社会科学、自然科学、外文、文艺、线装、工具书、参考图书和

---

① 厦门图书馆.厦门图书馆史:1919—1998年[M].厦门:厦门图书馆,1999:33,38,43.
② 厦门大学档案馆,厦门大学校史研究室.厦门大学校史:第二卷(1949—1991)[M].厦门:厦门大学出版社,2006:458,324.

第四章　新中国成立后的厦门藏书与图书馆事业

储存等8个书库,1987年,还开辟本校著作展览厅,收藏、展示师生员工及国内外校友的著作成果。据中国图书馆学会和全国高校图工委1990年联合组织的全国文献资源调查结果(514个被调查单位),厦门大学图书馆收藏的文献总量达37万余种,在全国图书馆居第37位,在高校图书馆中居第11位。其中报刊1.95万种,居全国第11位;社会科学文献20.53万种,居全国第26位。[①]

最后是提高开放水平,拓展服务项目。

从哲学概念的角度来理解图书馆的开放,不单纯是指开馆,而是指图书馆突破封闭的状态,不断地创新和发展,以适应社会的需要,从而实现自身的生存与系统的最优化。改革开放,解放了思想,使图书馆努力突破封闭的枷锁,破除旧的管理方法,最大限度地满足读者需求。

1978年,厦门大学图书馆首先把"四人帮"时期被禁锢的图书重新向读者开放,深受欢迎。当时每天外借近300人次、500册次;阅览近1500人次、5000册次。[②] 1983年9月,在理科学生阅览室首先实行全开架借阅。阅览室每周开放时间,根据读者作息时间进行调整,从1984年的63小时提高到1985年后的72~80小时。改革读者借阅规定,增加借书册数,缩短借期,比起传统的借阅规定,流通率提高了60%以上。增设预约借书,电话借书和馆际互借,提高服务水准。1985年,设立工具书检索室;1987年设立参考咨询部,编印"信息参考",使参考咨询成为固定的服务。同时拓展为学校教学和地方政府服务。

厦门市图书馆的开放服务,首先是延长开放时间。1985年6月开始,总馆外借、阅览窗口取消星期一的休息闭馆,实行全日制开放。1987年4月14日开始,开放时间再次延长,上午8时开门直至晚上8时闭馆,每周开放时间由44小时增加至76小时,从而满足各种不同作息时间的市民需要。为加强为科学研究服务,总馆增设特藏阅览室,恢复参考咨询服务,并增设复印室提

[①] 厦门文化艺术志编纂委员会.厦门文化艺术志[M].厦门:厦门大学出版社,1999:157.

[②] 李金庆,陈滨.厦门大学图书馆大事记(1921—2006)[Z].未刊稿,2006.

供资料复制服务；集美分馆也开设参考阅览室。同时在新华路恢复儿童阅览室。1988年，又增设自学阅览室和外文阅览室。同时将外借处的文学类图书由半开架改为全开架。至1993年11月，才开始实行全面开架借阅。

二、公共图书馆的"大家庭"开始壮大

改革开放之东风，不仅推动厦门市图书馆工作更上层楼，而且促使新的公共图书馆之诞生。20世纪80年代，厦门公共图书馆的"大家庭"开始壮大。

1980年10月，厦门成立经济特区，经济发展迅速，外来人员大量涌入，形成庞大的新读者群。而当时厦门地区的公共图书馆只有市图书馆及其下属的两个分馆，以及十分简陋的同安县文化馆图书室。因此，为适应新时期社会主义现代化建设和厦门经济特区建设的需要，公共图书馆的建设成为改革开放后的一件大事。20世纪80年代，厦门地区建起了同安县图书馆、同安县少年儿童图书馆、厦门郊区图书馆和厦门市少年儿童图书馆四所公共图书馆，一举填补了厦门无专门儿童图书馆和所辖县、区无独立建制公共图书馆的两个空白。

同安县图书馆

1978年元月，同安县作为全省"农业学大寨"先进县，经省文化厅批准，成为全省首批建立县级公共图书馆的县。县政府克服财政紧张的困难，以文化馆图书室为基础，维修扩建图书室的用房"红旗馆"作为馆舍。翻建后，馆舍建筑面积为1000多平方米，配置了7名工作人员，任命洪大埕为馆长。1981年1月，同安县图书馆正式开放。

同安县图书馆刚建馆时，馆藏只有万余册，其中大部分为1956年陈延香捐赠的私人藏书，而普通图书则因"文革"期间文化馆图书室无人管理而鼠咬虫蛀、失窃散佚，所剩无几。1979年，图书馆对馆藏的近万册古籍进行修整，其中《陈氏大成宗谱》等善本计5部12册弥足珍贵。1980年，图书馆经费由县财政独立拨款，年总经费约3万元，购书经费有一定保证，故加大了图书采购力度。自1981年起，每年拿出1/3左右的下拨经费用于采购图书。至1985年，馆藏图书达20361册。藏书建设不论在数量上还是品种、质量上都

有较大的发展和提高。馆藏结构为文学艺术类约占50%,社会科学类约占30%,自然科学类约占20%。从农村县的公共图书馆性质出发,各学科图书多为普及性读物,同时注意收集各种工具书,并侧重于地方资料的搜集。

1985年8月,同安县计委立项并报市计委批准,由县财政、市财政和省文化厅分别拨款25万元、30万元和12.5万元,于同安城西新街中段建设县图书馆的新馆舍。征地面积2305平方米,建筑面积1670平方米。于1989年8月竣工,同年9月19日举行开馆典礼,同安县图书馆终于有了自己的馆舍。新馆设置报刊阅览室、图书外借处、图书阅览室、报刊库、特藏库、采编室及办公室等。由于馆址处于城区中心,开馆后,读者量剧增,较好地发挥图书馆的作用。

同安县图书馆的成立,还带动了基层图书馆的建设。自1981年至1983年,同安县的莲花、新店、新圩、大嶝、新民、马巷、西柯、汀溪等乡镇文化站也办起了图书室,虽然较为简易,但为本乡镇广大干部群众的阅读提供一定的服务。而更为重要的是,县图书馆还衍生出全省首家县级的少儿图书馆,为同安的广大少年儿童提供了阅读阵地。

同安县少年儿童图书馆

1981年4月,同安县图书馆联合县科委、科协和大同镇政府共同筹建同安县少年儿童图书馆,馆址设于大同镇三秀街十字巷69号,面积225平方米,内设图书外借处和阅览室。1981年6月1日,同安县少年儿童图书馆正式开馆,同安县首次有了专门为儿童设置的图书馆。创办伊始,少儿图书馆的机构、人员及业务活动均由县图书馆统筹安排。县图书馆由于人手紧张,安排2~3名临时工负责日常管理,而业务指导及采编、辅导等则由县图书馆人员兼理。县图书馆原有少儿书籍全部调归少儿图书馆,当年又补充部分图书,1982年已有馆藏1900多种、9800多册。

这个图书馆开馆才一年,就做出成绩。1982年已发放借书证1400本,在各小学设立图书流通点14处。馆内实行开架阅览,并举办各种形式的儿童读书活动。1982年8月,被文化部评为全国少儿图书工作先进单位,并在表彰会上介绍先进经验。这荣誉,对促进地方政府对图书馆工作的重视显然是起了不小的作用。

1985年,少儿图书馆迁往双溪公园,命名为"同安县图书馆少儿分馆",由县政府拨款3万元,改造维修原水泥车间作为馆舍,面积300平方米左右,内设阅览室、外借处,可容纳200多名读者,阅读环境有较大的改善。1986年5月,同安县编委下达(86)02号文件,将少儿图书馆正式定编为股级的全民事业单位,成为福建省第一个有独立建制的县级少儿图书馆。定编后,少儿图书馆与县图书馆合署办公,馆长仍由县馆馆长兼任。两馆定编共7人,其中县馆4人,少儿馆3人,因人手紧张,经编委批准两馆增加临时工共4名。定编后,图书馆工作更为规范化,年购书量虽不多,但到1992年,已有馆藏23621册,报刊118份,连环画2663册。图书分类采用《中图法》,设置分类目录。藏书以半开架形式全部投入外借,报刊连环画开架阅览。[①]

厦门郊区图书馆

厦门郊区图书馆于1982年开始筹建,馆址在灌口镇大街底,面积250平方米。筹办时市财政局拨款6000元,进行馆舍修缮改造,郊区政府拨款4000元添置书架、办公设备与购置图书报刊等。1983年10月11日正式开放。当时只有2名工作人员,刘英团主持馆务。建馆初期,藏书仅有5000册。因每年经费仅有1万元,故新书购置不足,经刘英团四处呼吁,得到省、市图书馆等的赞助,1987年藏书达到2万册。图书馆积极开展农村阅读活动,除努力吸引读者到馆外,还协助乡镇建立图书室,并采用流动书箱的形式开展馆外流通服务。1987年,国务院批准厦门市行政区划进行调整,郊区改名为集美区,为此,郊区图书馆改名为集美区图书馆。1988年5月,馆舍迁集美镇。

厦门市少年儿童图书馆

厦门市少年儿童图书馆是福建省第一所独立建制的儿童图书馆,筹建于1984年。是年,市政协常委、热心社会文教事业的郑忠益先生将落实华侨政策而退还的思明北路124—138号四层大楼无偿赠予市少年儿童福利基金会,作为市少儿图书馆的馆舍,同时将政府落实政策退还的租金4.6万元一并捐

---

① 洪文章,陈树硕.同安文化艺术志[M].厦门:厦门大学出版社,1996:206.

赠办馆。郑老先生的义举为市少儿图书馆的创建奠定了基础。1984年11月,市政府下达市少儿图书馆的20名的人员定编,市文化局任命李曼青为副馆长,主持工作。1985年1月,正式将馆舍移交给少儿图书馆,同时开始修缮工作。馆舍面积为1763平方米,一楼为促学部,二楼为外借处和儿童阅览室,三楼为少年阅览室(后改为视听活动室)、参考阅览室、基本书库和采编室,四楼为办公室和书库。

为了争取社会各界的支持,少儿图书馆于1985年2月成立了由妇联、文化局等单位和郑忠益亲属组成的董事会,聘请董厚英为名誉董事长,叶亚伟为董事长。这是新中国成立后福建省首个社会参与管理图书馆的组织,在争取社会支持、督促与协助该馆工作上发挥了有力的作用。

1986年元旦,厦门市少儿图书馆正式开馆。初期设置采编组、外借组、阅览组、辅导活动组、后勤组和促学部,后增设参考咨询组。1991年,改"组"为"部",后勤组更名为办公室,促学部更名为读者服务部。建馆之初,接受市图书馆及兄弟单位的赠书并补充一批新书,1986年底,馆藏已达40657册。因市财政拨给购书经费每年逐步增加,年均补充新书2万册左右,又接受社会各界的资助,1991年,馆藏总量已达106466册。藏书以儿童读物为主,包括思想教育读物、儿童文学、知识性读物、学生参考书和低幼启蒙读物等,此外,还收藏少儿工作者的参考资料以及港台版儿童教育资料、少儿地方文献和儿童视听资料。其中,社会科学类占36%,文学艺术类占40.9%,自然科学占23.1%。

建馆初,制定"以图书为主要工具,多渠道、多层次、多形式开展少儿阅读活动,把少儿图书馆办成广大少儿进行思想品德教育和科学知识普及的第二课堂"的办馆方针,坚持"以借阅流通为基础,以阅读指导为重心"的工作手段,实行天天开放,开架阅览服务;举办展览、演讲、征文等形式的读书活动。1988年10月,又试行全开架外借服务。1990年,进一步提出"走向社会,主动服务,把图书馆办到少年儿童中去"的服务思想,与少年宫、学校等教育机构合作联办分馆、流通站,逐步形成社会化服务的图书馆网络。因着出色的成绩,获得各级政府的表彰,其中,1989年获全国"文明图书馆"称号,1991年获全国"文化工作先进集体"称号。

集美图书馆

改革开放后,市委、市政府根据国务院侨务办公室有关落实华侨政策的精神,由市政府办公室于1989年5月30日召开归还集美图书馆问题协调会,决定从7月1日起,集美图书馆正式归还集美学校校委会。图书馆的性质仍为综合性的公共图书馆。上级主管机构为中共厦门市委统战部。6月28日,厦门市图书馆将集美图书馆财产登记册、藏书登记册、人事档案等档案资料移交给集美学校校委会。其中,在编人员5名,移交图书278369册,包括1972年接收时的图书203678册,1972—1989年市图书馆分配的图书74691册,以及报纸50种左右、杂志500种。[①]1994年,市编委核定集美图书馆的编制,定员为20名,成为独立建制的法人单位。在校委会的领导下,集美图书馆人员不断增加,藏书日益丰富,服务不断拓展,各项建设进入新的发展时期。

在这一时期建立的公共图书馆还有杏林图书馆。这是一所由杏林区总工会与杏林区文化局联合举办的非独立建制图书馆,由杏林区总工会在杏林东路的工会俱乐部内提供了一个楼层作为馆舍,杏林区文化局提供工作人员和藏书,为杏林地区广大民众提供服务。这个馆规模虽然不大,但在当时区馆未建立起来时,担负了区馆的服务职能,发挥了很大的作用。直至2003年,杏林区更名为海沧区,杏林地区划归集美区后,海沧区成立了图书馆,这个馆才回归集美区总工会。

三、教育发展形势催生大批学校图书馆

随着"文革"的结束,被打乱的教育秩序得到恢复。面对我国经济体制改革全面展开的形势,面对世界范围新技术革命正在兴起的形势,学校的复办和教育的发展成为时代的需要。20世纪70年代末80年代初,一大批学校重新建立起来,教学与科研开始步入正轨。而作为教学和科研重要组成部分的图书馆也就如雨后春笋般地应运而生了。20世纪80年代,厦门学校系统诞

---

① 厦门图书馆.厦门图书馆馆史:1919—1998年[M].厦门:厦门图书馆,1999:38.

生了一大批图书馆,其数量是惊人地可观,显示了厦门教育发展的大好形势。

大专院校图书馆是学校系统图书馆的主力骨干。有趣的是,除了个别学校外,新诞生的大专院校图书馆大都集中在集美学村。集美学村各校,原来都共享集美学校图书馆的藏书资源。1972年,学校图书馆改为公共图书馆。集美学村中的各专科学校复办后,因教学与科研的需要,重点采购本专业的教学参考书籍以供师生使用,为此,开始建立起自己的阅览室,并逐渐发展成一定规模的图书馆。这一时期,厦门各学校建立的图书馆有以下几所。

集美师范专科学校图书馆

集美师范专科学校图书馆,是为师范教育教学和科研服务的专业图书馆,创办于1978年。学校的前身为陈嘉庚先生1918年创办的集美师范学校。学校复办后,于1978年7月设立图书室。20世纪80年代,随着规模扩大而升格为图书馆。至1991年,馆藏图书资料达18万册。图书分类采用《中图法》,设有书名、分类和著者目录。藏书以师范教育、教学文献和文学艺术书籍为重点,占馆藏总数的63%。1993年新建馆舍落成,面积3300平方米。全馆工作人员18人,分设采编科、流通科、期刊阅览科等部门,设置书库和3个报刊阅览室,共250个座位,均实行开架借阅。[1]

福建体育学院图书馆

福建体育学院图书馆,是具有体育专业特色的体育文献情报中心,创建于1979年。学院的前身是于1958年创办的福建体育专科学校,校址在福州,1962年停办。1978年12月学校复办,校址改设在厦门集美。1979年,学校设置图书馆,馆舍面积570平方米,设1个书库3个阅览室,76个阅览座位。至20世纪80年代,馆藏发展至8万册,其中图书6.7万册,期刊572种,[2]形成以体育专业文献为重点的藏书体系。全部藏书对教师实行开架借阅,并开展咨询、情报翻译、资料复印等服务。多年来立足馆藏,建立一套中文期刊篇

---

[1] 厦门文化艺术志编纂委员会.厦门文化艺术志[M].厦门:厦门大学出版社,1999:163.

[2] 厦门文化艺术志编纂委员会.厦门文化艺术志[M].厦门:厦门大学出版社,1999:162.

名目录,并编辑体育美学、体育道德、体育社会学等专题文献目录。

集美航海学院图书馆

集美航海学院图书馆,前身为集美水产航海学校图书室。1958年,集美水产航海学校一分为二,分别成立集美水产学校和航海学校。航海学校设有图书资料室,"文革"期间停办。1978年11月,经国务院批准,学校改为大专,更名为"集美航海专科学校",资料室隶属教务处,有6名管理人员,藏书34825册。1982年,图书室升格为图书馆。1984年,图书馆新馆舍落成,共500个阅览座位。1989年5月,学校更名为"集美航海学院",为交通部直属高校。图书馆设置办公室、采编组、流通组、期刊组和科技情报室,工作人员32人。当年9月,又在分校开办一所图书分馆,面积700平方米。截至1988年,图书馆藏书230085册,期刊1000余种,馆藏以中外航海专业相关书刊为主,其中船舶驾驶、船舶轮机管理、船舶电气与船舶导航等专业资料十分丰富。[①]书刊采用全开架形式向读者提供服务,年均接待读者7万人次,外借图书8万余册次。

集美水产学校图书馆

集美水产学校图书馆,重建于20世纪70年代末。学校前身为陈嘉庚先生于1920年创办的集美水产科,1923年,其组织机构中始设图书委员会。1927年改为集美水产航海学校图书室,持续办馆到20世纪50年代。1958年,水产、航海分开办学,在集美水产学校的基础上创办集美水产专科学校,"文革"期间被迫停办。1974年,省革委会决定复办集美水产专科学校,翌年借厦门东渡渔港为临时校舍,是名挂"集美"却未在集美办学的学校。但其继承集美水产学校的办学思想和办学基础,馆藏图书中不仅有集美水产学校图书室的专业文献资料,还有陈嘉庚先生创办的新加坡水产学校停办时寄赠的图书。1978年2月,学校迁至岛内的仙岳山下,学校图书资料室发展成为图书馆,并日益壮大。

---

① 李泽文.陈嘉庚与图书馆[M].厦门:集美图书馆,2008:18.

第四章　新中国成立后的厦门藏书与图书馆事业

集美财经专科学校图书馆

集美财经专科学校图书馆,建立于20世纪80年代初。学校的前身是陈嘉庚先生于1920年创办的集美商科。20世纪30年代,因教学需要而购进大量财经专业书刊,建立了自己的图书室,而学生的课外阅读主要还是依靠集美学校图书馆。1980年集美财经学校复校后,成立图书馆供师生学习与科研之用。1990年1月,图书馆建成新馆大楼,馆舍面积5258平方米,阅览室座位480个。设置采编部、流通部和期刊情报部,配备复印机、四通打字机、音像等设备。馆藏以经济文献为主,是具有财经特色的专业图书馆。截至1993年,藏书16万余册,报刊500多种,[1]全部实行开架借阅。

集美轻工业学校图书馆

集美轻工业学校图书馆建立于1988年。学校的前身是陈嘉庚先生于1920年创办的集美商科。1959年改为此名。1988年11月25日,集美轻工业学校图书馆建馆。同年12月,由印尼爱国华侨慈善机构——印尼椰城玄坛公地藏王庙执事理事会捐建的图书馆楼建成,建筑面积2420平方米,内设采编室、借书室、期刊阅览室、过刊阅览室、教师专业阅览室、书库等。馆藏图书以轻化工类文献为特色,包括造纸、制糖、硅酸盐、环保、分析、计算机、机电、商贸、信息、企业管理等专业文献。[2]

鹭江职业大学图书馆

鹭江职业大学图书馆成立于1981年。1981年春,为了培养厦门经济特区急需的一线技术与管理的应用型人才,厦门市委、市政府决定创办一所市属职业大专学校,校址设在蜂巢山。5月19日,鹭江职业大学正式成立。学校创办时,即设置图书室。1983年6月,升格为图书馆,作为与教务处同级的独立部门,直属校长领导。1988年6月建成新馆舍,建筑面积3440平方米。内设采编组、流通组、期刊组和办公室。1992年机构调整,改"组"为部,增设资料信息部。工作人员17名。从1982年至1987年,学校每年拨给5万~6

---

[1] 李泽文.陈嘉庚与图书馆[M].厦门:集美图书馆,2008:14.
[2] 李泽文.陈嘉庚与图书馆[M].厦门:集美图书馆,2008:18.

万元做书刊购置费,1988—1993年每年增加到10万元左右。由于购书经费相对固定,馆藏书刊稳步发展。截至1993年,馆藏达12.5万册,其中外文图书约0.7万册,港台版图书0.5万册,期刊700种,报纸80种,期刊合订本4500册。藏书采用《中图法》分类,备有书名和分类的公务目录和读者目录。图书外借、阅览均以开架方式让读者押证入室找书,颇受读者欢迎,每月外借与阅览约8000人次与册次。

在这个时期建立的大专院校图书馆还有:

厦门市广播电视大学图书馆,约成立于20世纪80年代初,藏书有10万册。

厦门工人业余大学图书馆,1979年学校复校后设置图书馆。1997年更名为厦门职工大学图书馆。

除了大专院校纷纷建立图书馆外,新开办的中等学校也都建起图书馆(室)。

1973年建校的厦门第九中学,于1974年设立图书馆,内设书库、资料室、学生阅览室。截至1993年,藏书近3.5万册,报刊102种。

1976年建校的厦门第十中学,于1978年设立图书馆,内设书库、资料室、学生阅览室和教师阅览室。截至1993年,藏书3.5万册,报刊近200种。

1982年建校的厦门第十一中学,于1983年设立图书馆,内设书库、学生阅览室。截至1993年,藏书2.6万册,报刊150多种。

1985年建校的厦门湖滨中学,于1986年设立图书馆,内设书库、学生阅览室和教师阅览室。截至1993年,藏书2万册,报刊200余种。

1987年建校的厦门莲花中学,于同年7月设立图书馆,内设书库、学生阅览室和教师阅览室。截至1993年,藏书1.4余万册,报刊近150种。

1990年建校的厦门槟榔中学,于同年9月设立图书馆,内设书库、学生阅览室。截至1993年,藏书近万册,报刊近150种。

1986年建校的厦门湖里中学,于1990年11月设立图书馆,内设学生阅览室和教师阅览室。截至1993年,藏书近万册,报刊101种。

1982年建校的英语中学,于1984年9月设立图书室,1990年随学校更名改称厦门外国语学校图书馆。阅览室一室多用。截至1993年,藏书1.5万册,报刊175种。[①]

1995年,厦门市双十中学图书馆新馆舍落成,为这一轮馆舍建设打上了句号。双十中学图书馆全称为"厦门市双十中学梦飞图书馆",建筑面积2668平方米,是双十中学校友林华国以其父亲林梦飞的名义捐赠的。林梦飞(1909—1994),台湾台北人。1927年,毕业于黄埔军校,先后参加北伐战争、抗日战争,官至国民党少将。1949年,携带厦门防务地图起义。历任省政协副主席、省黄埔军校同学会会长等。改革开放后,在引进侨、台、外资等方面做了大量工作。受父亲爱国思想的影响,林华国也十分热心公益事业,捐赠教育、慈善等累计近千万元。

此外,鹭江中学、音乐学校也办起图书馆,而一些老校如集美中学等校图书馆也恢复起来。县、区所属中学图书馆也相继恢复和建立起来,如杏林区的杏南中学、杏侨中学,集美区的灌口中学、海沧中学,同安县的澳溪中学等校。虽然,这一时期的中学图书馆规模小、藏书少,但随着教育改革的深入发展,发展势头甚好,为教师的教育教学和学生的课外阅读提供了基本的环境。

与学校图书馆的兴起同步,厦门的一些科研单位也建立起资料室,加入厦门图书馆事业的队伍中来。如1980年7月成立的厦门大学台湾研究所资料室,是全国高校中最早设立收藏台湾出版物的专业资料室。又如1980年建立的福建海洋研究所信息资料室,收藏丰富的国内外海洋研究文献资料。而厂矿企业图书馆也出现了,如厦门工程机械厂、厦门橡胶厂、厦门叉车总厂、厦门罐头厂、厦门电器控制设备厂等大型工厂,也都办有图书馆。

四、新中国成立后的首轮馆舍建设高潮

改革开放之后,为适应新时期社会主义现代化建设和厦门经济特区建设服务的需要,厦门诞生了一大批新的图书馆,而原有的图书馆则大幅度调整业务工作,加强藏书建设,拓展服务项目,不断推进图书馆事业的发展,各图

---

① 陈峰.厦门市中学图书馆(室)简介[Z].未刊稿,1993.

书馆呈现一派勃勃生机。

随着出版事业和图书馆事业的蓬勃发展,图书馆藏书量急剧增加,原有的书库已是无法尽纳于怀;随着业务拓展与服务项目的增多,供读者使用的服务空间也显得地狭人稠,而一些新建的图书馆也还暂借他处,没有专门的图书馆用房。这些现象表明图书馆亟须解决馆舍的问题。为此,20世纪80年代,厦门的图书馆掀起了新中国成立后首轮图书馆的馆舍建设高潮。厦门大学图书馆、厦门市图书馆以及集美的新建高校图书馆都建起了新馆舍。

厦门大学图书馆

厦门大学图书馆原有馆舍为1954年校主陈嘉庚先生主持规划而建成的成智楼,面积只有3900平方米。1978年,在校办公楼后设立分馆,在集美(二)二楼设文财科阅览室。这样,厦门大学图书馆建筑面积扩展到6000平方米,设置了8个书库、3个阅览室,以及5个报刊库。然而,当年图书馆藏书已达102万册,如此面积的馆舍已容不下日益增长的文献,更何况业务的发展需要更多的活动空间。为了缓解图书馆馆舍的紧张状况,由国家教委投资720万元兴建新图书馆楼,于1987年3月基本竣工。

1987年9月21日,厦门大学图书馆新馆舍南强(一)正式向读者开放。建筑面积18196平方米,使用面积13789平方米,是当时全省最大的馆舍。书库高8层,其中2~5层可藏书210万册。全馆除总出纳台和文艺书库出纳台外,还设教师、研究生、本科生、中外文现刊、过刊、报纸、工具书检索、古籍、善本等13个阅览室,拥有2400个阅览座位,并设计计算机房、复印和照相复制室,添置一批现代化技术设备,为师生的学习与教研创造一个宽畅场所和优雅环境。新馆舍的落成,使厦门大学图书馆如虎添翼,各项工作更上一层楼。其时,完善组织机构,下设办公室、采访编目部、流通阅览部、期刊资料部、参考咨询部等部门,1992年又增设技术部。

厦门市图书馆

从1976年到1985年,市图书馆各项业务工作不仅恢复了正常,而且有新的发展和提高。至1986年,总馆和两个分馆的藏书合计已达70万册。尽管书架加层至天花板,一架当两架用,仍有大量图书无法上架,架上的图

第四章　新中国成立后的厦门藏书与图书馆事业

书因为架满无空间，也无法做到科学排架，这种情况引起社会和广大读者的关注，呼吁解决馆舍问题。1987年8月，经邹尔均市长批复，市政府将公园南路2号原市政府大院，包括原市委大楼及其附属各楼房拨作图书馆馆址，全院面积近万平方米，建筑面积1800平方米。1988年6月14日，图书馆迁入新址，8月4日，对读者开放。迁入新址后，条件虽大为改善，首先是60多万册藏书得到妥善安排，其次是为图书馆开架外借的尝试提供了条件，但其建筑结构仍不能适应图书馆存储文献和服务布局的需要，尤其是在图书馆走向全面开架服务的趋势下，这种办公用房的小空间格局不能满足图书馆发展的需求。

1988年底，厦门市图书馆筹建新馆舍的梦想，获得了爱国港澳同胞的支持。改革开放后，许多爱国侨胞和港澳同胞纷纷捐资支持家乡各项建设，香港杨贻瑶先生便是其中一位。

杨贻瑶(1910—1997)，福建晋江深沪人。少时家贫，没能上学读书，年轻时就到厦门讨生活，做小工、当店员。抗战前夕，他往菲律宾谋生，辛苦打拼，有了积蓄后，回到香港定居创业。当年在厦门当店员时，让他最为欣喜的事就是到厦门图书馆看书。他不仅在图书馆看书识字，而且在识字量增加后，能够阅读各类的书刊、报纸，开阔眼界，增长知识。后来他敢于走出国门，去闯南洋，并且最终事业有成，也就是经常看书读报学习的结果。他的经历，使他深深体会到图书馆对公众提高文化水平和素质的重要性。因此，当他事业有成时，就想要圆当年的梦想，即建一个图书馆，收藏很多的书，让更多的人能够在好的条件下看书学习，像他当年那样在图书馆里获得学习机会。因此，他愿为家乡的图书馆建设做些实事。自1984年起，他多次返厦为捐资兴建图书馆新楼选址奔走。1988年底，在厦门市政府与市图书馆领导认真规划安排下，选定在公园南路2号兴建图书馆综合楼。

1991年，综合楼落成开馆。该楼5层，面积4500平方米，一楼为多功能展览厅，二楼为期刊阅览室，三楼为外借处，四楼为计算机室及预备用房，五楼为外文、赠书阅览室。综合楼采用四面开窗的开放式大厅结构，建筑特色独具一格。它的建成为厦门市民读书学习，提高全面素质提供了一个良好场所。

厦门市图书馆的中山分馆,馆舍原在港仔后路74号,1963年3月,与海关签订《暂换房屋协议书》,迁入中华路4号,面积为324.9平方米。这幢原海关俱乐部的老房子,为砖木结构,已有近百年的历史。因年久失修,严重的白蚁侵蚀,使整座楼房摇摇欲坠,已不再适合做图书馆的馆舍。经图书馆多方呼吁,1991年市政府拨款重新修建中山分馆,面积1600平方米。1994年11月,中山分馆新馆落成正式开馆。

其他大专院校图书馆

其他大专院校图书馆建立之后,也纷纷筹建新馆舍。

集美航海专科学校图书馆于1984年5月新建馆舍,面积4300平方米,内设6个书库、2个学生阅览室、1个学生自习室,共500个阅览座位。1988年3月,又设置有60个座位的多功能视听室。

中共厦门市委党校图书资料室于1984年迁入湖滨北路新址,有一座独立馆舍,使用面积1000余平方米。至1993年底,馆藏由1984年的24000余册增加到76000余册,订购报刊400种以上。设有报刊阅览室和书库,实行开架和闭架相结合的借阅制度。

鹭江职业大学图书馆于1988年6月建成新馆舍,建筑面积3440平方米。设置书库、阅览室,以开架方式押证入库借阅。

集美轻工业学校图书馆于1988年12月,在印尼爱国华侨慈善机构捐赠下建成图书馆楼。建筑面积2420平方米。

集美财经专科学校图书馆于1990年1月建成新馆大楼,馆舍面积5258平方米,阅览室座位480个。

厦门水产学院1991年迁至集美新区,图书馆新馆舍面积3090平方米。藏书20多万册,中文期刊560种,外文期刊148种,报纸60种。该馆以水产科技文献为自己的收藏特色,除为校内教学和科研服务外,还面向渔区提供各种专题养殖技术咨询服务。

集美师范专科学校图书馆于1993年建成新馆舍,面积3300平方米,设3个阅览室,共250个座位。

第四章　新中国成立后的厦门藏书与图书馆事业

在新中国成立后的首轮馆舍建设高潮中,厦门各图书馆首次有了结构合理、功能完善、环境舒适的独立馆舍,为广大市民的学习与休闲、学校的教学科研和师生的课外阅读提供了优越的条件,更为图书馆未来的发展奠定了基础。

第五章　信息时代的厦门藏书与图书馆事业

20世纪90年代,中国图书馆事业开始向21世纪挺进。21世纪是一个信息化时代,是一个知识经济迅猛发展的时代。在信息时代,图书馆已不再是传统意义上的图书馆,它在信息的存贮、管理、服务及人员素质等方面发生了根本的变化,再次实现了质的蜕变。从20世纪90年代初开始,厦门图书馆事业经历了现代化转型阶段,在当代信息科学技术的支持下,逐步完成了自动化发展的三个步伐,从计算机集成管理的自动化初级阶段进入数字图书馆的高级阶段。同时,在先进的图书馆理念的指导下,厦门各类图书馆实现了图书馆管理与业务的根本变革,走向了跨越式发展。

第一节　厦门图书馆事业的现代化转型

20世纪80年代始,一股强大的信息化潮流席卷了全球,社会进入知识经济时代。计算机广泛应用,互联网开始普及,改变了人们的工作与生活方式。以信息技术等为标志的新技术革命,促进了社会生产力的发展,推动传统的产业结构、劳动方式与劳动内容、生产布局、生活方式的巨大变革。作为信息获取、传递与处理的机构,计算机技术在图书馆的运用,已成为必然趋势。20世纪80年代末90年代初,厦门各图书馆随着这股变革的潮流起舞,踏入现代化的跨越发展时期。其发展大概分为三个阶段:从20世纪80年代末的单项业务计算机管理起步,到20世纪90年代初的图书馆计算机集成管理,是发展图书馆管理系统的自动化初级阶段;与集成管理建设同步的20世纪90年代的网络建设,是网络化服务的发展阶段;直至2000年以后的数字化建设,是进入数字图书馆的自动化高级阶段。图书馆通过三个阶段的自动化发展,实现图书馆的现代化转型,从而走向跨越式发展。

第五章　信息时代的厦门藏书与图书馆事业

一、自动化管理：图书馆自动化的起步

图书馆自动化管理是以计算机技术为核心，与网络通信技术相结合，对图书馆的各项业务实行自动控制的过程。简单地说，就是运用电脑来处理图书馆的图书采访、编目、期刊管理、流通管理、书目检索及行政管理等业务，并通过局域网使读者可以随时随地访问图书馆的文献信息，使图书馆信息共享的服务范围扩大。它将促进和加强图书馆之间的协调、合作与资源共享，促进了图书馆服务的社会化，是图书馆现代化转型的基础。

厦门的图书馆自动化管理起步，最早从厦门大学图书馆开始。20世纪80年代后期，利用华侨捐赠和自购的几台计算机，厦门大学图书馆开始了图书馆管理的初步尝试。1992年，学校成立图书馆自动化工作领导小组，林祖庚校长亲任组长，指定计算中心和计算机系为图书馆提供技术支持。利用台湾厦大校友会陈安祺校友及杜俊敏校友的捐款部分购买硬件，并确定了自行开发的"基于Novell网的厦大图书馆自动化系统"。1993年2月，自行开发的流通子系统初步开通，对校内读者实行开架借阅，全馆开架书刊计57万册，占馆藏总数的27%以上。随后又在美国BiblioFile光盘编目系统和息洋通用编目系统（GCS）上进行西文和中文图书编目。同时进行回溯建库，大约到1996年初完成了约30万条图书书目数据回溯，为图书馆自动化管理创造基础条件，标志着图书馆自动化建设进入实用阶段。

为了解决各系统间的数据共享，提高整体工作效率，厦门大学图书馆决定放弃单功能系统，转而引入图书馆自动化集成系统。经过比较和试用，1996年最终选择了当时处于我国领先地位的深圳大学图书馆ILAS 5.0系统，包括采访、编目、流通、连续出版物、检索、参考咨询等6个子系统，运用ILAS 5.0系统实现图书馆自动化管理。与此同时，厦门大学于1995年初建立光盘中心，通过校园网向师生提供图书馆的各种服务。而后，图书馆还在总馆建立了无线局域网，方便读者自带手提电脑上网，实现了高度的电子化、网络化的服务环境。

厦门各高校也朝着向图书馆的自动化管理发展。

1994年10月,集美学村原集美航海学院、厦门水产学院、福建体育学院、集美财经高等专科学校、集美师范高等专科学校等五所高校合并组建为集美大学,各校图书馆于1999年5月合并组建成集美大学图书馆。在图书馆合并之前的1995年和1996年,这五所学校已建立自动化管理系统,如集美航海学院于1995年即建立文献采访、编目和流通管理子系统。这些管理系统为图书馆合并后的系统整合打下基础。1996年,集美大学启动校园网建设,形成了较好的网络基础环境。集美大学图书馆利用校园网整合各图书馆资源,建立起图书馆自动化管理系统,面向全校师生服务。

　　厦门海洋职业技术学院,前身为集美水产学校,图书馆于2000年引进ILASⅡ图书馆管理系统,实现业务的全程自动化管理。2003年,学校升格为厦门海洋职业技术学院后,图书馆着手网络化的建设,通过校园网络系统为读者提供24小时不间断的网上借阅查询、馆藏文献检索等服务。

　　公共图书馆的自动化管理则从厦门市图书馆开始。1993年起,厦门市图书馆采用深圳图书馆的ILAS系统进行业务管理。首先实现的是文献采编和期刊子系统。翌年,流通系统也投入使用,计算机操作代替手工操作,每位读者借还图书的时间缩短至几秒钟,提高了工作效率,流通量大大增加。随着ILAS系统的不断升级更新,全馆的各项业务工作均实现了自动化管理。1999年,深圳图书馆的ILAS系统推出了网络版,图书馆的自动化从计算机集成管理进入网络化建设成为发展趋势。2001年6月,厦门市图书馆总馆计算机管理系统正式升级为ILASⅡ版,整体运行良好。7月,鼓浪屿中山图书馆也正式升级为ILASⅡ版,通过网络,实现了总、分馆的通借通还。

　　厦门市少年儿童图书馆于1997年开始图书馆自动化管理建设,1998年,先实现借阅子系统自动化管理。而后投入书目采访、编目和期刊管理等子系统的建设,从而实现全馆的自动化管理。

　　厦门市各区级图书馆除了同安区图书馆和集美区图书馆外,大多建馆于2000年之后,虽成立较晚,但却赶上图书馆自动化建设的成熟时期,因此也就很快走上自动化建设的步伐。建馆较早的区馆,先是使用ILAS小型版进行图书馆管理。2009年,厦门市公共图书馆服务联合体正式启动,各区馆作为联合体的成员馆,与厦门市图书馆使用"图书馆集群自动化管理系统"(Interlib),从而全面实现图书馆管理的自动化。

图书馆自动化管理,不仅是藏书活动管理从手工操作走向自动化管理,更是图书馆全面走向自动化、数字化的起步。通过这一步,图书馆人看到,广大民众可以通过网络随时随地访问图书馆的网络电子文献信息,使图书馆信息共享的服务范围扩大到全社会。

二、图书馆网络化:由局域网而至互联网

20世纪90年代以来,信息技术发展迅速,图书馆资源和信息环境开始发生转变,在技术发展和用户需求的驱动下,图书馆的自动化从计算机集成管理进入网络化建设成为发展趋势。

图书馆的网络化,是从局域网开始的。局域网的覆盖范围一般是方圆几千米之内,但具备安装便捷、成本节约、扩展方便等特点,可以实现文件管理、应用软件共享、打印机共享等功能,在图书馆内运用广泛。

厦大图书馆的自动化建设与学校网络化建设几乎同步进行、协同发展。1995年,图书馆建立拥有30多台计算机的局域网络,提供文献检索、多媒体读物、电子邮件等服务,系福建省第一个多媒体局域网络。1994年学校成立校园高速信息网络建设领导小组,采用当时最先进的ATM交换技术,选择IBM公司提供的校园网解决方案构建厦门大学校园网光纤主干网,1996年4月,正式开通使用。1997年,完成了全校大部分的网络覆盖。其间,图书馆内部网络也进行了大规模升级,网络稳定性和速度大为提升,不仅在校园网络上提供网上馆藏书目、图书借阅信息查询和电子文献浏览,并通过中国教育和科研计算机网络(CERNET)连接国际互联网。至此,图书馆也从局域网时代,通过校园网接入CERNET连接互联网,正式步入互联网时代。

随着校园网的全面建成,厦门大学提出"数字校园"建设方案,图书馆资源"上网",向校园网乃至互联网提供资源成为首要任务。1997年初,图书馆在校园网上较早建立了主页,是厦门大学校园网上资源最为丰富的网站,先后引进SCI/SSCI/ABI/Inform等大型光盘数据库,OCLC FirstSearch 数据

库,Science 电子版等数据库。2000 年,图书馆完成网络升级工作,实现了馆内的千兆光纤网络,全馆设备均实现百兆交换到桌面,使图书馆局域网络达到国内最前列。

集美各高校在自动化管理系统建设中,也都利用校园网的优势,普遍建立电子阅览室。五校图书馆合并后,于嘉庚馆区和陈延奎馆区分别设置了电子阅览厅。这些电子阅览厅为广大到馆读者提供数字资源检索、书目数据查询、读者记录查询、图书预约和续借、座位预约、网上资源浏览及各种信息资源数据库利用等各类服务。

在自动化建设的同时,厦门公共图书馆在局域网的条件下,也是先从局域网入手,通过建立电子阅览室,为来馆读者提供便捷、高效的信息服务。1998 年,市图书馆建立了电子阅览室;同年,厦门市少儿图书馆也建立了电子阅览室。厦门各区级的电子阅览室起步较晚,主要是受到资金和场馆空间的限制。2005 年,全国文化信息资源共享工程第三阶段启动,要求完成总体目标中的区县、乡镇(街道)和社区基层中心的建设与联网,电子阅览室建设是其中一项内容。在这大环境下,厦门各区级图书馆承担了"全国文化信息资源共享工程区级支中心"的任务,纷纷建立起电子阅览室。较早的有海沧区图书馆在 2005 年迁入新馆时就建立电子阅览区,较迟的有思明区图书馆 2010 年迁入新馆后、翔安区图书馆在 2011 年建馆时,均在一体化服务空间中设置了电子阅览区。而厦门大学图书馆则早在 1989 年就设立音像室,以放映资料片为主兼向读者提供外语听力服务。厦门市少儿图书馆于 2003 年设立音像资料室,为少儿读者提供儿童影像资料。更多的图书馆则是将音像资料阅览纳入电子阅览室的服务之中。

网站,是一种沟通工具。图书馆可以通过网站向社会发布其所拥有的文献信息资源,从而为社会提供更为广泛的服务。随着信息技术的迅速发展,以谷歌(Google)为代表的搜索引擎、以 Web 为导向的各种网站受到用户的青睐,提升了用户体验。新技术环境的变化给图书馆局域带来压力,用户希望图书馆系统能提供类似谷歌搜索的检索以及与 Web 网站同样好的用户体验,提供与外部系统的关联。因此,图书馆的网络化建设也就从局域网走上互联

第五章　信息时代的厦门藏书与图书馆事业

网,而网站则成为其与外部联系的窗口。

2001年,厦门大学图书馆网站成功发布"厦门大学知识资源港"。2002年,初步组建存储区域网络,2003年,引进联想公司的2G光纤存储系统,到2004年,磁盘总容量达到20TB,实现海量存储。2004年4月,"厦门大学知识资源港"升级,首度以学科门户形式正式发布,是我国图书馆界推出的第一个综合性学科门户网站,建立一个统一的学术资源检索与服务平台,探索服务系统网络化的道路。

1999年,厦门市图书馆为了更好地为读者提供网络服务平台,构建了自己的网站,由专人负责管理。网站设置了图书馆简介、新书介绍、电子图书、读者查询、书目检索、读者指南、读者论坛、博览群书等栏目。图书馆的网站经过几次改版后,网页的栏目设置更加合理,信息内容更加丰富、更新更及时,网页设计更美观。改版后的图书馆网站吸引了更多读者的访问,高峰日点击量达到400多人次。

厦门市少儿图书馆于2000年6月1日开通图书馆网站。2001年5月开通宽带网,6月参与"中国少年儿童信息大世界——网上图书馆"项目。2002年6月1日,作为"中国数字图书馆少年儿童厦门分馆"举办开馆仪式,并开通"中国少年儿童信息大世界——网上图书馆"。

厦门市科学技术情报研究所,从1992年起就建立了中文科技期刊篇名目录数据库、国外产品样本目录数据库、台湾科研机构名录数据库、台湾企业名录数据库等。1986年开通国际联机情报检索终端,在与美DIALOG数据库联机的基础上,先后与中国科技信息研究所、机械部科技信息研究所、化工部科技信息研究所、北京远程数据中心、上海科技情报研究所等数据库网络联机,可快速、准确地为用户提供信息检索咨询服务。

集美大学在网站建设的基础上,于2011年底正式启动"智慧集大"项目建设,总体建设目标:运用现代网络技术、移动通信技术和云计算、物联网技术,以学生、教师、资产为主线,服务于其全生命周期,实行大平台支撑、大应用集成、大系统管理,加强信息资源建设与整合,促进学校教学、科研、管理和服务工作现代化,办公事务和信息处理自动化,促进管理创新和人才培养模式创新。为广大师生提供一个全面的智能感知环境和综合信息服务平台,提供基于角色的个性化定制服务。

三、数字图书馆:全方位开放的资源保障

随着信息高速公路计划的逐渐实施,数字图书馆计划在全球的启动和蓬勃发展,被视为21世纪信息业主要的发展方向之一,"数字图书馆"这一新概念应运而生。数字图书馆突破了传统图书馆在服务时间和空间上的限制,成为21世纪图书馆的重要服务手段。在这种形势下,图书馆人清醒地认识到,数字化不仅是时代发展的大势所趋,更重要的是达到满足读者"自由存取"信息的重要途径。大环境的变化要求图书馆不断满足读者日益增长的电子资源获取需求,服务的网络化成为发展的新方向。图书馆必须学习运用数字技术来处理和存储各种图文并茂的文献,从而最大限度地实现读者的"自由存取",图书馆才能真正达到全方位开放。

厦门大学图书馆率先向数字图书馆进军。1999年,图书馆从各个部门抽调了一批优秀的年轻馆员,组成自动化技术部资源开发小组,专门进行资源数字化和自建数据库开发工作。该小组先后自主建设了"法学全文文献学术数据库""厦门大学学报(哲社版)全文数据库""澳台论文""华人华侨论文""东南亚研究论文"等特色数据库,还有教学参考书系统、多媒体馆藏(听力磁带、CD资源、VCD资源)在线播放平台、影视频道(纪录片、科学探索、教育讲座)、音乐频道(音乐酒吧、CD圣经)等,图书馆数字化建设进入全面推进大发展阶段。2000年,厦大图书馆本地服务器上的可用资源数据容量达8TB。[①]

随着校园网络环境的极大提升,厦大图书馆于2006年建成容量40TB的光纤存储阵列,100TB的磁带库备份存储,为数字图书馆提供了大容量、高可靠性、易于扩充的存储系统。图书馆自动化系统也从ILASⅡ迁移到更加开放、不断升级完善的汇文Libsys 3.0,保障了图书馆业务的持续发展。而Web

---

① 肖铮,陈定权,萧德洪.厦门大学图书馆信息化发展历程回顾与反思(1986—2016)[J].图书馆论坛,2019(11):25-36.

2.0 的出现，给图书馆服务增加了新的动力和思想。厦大图书馆大胆尝试将 Web 2.0 的相关技术与图书馆服务相结合，如建立基于 Wiki 的内部知识管理系统，利用 Movable Type 和 WordPress 开源软件搭建图书馆读者服务博客和馆员个人博客平台，采用 RSS 推送图书馆公告信息、预约取书信息、新书通报信息，在联机公共目录（OPAC）系统中引入标签（Tag）实现读者对图书的个性化分类，通过调用豆瓣网等公共平台应用程序接口（API）利用 Mashup 技术增强图书馆 OPAC 系统。[①] 一系列的新技术应用，极大地提升厦大图书馆的服务能力，成为名副其实的"知识资源港"。

2000 年始，厦门市图书馆在推进网络化建设的同时，也尝试着实施数字化建设，利用 TRS 平台，相继建设"历史备忘录""厦门历史上的今天""厦门之最""厦门老照片""厦门名人库"等 8 个地方资料特色数据库。这些项目处于数字化初级阶段的尝试，内容与数量十分有限，根本不能满足用户的需求，但总算是厦门市图书馆的数字化走出了第一步。

随着数字化大环境的逐渐形成，数字图书馆的建设被提到厦门市图书馆服务体系建设重要构成的位置上来。2005 年，新采购的中国知网（CNKI）镜像安装完成，图书馆的"全国报刊索引数据库"由原来的光盘版升级为网络版，这标志着厦门市图书馆的资源数据库走向大规模建设之路。同时，完成中国政策法律顾问数据库的升级工作，充实数据库资源。2006 年，在政府高达 297 万元的资金支持下，又外购龙源期刊等 12 个数据库，极大地加强了数字化资源。

2005 年，厦门市图书馆完成 TRS Server 数据库升级、数据迁移和转换，增强自建数据库的功能。2009 年，完成自建数据库的整合，建成"厦门记忆"数据库，并且每年不断更新。从 2009 年至 2018 年，市图书馆还通过采访拍摄与制作口述视频资料建设地方资源库，完成了《厦门抗战记忆——浴血四日》《厦语电影的流金岁月》《一介书生何丙仲》《遗泽——周殿薰及黄萱家属口述

---

① 肖铮,陈定权,萧德洪.厦门大学图书馆信息化发展历程回顾与反思(1986—2016)[J].图书馆论坛,2019(11):25-36.

实录》《小城春秋》《英雄小八路》等的制作。截至2018年底,馆藏数字资源总量达126.25TB,除了外购各类数据库27个外,自建数据库达11个,包括地方资料全文数据库如"厦门志"等,多媒体数据库如"闽南戏曲"等,图片数据库如"厦门图片库"等,书目数据库如"厦门地方资料篇名索引"等,容量达45.87GB。[①]

  集美大学图书馆的数字图书馆建设,首先从存储环境和管理平台建设入手,在全校范围内集中建立一个海量的、具有扩充性的存储中心,采用专业化的系统管理(发布)平台。数字资源除了引进了中国知网、超星数字图书馆、万方数据、ScienceDirect(SD)、SCI、Ei、IEL、ESI等67个中外文数据库外,更注重学校重点学科的资源数字化建设,凸显了本馆的数字资源特色。集美大学是由原集美航海学院等5个高校合并组建而成,水产、航海、轮机、生物食品、经济、体育等都是本校的重点学科。图书馆数字资源建设就重点落在这些学科上面。在学校合并之前,水产学院图书馆于1992年开始就利用多年收集整理的《水产题录》建立"水产科技数据库"。但这只是个含有70多个专题的书目型数据库,不能满足用户需求。为此,集美大学图书馆以此为专题为突破口,于2004年开始建设"水产科技数据库"。除对馆藏水产类文献进行全文加工、自建水产图谱数据库以及对事实型资源的搜集、加工外,还购买、协议三大中文数据库的水产专业期刊镜像为可运行的网络资源,从而完善"水产科技数据库"。随后,图书馆又继续进行航海、轮机等重点学科的资源数据库建设,不断地丰富数字资源建设。[②]

  厦门海洋职业技术学院图书馆于2004年开始建设数字图书馆,购建了超星数字图书馆、维普中文科技期刊等电子资源镜像站,开通了读秀知识库、博看人文社科畅销期刊数据库、网上报告厅、维普考试系统等网络数字资源在线服务,通过校园网络系统为读者提供24小时不间断的网上借阅查询、馆藏

---

① 厦门市图书馆.厦门市图书馆2018年工作总结及2019年工作计划[A].厦门市图书馆档案资料,2019-02-13.

② 余芳,金健,刘白秋,等.谈集美大学图书馆重点学科资源数字化建设[J].农业图书情报学刊,2006(2):35-38.

文献检索等服务,为教学与科研提供更好的文献资源保障。

随着厦门市公共图书馆服务联合体的建立,厦门市各区、各镇(街)的公共图书馆实现了共享厦门市图书馆中心馆的数字图书馆资源。除此之外,各图书馆也根据本馆读者需求购置部分特色资源。如厦门市少儿图书馆购置儿童喜闻乐见的音视频及图片数据库和多媒体数据库。同时,各馆根据本馆的馆藏与服务特色建设数字化资源。厦门市少儿图书馆建起馆藏数字化平台,提供本馆资源的网上服务。集美图书馆自建展会数据库、嘉庚文献库、集美文献库和古籍文献库等,思明区图书馆自建的是思明文物数据库,同安区图书馆自建的是同安地方文献专题数据库,湖里区图书馆自建的是"印象厦门"特色文献数据库和"点点动漫书库",翔安区图书馆自建"翔安通"地方文献数据库,等等。

各科研专业图书馆的数字资源也是十分丰富,除了购置的数字资源外,还自建地方特色的科技数据库。厦门市科学技术信息研究院自建"厦漳泉科技基础服务平台",包括了文献平台和专利平台;厦门大学南洋研究院自建"东南亚数据库",包括"东南亚、华侨华人研究数据库""华侨华人发展报告"等7个数据库;厦门大学台湾研究院建立了以台湾研究为主题的各类电子资料库,包括汉珍数位台湾研究系列、台港澳资源检索系统等,并积极建设特色数据库,从而为大陆的台湾研究提供了有力的文献保障。

数字图书馆是未来图书馆的存在形式。厦门市各图书馆的数字图书馆建设,为厦门市图书馆事业走向未来发展奠定了坚实的基础,确保了图书馆为社会提供充足的信息资源,从而实现图书馆的全方位开放。

第二节 厦门图书馆事业的现代化跨越

从图书馆管理系统建设到网络建设,直至数字化建设,厦门市各图书馆走向自动化建设的高级阶段,完成了图书馆的现代化转型,走上了跨越式发展时代。现代化环境下的厦门图书馆事业产生了四大巨变:一是现代化新馆舍的兴起,给各个图书馆提供了一个更为幽雅、更为开放的智能化空间,从而全面提升图书馆的服务水平;二是数字资源的崛起,成为馆藏的重要资源,与传统载体资源齐驱并进,全方位、多渠道地使广大读者的需求;三是现代化技术支撑起图书馆管理与服务的巨大变革,使图书馆的管理与服务更为智能化、人性化;四是现代化技术也促进了各个图书馆之间的联合,构建起资源社会共享的服务体系,从而使图书馆冲破时空的限制而满足读者能够时时处处获取图书馆文献信息资源的需求。当代图书馆的这种跨越,传统的藏书是根本无法望其项背,近代图书馆也无可比拟。现代化跨越,引领着厦门图书馆事业走向更加辉煌。

一、新一轮现代化馆舍建设的高潮

图书馆的自动化建设促使图书馆走向更为开放的服务,而开放的服务需要开放的图书馆空间格局。这个空间,已不只是传统图书馆存储书刊资料的空间,也不是只局限于阅读的空间,而是个宽敞通透,读者能方便进出、自由活动的空间,是个能满足各种服务需要,智能化、人性化的温馨空间。传统的图书馆空间已经不能达到这种需求,因此,厦门掀起了新一轮的现代化馆舍建设高潮。

厦门大学图书馆

厦门大学图书馆的馆舍建于1987年,是在新中国成立后的首轮馆舍建设高潮中落成的。由于时代的局限性,馆舍的设计依然带有传统的印迹,不能适应全开放的需求。为此,图书馆于2001年和2008年两次对馆舍进行改扩建,敲掉了闭架书库的一面墙体,将书库完全向阅览区开放,构建起"藏借阅一体化"的服务空间;重新规划功能区域,形成智能服务格局。改造后的馆舍,面积达2.6万平方米,场地宽敞、设施齐全、资源完备,成为厦门大学图书馆服务与管理的中心馆。

随着学校的扩展,厦门大学图书馆也不断跟进,建立新的分馆和校区新馆。

2001年,厦门大学图书馆于曾厝垵学生公寓教学楼建立信息工程分馆(又称东部分馆),建筑面积约600平方米,阅览座位近200个。藏书量7万册,期刊报纸上百种。该馆提供图书馆的各种服务,并与总馆联网服务。

2004年11月,厦门大学图书馆漳州校区图书馆新馆舍落成,2005年4月,正式开馆。该馆位于校区主楼群3号楼(1～5层),建筑面积37792平方米,阅览座位4200个。建筑以嘉庚风格建筑为主,中西合璧,恢宏大气。除阅览区外,还设置多媒体阅览区、学术研讨室、计算机辅助设计区等服务区域。馆藏图书100多万册,现刊近800种,报纸70多种,电子图书近百万种,实行"藏借阅一体化"的服务模式。后来,漳州校区移交给厦门大学嘉庚学院使用,这所图书馆现称为"厦门大学嘉庚学院图书馆"。

2015年4月6日,厦门大学翔安校区图书馆落成,并于5月6日开放。该馆又称作厦门大学德旺图书馆,位于翔安校区主楼群三号楼,建筑面积7.3万平方米,阅览座位3500个,藏书300万册,图书均采用无线射频识别技术(RFID)管理。馆舍宏伟壮观,充分体现嘉庚建筑风格,南北外墙分别嵌入以厦门大学"爱国、革命、自强、科学"4种精神为主题的4组浮雕,展示和弘扬厦大独具特色的精神财富。

经过十年的建设,厦门大学图书馆形成了以思明校区总馆为中心,由法学、艺术、经济与管理、信息工程等4个专业分馆和翔安校区德旺图书馆构成的图书馆群。馆舍总面积10万平方米以上,阅览座位约7000个,为厦门的图书馆中规模最大的馆。分馆和校区馆充分融入各种先进技术与高科技设备,实现与总馆图书通借通还,并依托中心馆强大的数字化资源,通过校园宽带开展资源检索、参考咨询、读者培训等服务,形成互动良好、体验充分、能够充分满足校区师生员工需要的现代化智能图书馆。

厦门市图书馆

厦门市图书馆的原馆舍,同样是在厦门首轮馆舍建设高潮中的1991年建成。进入21世纪,市图书馆已拥有80万册藏书,而馆舍面积则只有8700平方米,处于中型图书馆的最低规模,与厦门城市的经济发展和特区地位不相符。

2003年1月,市委、市政府决定将位于仙岳山南侧体育路的厦门工程机械厂旧厂区改造成包括图书馆在内的大型公共文化艺术建筑综合体。把重

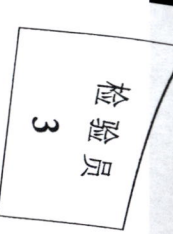

工生产的厂房改造为知识交流的图书馆,在国内几无先例,其功能转换的跨度极大,改造难度不小。然而,其宽畅而挑高的空间,给开放性的建筑设计留下无限想象的空间。设计师把握了这有利因素,将长120多米、宽90多米的长方形建筑,十分简约地分成上下两层,而在建筑中央,又辟出1000多平方米的中庭花园,达到通风采光的最佳效果,又构成了优美的景观环境。占建筑面积3/5的服务区域,就围绕着中庭四周展开,形成"回"字形通透宽敞的超大开间格局。与"回"字形空间平行的两横两纵"井字"形线路构成读者流线,引导读者无所拘束地进入图书馆。

2007年3月16日,厦门市图书馆的文化艺术中心新馆正式开馆。建筑面积25732平方米,阅览座席1560个,配备4个电子阅览区。其服务布局,充分体现厦门市图书馆"全方位开放"的服务理念。在区域划分上,改传统的以知识载体为对象的分区管理为以知识资源的开发利用为目标的整体管理;在文献布局上,改传统的以物化文献类型为区分标准的单一性文献布局为以物化文献与数字化信息相互交嵌的功能性文献布局;在服务体系上,改传统的藏、借、阅分流的服务体系为"藏、借、阅、咨、导"的一体化服务体系。[①] 而宽敞通透的阅读空间,为读者带来舒适的阅读体验。

2010年,市委、市政府为保障"跨岛发展"战略的实现,决定在集美新城核心区中建设厦门市图书馆集美新城馆区。"八年磨一剑",2018年10月1日,新馆开馆。整幢图书馆建筑分为地上6层,地下2层,建筑面积达59967平方米,外观结构呈现嘉庚建筑风格,红屋顶与红白相间的外墙映衬在蓝天白云下,显得格外壮观。室内,1800平方米的环形内中庭,采用挑高设计,自一层楼直达五层楼穹顶。穹顶除了常见的玻璃挡板之外,还采用智能化的光照调节系统。一些黑色板叶可以根据光照自动调整,阳光太强就自动闭合,光照弱就自动打开,从而保障中庭采光又避免中庭暴晒。一层至五层回绕中庭设环形大走廊,两座环形楼梯自一层逐层盘旋而上,达到各楼层的环形廊道。

---

① 陈峰.复合形态下的图书馆服务布局与组织模式:谈厦门市图书馆新馆服务模式的构建[J].福建图书馆理论与实践,2007(2):6-9.

每个楼层平面呈内圆外方状,各个区域宽敞通透的空间相互连通。

与文化艺术中心馆一样,集美新城馆同样是以"全方位开放"服务理念为指导,采取全开放的功能布局。除了分级阅读的少儿借阅区、各主题文献阅读区、多功能报告厅、学习交流室和2300平方米的24小时自助图书馆外,更具特色的是全面建立起智能化的管理与服务系统,如智能化室内蓝牙导航系统,中庭大厅的智能检索观书屏,采用智能书架和自助设备提供的借阅服务以及包括影音图书馆、家庭影院、音乐欣赏雅座、数字阅读体验等在内的新阅读体验中心,等等。新馆的设计体现的是"图书馆是创新之地"的现代图书馆服务新理念,创造性地发挥公共图书馆的服务功能。

至此,厦门市图书馆拥有文化艺术中心馆区、集美新城馆区和中山图书馆(鼓浪屿分馆)三大馆区,馆舍面积达到8.7万平方米,在厦门的图书馆中位居第二。

集美大学图书馆

集美大学图书馆是由原集美航海学院等5个高校的图书馆合并组建而成。在厦门首轮馆舍建设高潮中,除福建体育学院外,各个馆原在老校区都建有独立的馆舍,但规模都较小,建筑面积在2000~5000平方米之间,未能满足发展之需要。五校合并后,学校筹建统一的学校图书馆。

21世纪之初,集美大学筹建图书馆,命名为"嘉庚图书馆",是集美大学首次以嘉庚先生命名的大型建筑物,坐落于校本部,建筑面积约1.9万平方米。2002年11月,集美大学图书馆投入使用。图书馆由南楼、西楼、北楼三大部分组成,南楼为书刊、电子阅览室;西楼为二线书库、影像厅;北楼为综合书库等。这新建的图书馆融藏、借、阅于一体,实行全天候开放。主要收藏自然科学类的中外文图书、现报刊及综合类过刊过报。图书馆拥有印刷型馆藏110余万册、中外文期刊3000多种和超星电子图书26万种,以及维普全文数据库等中外大型数据库20多种。

2007年9月,集美大学又建成陈延奎图书馆,于11月投入使用,总建筑面积约20000平方米。它坐落于集美大学新校区,建筑风格融合了嘉庚建筑的特点,美观大方,端庄稳重。其设计立足于现代图书馆综合性的功能使用要求,充分考虑图书馆建筑发展的趋势,在建筑的结构设计上强调功能布局的灵活性、可变性;在技术设施的设计上尤其是智能化建筑技术的应用等方面,强调技术设施的先进性和可升级性、易改性。室内设计更是别出心裁,中庭空间高大宽敞,屋顶是通透的玻璃天篷,通过中庭顶部的架空屋顶设计,巧妙地利用"烟道拔气"的通风原理,形成室内空气的持续对流。玻璃天篷又引入自然光,从而满足了现代图书馆自然采光和通风的要求。内设计建造了室内大台阶,每一层楼采用回廊式布局,便于读者进入。服务区实行开放式布局,文献全部开架,以敞开连贯的大空间和灵活方便的配套设施,实现了"藏、借、阅、咨一体化"的服务模式。大厅内台阶两边和五楼还设置了休息讨论区域,为读者提供了充分的活动空间。[①]

集美大学图书馆现拥有陈延奎图书馆、嘉庚图书馆和分布于老校区的两个专业书刊阅览点,馆舍总面积41000平方米,阅览座位3800多个。各馆区之间实现包括纸质载体和数字资源的共享。

厦门海洋职业技术学院图书馆

厦门海洋职业技术学院是于2003年由技术学校升格为技术学院,并迁移到翔安新校区。2005年新校区建设时,就将新图书馆规划为校园中心标志性建筑,定为图书馆的总馆。2017年,图书馆服务大厅改造完成,为师生提供一个现代化的阅读环境。至此,技术学院图书馆包括翔安校区总馆与思明校区航海分馆,总建筑面积约为16460平方米,阅览座位共1200个。图书馆总藏书量为纸质图书52.64万册,电子图书54.5万种。现订阅报纸50余种,中外文纸质期刊700多种,中文社科、科技电子期刊近16000种。

集美大学诚毅学院图书馆

集美大学诚毅学院创办于2003年,是经教育部批准、由福建省重点建设高校集美大学与福建集美大学教育发展基金会联合举办的独立学院。集美大学诚毅学院图书馆成立于2004年12月,位于学院校区北部图书行政大楼南侧(陈文确陈六使图书馆)1~6层,建筑面积2.5万平方米,阅览座位2700

---

① 张新.集美大学陈延奎图书馆建筑风格赏析[J].河南图书馆学刊,2014(1):56-58.

多个。图书馆现有纸本藏书120多万册,每年订购报刊1400多种。

厦门理工学院图书馆

厦门理工学院图书馆前身是鹭江职业大学图书馆,创建于1981年9月。2007年,集美校区总馆建成并投入使用,面积16000平方米,设有外文阅览室、报刊阅览室、电子阅览室、多媒体室、自修室、文化产业协同创新中心资料室和6个开架书库、3个密集书库,阅览座位共2646个。采用"藏借阅一体化、全开放、大流通"的管理模式,实行开架借阅,全自动化管理。2011年,又在厦门软件职业技术学院校区内建成厦软校区图书馆,馆舍面积2000平方米,阅览座位222个,为入驻该校区的师生提供服务。

厦门城市职业学院图书馆

厦门城市职业学院是厦门市人民政府举办的全日制公办高等职业院校,前身是创办于1952年的厦门市教师训练班(厦门教育学院前身)。2004年,厦门教育学院、厦门广播电视大学、厦门职工大学三所成人高校合并组建厦门城市职业学院。三所学校的图书馆也整合为厦门城市职业学院图书馆。2007年,厦门市城市建设中等职业学校也划归城市职业学院。

2008年,学院图书馆新馆正式启用。新馆面积约为1万平方米。截止到2018年12月,图书馆有纸质图书46万册、中文期刊608种、电子图书56万册,馆藏文献以智能制造、旅游会展、电子信息云、数字媒体艺术设计专业等4个省级特色专业群为重点,兼顾学院各专业教学所需资料。图书馆工作人员19人。设立了社会科学图书借阅室、自然科学图书借阅室、文学艺术图书借阅室、报刊阅览室、电子阅览室、港台图书阅览室、密集书阅览室等12个阅览室,阅览座位1320个。所有图书借阅室均采取藏、借、阅一体化的服务模式。

厦门工商旅游学校图书馆

厦门工商旅游学校系由原厦门商业学校、福建省厦门旅游职业中专学校、厦门交通职业中等专业学校整合而成,是厦门市政府举办、厦门市教育局直属的公立中专学校。2008年,三所学校图书馆(室)整合为厦门工商旅游学校图书馆。馆址在集美文教区内。学校图书馆列为学校二期工程,已完成建设。图书馆采取全开放模式,提供自助借还等服务。

区级公共图书馆

在新一轮馆舍建设中，区级公共图书馆甚为活跃。在知识时代，区级公共图书馆因规模、布局不能满足现代化发展的需求，而引起政府的重视。而公共文化服务体系的建设，又推动图书馆馆舍的建设。自进入21世纪之后，各区积极筹划建设区图书馆新馆舍，提升图书馆的服务格局。同时，在文化信息共享的大趋势下，各区级公共图书馆承担全国文化信息资源共享工程区级支中心的职责，也推动了图书馆现代化信息技术的使用，配置了大量的技术设备，使图书馆的现代化手段有了飞跃式的发展。

2005年7月29日，海沧区图书馆位于区文化中心的新馆正式开馆，建筑面积约1200平方米，阅览座席将近400个。现有藏书16万余册，报纸80余种，期刊300余种，电子图书23万册。图书馆内设图书外借区、报刊阅览区、电子图书阅览区、幼儿阅览室、少儿阅览室、文化共享阅览室、盲文阅览室、视听阅览室、台版图书阅览室、参考文献阅览室、影视播放厅、自学阅览室等13个向社会开放的服务窗口，采用"藏、借、阅、查"一体化的服务模式，努力为读者提供优质的文献信息服务。

2008年7月6日，集美区少年儿童图书馆新馆正式开馆。该馆前身为集美区图书馆，是区文化局管辖的区级图书馆。2002年12月，鉴于辖内有两个公共性质的图书馆，文化主管部门遂将该馆改为专门面向少年儿童的图书馆，与集美图书馆分别承担不同的服务对象。该馆建筑面积4200平方米，内设综合借阅室、专题借阅室、幼儿借阅室、共享工程电子阅览室、共享工程影视播放厅、自学阅览室等对外窗口，阅览座席300多个。现有藏书数10万册，全年订阅报纸期刊230余种。共享工程电子阅览室配备80台电脑，影视播放厅（多功能活动厅）座位200个。

2010年9月27日，思明区图书馆新馆正式开馆，建筑面积近4800平方米，内设图书外借区、少儿阅览区、参考阅览室、共享工程电子阅览室、共享工程影视播放厅、自学阅览室、视障人士借阅区和24小时自助图书馆等对外窗口，阅览座席近400个。收藏各类图书近55万多册，订有杂志、报刊400余种，实行借阅合一的管理模式。思明区图书馆还在前埔建有自管分馆，填补了该区域的空白。

2011年元旦,同安区图书馆新馆正式开馆,建筑面积5128平方米,阅览座席450个,内设总服务台、24小时自助还书区,文学书刊借阅区、社会科学书刊借阅区、自然科学书刊借阅区、电子阅览区(OPAC、政府信息公开、文化信息资源检索区)、展览区、自修区、读者休息区,特藏部、密集型书库、视障人士借阅室,农家书屋工程建设业务指导站、多媒体播放厅、数字图书馆等对外服务窗口,成为一个融合休闲、交互、求知理念的区级缩合型公共图书馆。馆藏达10万册,其中古籍11000册,实行"藏、借、阅、查"一体化的开放式服务。

新一轮馆舍建设,大大扩大了厦门各图书馆的规模。厦门的图书馆建筑总面积达30多万平方米,为图书馆的发展提供充分的空间保障。各馆多构建"藏、借、阅"一体化的开放服务空间,环境幽雅舒适、服务方便快捷,内部构建自动化、智能化的现代化信息环境。即使是老馆舍,也经过改造以适应现代化的需求,如集美图书馆、翔安区图书馆等。

二、数字化环境下图书馆馆藏的巨变

经过自动化三个阶段建设,数字化环境下的图书馆特别明显的变化,就是馆藏发生了天翻地覆的巨变,包括载体形态的变化和馆藏结构的变化。

馆藏载体形态的变化,是传统藏书不可想象之事。从蔡伦造纸后,近两千年的时间里,纸质书籍作为知识载体形态一直占据着最主要的地位,无论是古代手抄或雕版印刷的线装书,还是近现代机械印刷的平、精装书,都一直是藏书楼和图书馆的馆藏文献主要形态。

信息技术带来社会各个方面的深刻变化,同样地影响了图书馆馆藏载体。随着电子技术的出现,电子书籍正呈现出蓬勃发展的势头,标志着图书馆馆藏载体形态革命性变化的到来。这一载体形态的变化,开启了一个知识新时代的到来。知识获得的途径、方式、运用都发生了前所未有的变化。这种变化形成图书馆馆藏载体的基本方向性,数字资源成为图书馆馆藏的重要资源,电子书籍正在逐步替代纸质书籍。

以厦门三大图书馆的馆藏载体比例为例:厦门市图书馆在2000年的文献

采购统计中,开始出现电子文献的项目。该年电子文献的采购量仅是纸本文献的1.5%,2001年上升到4.1%,以后逐年增加电子文献的采购。10年后的2010年,电子文献的采购量达86000册,是当年纸本文献采购量75666册的1.14倍,反超了纸本文献。截至2018年底,厦门市图书馆馆藏有纸本文献337.2万册(件),而电子书刊有536万册,[1]为纸本文献的1.6倍。厦门大学图书馆和集美大学图书馆馆藏的电子文献也同样反超纸本文献。截至2018年底,厦门大学图书馆的纸本馆藏总量431万册,电子数据库达160多个,折合馆藏约710万册,[2]为纸本文献的1.6倍。截至2019年,集美大学图书馆馆藏的纸本文献有309万余册,而电子图书有1000万多册,[3]为纸本文献的3.2倍。

从厦门市图书馆这二十年馆藏电子文献的发展情况来看,2010年前后,是电子文献迅猛发展的时期,它大大丰富了图书馆馆藏资源。而这种发展改变了图书馆馆藏的载体形态,从三大图书馆的馆藏载体比例可以看到,电子文献逐步成为图书馆收藏的主导。

这种变化是适应读者需求的。据厦门市图书馆2019年的阅读数据,当年外借文献773.51万册次,而其中电子文献借阅量为265.4万册次,占总量的34.3%。其中电子图书借阅量与去年相比,增长了57.94%。由此可见,电子文献的阅读是一种发展趋势,数字化资源是图书馆馆藏发展的未来趋势。这种变化,彻底改变了图书馆作为藏书机构的传统观念,而使图书馆发展为社会信息资源中心与枢纽。图书馆的服务模式更为多样,服务领域更为广阔,服务成效更为显著。

不仅是三大图书馆的馆藏变化,厦门各类图书馆的馆藏载体也都发生了变化。馆藏电子文献或反超纸本文献,或齐驾并进。

厦门海洋职业技术学院图书馆的纸质图书52.64万册,电子图书54.5万种,两两相当,并且拥有中文社科、科技电子期刊近16000种;厦门理工学院

---

[1] 摘自厦门市图书馆网站。
[2] 摘自厦门大学图书馆网站。
[3] 摘自集美大学图书馆网站。

(前身为鹭江职业大学)图书馆,2014年的纸质藏书193.79万册,电子图书190.21万册。

厦门市少年儿童图书馆以少年儿童和少儿工作者为服务对象,历来重视儿童文献和教育、教学书籍的收藏。在数字环境下,少儿图书馆也大力发展电子文献,为少儿和少儿工作者提供更为丰富的阅读资源。该馆现有馆藏文献56万册,电子文献76万多册,为纸本文献的1.36倍。此外,还有视频资料1万多条、电子报纸200多种、电子期刊2390种、图片数据库67616张,并配有乐儿科普动漫、爱迪科森多媒体数据库、天方有声数字图书馆、点击动漫书库、少儿知识视频库等特色电子资源。[①]

各区级公共图书馆在数字资源使用上,多共享上级中心馆的资源,如文化共享工程数字资源、"福建数字文化"资源、省图书馆数字资源和厦门市馆的资源,但是为满足本区域读者的需要,也补充一定数量的电子文献,如同安区图书馆馆藏电子图书13万册,占馆藏纸本文献34.6万册的37.5%。此外该馆还拥有电子报纸400份、电子期刊1200种、视频资料1.6万集,并自建"同安特色视频库",构建"同安地方文献专题数据库"(同安地方文献电子图书1200种)等数字资源库。[②]

馆藏结构的变化,还表现在特色馆藏建设成为厦门地区各图书馆馆藏建设的发展方向。特色馆藏是一个图书馆区别于其他图书馆的标志性馆藏,是各图书馆从本馆服务对象出发,选择读者需求的重点学科作为馆藏资源补充的主要关注对象,对原有的馆藏结构进行调整,而确立本馆馆藏的重点与特色,以满足需求。厦门地区各图书馆特色馆藏建设,包括对珍稀性特色馆藏的整理、出版和数字化,并从珍稀性文献收藏往专题性文献收藏方向发展。

厦门市图书馆于迁入新馆之前,对本馆的馆藏结构进行调整。作为公共图书馆,其文献资源是要确保广大群众的阅读需求,文献收藏包括了各学科领域。但是,其读者群的阅读是有一定倾向的,各学科文献的绝对均衡是

---

① 摘自厦门市少年儿童图书馆网站。
② 摘自厦门市同安区图书馆网站。

不可能的。为此,图书馆在保证重点和特色馆藏的基础上,根据读者的阅读需求倾向,调整了文献采购比例,如增加普通书刊的种类,减少文献复本量,使文献的利用更有针对性。2003年,厦门市图书馆补充修订了本馆的《文献资源建设工作规则》。其文献补充根据厦门的区位特点和本馆历年收藏的侧重,确立了"以地方文献、涉台、涉侨文献资源为特色"的馆藏资源建设目标。此后,厦门市图书馆坚持这一特色馆藏的定位,建立起地方文献、涉台文献和涉侨文献三个特色资源库,为厦门地方历史研究提供了充足的资源,尤其是近年来社会上兴起的一股探索"厦门记忆"的热潮,这些资源发挥了极大的作用。自进入新馆后,厦门市图书馆进一步加强特色馆藏建设,大规模地开展珍稀性特色馆藏的整理、出版和数字化工作。2008年,厦门市图书馆制订《厦门文献丛刊》的编修计划,拟分期分批整理、出版一批具有史料价值与文献价值的地方古籍。不仅挖掘馆藏资源,还搜集兄弟馆藏乃至散落民间的地方古籍珍本、孤本。2009年首部校注出版的《晃岩集》,乃明代厦门名士池显方的著述,馆藏只剩半部残本,厦图人寻找半个世纪,终自天津图书馆觅得完本,仿真复制,携归故里。十年来,厦门市图书馆共整理厦门古籍20种,出版了《厦门古籍序跋汇编》《夕阳寮诗稿》等16部古籍校注本。图书馆还组织编纂《厦门市图书馆馆藏旧报刊资料丛书》,分教育、文化艺术等8个专题,辑录民国时期厦门旧报刊登载的资料,形成较为系统的厦门近代历史文献资料。这些文献开发工作,为地方社科研究和地方文化发展提供了丰富的史料。

厦门大学图书馆历经90多年的积累,截至2018年底,馆藏总量达1141万册,在国内各高校图书馆中名列前茅。图书馆的文献收藏虽涉及各学科领域,但是,将具有优势的学科文献作为馆藏重点,系统地收集哲学、管理学、政治学、法学、经济学、语言学、历史学、数学、物理学、化学、生物科学、海洋科学、机械与电子信息工程、计算机科学与技术等学科领域的文献,并收藏大量的古籍线装书、光盘、录音(像)带、缩微平片等资源,构成了多样化的馆藏体系。厦门大学图书馆充分认识到区域研究文献收集整理的重要性,自21世纪以来,开始关注和重视从区域研究角度收集整理文献,将东南亚研究和台湾研究的资料列为特色馆藏资源建设重点。2010年,厦门大学图书馆区域研究资料中心成立。中心关注本土文献,促成社会各界捐藏地方文献;着力有关专题的文献搜集并整合电子资源,构建特色数据库。例如,收集以族谱、碑刻、田野调查、地方史料为主的民间资料和中外文地图资料,构建了具有典型海洋文化特色的"东南海疆研究数据库"。中心还注重加强对外协作,与华侨博物院合作举办展览;为华侨牵线搭桥,协助华人寻根问祖,将学术研究成果具体地应用于服务工作。厦门大学图书馆的专题性特色馆藏文献,不仅提升了文献收藏的数量和质量,而且助力厦门大学的学术研究,创新了自身的工作实践。

与厦门大学图书馆一样,集美大学图书馆以本校具有优势的学科文献作为馆藏重点,文献收藏覆盖水产、航海、轮机、生物食品、经济、体育等各学科领域。在文献补充时,这些重点学科的文献给予优先考虑,而图书馆数字资源建设也重点落在这些学科上面,自主开发建设了"水产科技数据库""水产图谱数据库""陈嘉庚研究数据库""集美大学博硕士学位论文数据库"等6个特色专题数据库。而馆藏电子图书达1000万多册,电子期刊1万余种,保障了学科的利用。此外,集美大学图书馆还收藏了清代古籍800余册,民国文献2600多册,以及《四库全书》《续修四库全书》《四部丛刊》《民国丛书》等影印版文史典籍,为研究型读者提供丰富的参考资料。

三、信息技术环境下图书馆管理与服务的变革

图书馆的自动化、网络化和数字化,彻底改变了图书馆的技术环境,为图书馆的现代化跨越铺平了前进的道路。图书馆人从技术革命看到了图书馆发展的前景,因此不满足于眼前的成果,继续在管理与服务上不断地探索新的变革,而不断发展的信息新技术为这种探索带来了外在动力。智能图书馆和掌上图书馆,就是无线射频识别技术和无线通信技术在图书馆的应用,它们使图书馆的管理与服务又一次发生了巨大的变革。

智能图书馆是将物联网和人工智能等多种技术应用在图书馆中,实现图书馆的全面感知,形成一个集服务与管理于一体的泛在化、智能化的环境。

智能图书馆以技术(产品)为主导,聚焦于智能技术在图书馆中的应用,核心就是无线射频识别技术(RFID)。它是无线电技术在自动识别领域应用中的具体运用,是一项多学科融合的新兴应用技术。RFID 技术以高效、便捷、先进的信息识别和数据采集优势,广泛应用于证件识别、商品防伪、智能家电、物流管理、电子政务、交通运输等众多领域。图书馆实现计算机集成管理之后,完成了手工操作到自动化操作的转变。然而,计算机集成系统尚不能达到对文献信息的自动识别,于是 RFID 技术进入了图书馆人的视野。对图书馆领域而言,RFID 技术可以实现对文献、书架、读者间的借还、归架、典藏及安全防盗检测的一体化全方位识别管理,推动了图书馆传统服务手段的全方位突破和变革,开创了图书馆管理服务的新时代——智能化图书馆。

  厦门最先运用 RFID 技术的是集美大学诚毅学院图书馆。2006 年,诚毅学院图书馆"RFID 智能馆藏管理系统"投入运行,成为国内第一家建成具有完善功能模块并进入实用阶段的 RFID 智能馆藏管理系统。[①] 也许是"船小好调头",诚毅学院图书馆规模不大,馆藏文献 30 万册,需投入的资金不多,图书识别标签的加工等工作量也不大,因此,在各个大馆还在观察、调研和筹划之时,其率先投入了使用 RFID 的尝试。它标志着中国的图书馆界在此技术上的正式运行,开启了中国图书馆 RFID 的新局面。

  诚毅学院图书馆打了个起头,各个图书馆也紧随其后。2008 年,厦门市少年儿童图书馆也投入运行 RFID 管理系统,实现读者自助借还。其也是全国少儿图书馆界里首家投入使用 RFID 管理系统的图书馆。

  2008 年 12 月,厦门市图书馆也开始使用 RFID 管理系统。其分三个阶段投入运行。首先在少儿阅览室试行,经过三个月实践检验,2009 年 3 月,在总馆实施 RFID 系统第二阶段运行,实现了读者自助借书和 24 小时自助还书,流通管理自动化程度得到进一步提高。当年读者通过自助借书机外借文

[①] 刘白秋.无线射频识别技术在国内图书馆中的首次应用实践[J].图书馆学研究,2007(4):10-13.

献792069册次,占总馆书刊外借总量的33%。[①]

2010年,厦门市图书馆实施RFID系统的第三阶段建设,增加自助借还书设备,提高服务效率;采用RFID防盗门禁,增强防盗功能;启用自助分拣系统,提高周转能力。此后的几年时间,厦门市图书馆的RFID系统不断得到完善,并将RFID系统应用到各服务领域:一是在总馆创办24小时自助图书馆,提供闭馆期间读者自助借还书,受到读者的欢迎;二是推出专题图书智能书架;三是推进分馆的RFID建设,各分馆分步实现了图书自助借还服务;四是升级改造RFID大型智能图书分拣系统,加快图书上架的周转速度。至2017年,年外借量已达499.87万册次,是2008年的2.5倍。书刊流通率大幅提高,文献管理的工作量不断增大,但典藏管理人员却没有增加,其中RFID的管理功不可没。

到了21世纪的第二个十年,无论是高校图书馆还是公共图书馆,厦门各图书馆基本上都使用了RFID管理系统。它为图书馆带来了全新的管理模式。通过RFID管理系统,图书馆员可以识别、追踪图书馆的所有文献资料,对图书的查找、借还、顺架、盘点和测控防盗等进行妥善的控制,从而简化图书馆管理的流程,增强图书馆的服务功能,降低图书馆员的劳动强度,节省人力与时间。它还为读者提供更加便利快捷的服务。RFID将借还书的权利交给了读者,就像AMT机一样,为读者提供了便利的自助借还的渠道,而且RFID阅读器一次可读取多个标签信息,同时完成多本图书的借还,大大提高了读者借还书的速度。

各公共图书馆运用RFID管理系统,不仅提升本馆管理能力,更重要的是RFID技术为公共图书馆的联合服务提供了坚实的基础。全市的市、区乃至镇、街道的公共图书馆以及城市街区24小时自助图书馆,统一使用RFID管理系统,实行"一证通用、通借通还",读者在任意一个馆或任意一台自助机上借的书,可以在任意一个馆或任意一台自助机上还,使读者借还书不受时间、

---

① 厦门市图书馆.厦门市图书馆2009年工作总结[A]//厦门市图书馆2009年年报.厦门:厦门市图书馆,2009:37.

空间的限制。

　　RFID 系统的应用,不仅是在图书流通管理上给读者们提供极大的方便,而且在图书馆的各个服务领域还进一步发挥功效。

　　厦门市图书馆集美新城馆不仅在一楼设置了超大型的 24 小时自助图书馆,而且在图书推荐、图书预约等服务上,将智能书架系统与图书馆 RFID 管理系统无缝集成,实现智能化服务。如"你选书、我埋单"的荐书活动,部署自动采书柜,由书商将新书放到智能化的采书柜,读者凭借书证自助开柜借书,实现读者自助选书、图书馆埋单、书商主动完成采书柜上下架管理的服务。与自动采书柜一样,使用新书柜用于图书推荐,实现新书上架流通零滞留的服务。又如图书预约柜,提供读者预约图书自助取借的智能服务。馆员将还回图书中有其他读者预约的图书放到智能化的预约柜上,系统自动按预约顺序通知预约读者,读者凭借书证自助取书。此举改写了人工管理预约图书业务的历史,实现了读者通过网站或微信线上预约图书。

　　如果说以 RFID 技术为核心的智能图书馆是为物理载体的文献流通提供更为方便快捷的服务,那么,以无线通信技术为支撑的掌上图书馆则为读者随时随地利用图书馆提供方便。掌上图书馆指基于无线网络,利用掌上设备随处可获取的图书馆服务的集合。这些掌上设备包括掌上电脑、手机、平板电脑(如 iPad)、电子书(如 Kindle)、MP3/MP4 播放器、电子词典等。掌上图书馆与手机图书馆、移动图书馆都是借助最新的信息技术手段,将图书馆的服务,特别是数字化服务从个人电脑和笔记本电脑中延伸出去,但掌上图书馆的外延比手机图书馆、移动图书馆更大。它可以为读者提供图书催还、预约、续借、读者证挂失等事务性服务、OPAC 等检索性服务,还可以提供电子图书、论文、报纸等全文阅读服务。因此,它具备数字图书馆的一般特征,可以将其视为数字图书馆的一种外延。

　　厦门各图书馆较早就推出掌上图书馆的服务,但早期的功能较局限在事务性服务和检索性服务,处于手机图书馆阶段。如厦门大学掌上图书馆、厦门市图书馆的"掌上厦图",提供图书检索、个人借阅信息提醒、预约借阅、续借管理等服务。2012 年 9 月,厦门市图书馆推出全新版"掌上厦图"平台,这一平台可以在手机上阅读市图书馆的所有数字资源,从而使市图书馆成为我省首家实现掌上数字阅读的公共图书馆。2012年,厦门市少儿图书馆也开通掌上图书馆,提供借阅信息查询、续借、预约等。集美图书馆推出的"掌上集图"是一款为持证读者个性化定制的移动应用程序。该客户端主要功能为三大块,一是图书馆服务,二是数字资源,三是社交学习小组讨论。集美大学图书馆开通了"移动图书馆"App、官方微信、官方微博及集大通公众号,方便读者通过移动终端随时随地获取图书馆相关信息资源与服务。

各图书馆各显神通,创造性发挥智能图书馆和掌上图书馆的功能,为读者提供更多服务体验。如厦门大学图书馆、集美大学图书馆等开展的信息推送服务,利用大数据发布平台和数据挖掘技术,展示图书馆运营绩效,进行个性化图书推荐。又如厦门市图书馆集美新城馆中庭大厅的观书屏,结合了智能检索和"掌上厦图"的App功能,创新电子图书借阅服务的手段。读者只要点击自己喜欢的电子书封面,再用手机扫一扫屏幕弹出二维码,便可浏览,还能把这本书下载到"掌上厦图"的App,永久阅读,十分便捷。再如,市图书馆开展的"飞鸽传书——线上选书、送书上门"服务,更是利用智能化技术为市民提供的一项便民服务。图书馆设立专用的智能化书库,24小时提供读者在线选书借书。读者可通过手机预借图书,只需支付低廉的物流费用,即可在家享受图书馆送书上门的便利服务。而读者还书,则可在任何联网的公共图书馆或街区自助图书馆归还。此举为无法到馆借书的读者提供极大的便利,为读者节约了时间成本。此外,市图书馆智能化室内蓝牙导航系统,为到馆的读者指点迷津;利用大数据发布平台,推出"白鹭分"信用积分免押金办理借阅证服务等都是新技术的应用。这一系列创新服务,是图书馆智能化的深入实践。通过智能化管理的初步实践,厦图人找到纸质文献借阅量增速趋缓的形势下,提升文献借阅率的新路子;找到社会信息化时代,不断丰富人们精神文化生活的图书馆发展新方向。

四、信息时代资源共享的图书馆联合服务

信息高度发展的当今社会,单体图书馆依靠自身的图书资源已经远远无

法满足人们日益增长的信息需要。因此,图书馆需要进行信息资源共享,开展共同提示、共同建设和共同利用信息资源,才能最大限度地满足用户对信息资源的需求。

图书馆资源共享的目标是通过共享图书馆资源,利用各图书馆资源的互补性,实现图书馆信息资源服务的整合,达到全方位配置,满足大量读者的需求。要达到多个图书馆之间的资源共享,必须形成科学的信息共享机制,因此,需要各图书馆统一组织、统一规范、统一行动,为此,建立图书馆联盟,构建联合服务体系,是图书馆资源共享的必要手段。

早在手工操作时代,图书馆人就曾提出馆际之间的资源合作,如开展图书交换、联合办馆等,但在手工操作时代这种合作的成效甚微。关键在于手工操作时代,书目检索极为落后,读者无法了解他馆文献资料。即使能够找到所需的文献,只能通过馆际互借的方法,然而在当时,要获得所需文献,速度极为缓慢。

随着信息技术的高度发展,作为联合服务必备的图书馆数据传输与集成管理技术日趋成熟与完善,图书馆联盟建设也就提到厦门市各图书馆的计划议程上来。图书馆联盟是图书馆联合的一种新形式,联盟成员依据共同认可的协议、章程和合同开展相应的合作和服务,以实现图书馆之间的资源共享、利益互惠为目的,是解决单个图书馆馆藏局限性和读者需求无限性的必然结果。

厦门图书馆联盟组织目前有两个系统,一个是"福建省高校数字图书馆"(FULink),由福州大学等8所福州片区的高校图书馆与厦门大学图书馆共同发起组建,目前有50多个本省高校图书馆参与的数字资源共享联盟,厦门地区的成员馆有厦门大学图书馆、集美大学图书馆、厦门理工学院图书馆、集美大学诚毅学院图书馆、厦门华夏学院图书馆、厦门医学院图书馆、厦门海洋职业技术学院图书馆、厦门大学嘉庚学院图书馆、厦门南洋职业学院图书馆、厦门工学院图书馆等11个高校图书馆。另一个是"厦门市公共图书馆服务联合体",由厦门市图书馆领头组织,全市10个区一级以上公共图书馆和40多个镇、街道分馆加盟的联合体。

第五章 信息时代的厦门藏书与图书馆事业

图书馆联盟主要以构建资源整合平台的方式,进行联盟文献信息资源的建设与共享。其资源建设,通常采用联合采购、集中采购、协调订购等形式;其资源共享包括纸本文献的通借通还和馆际互借、电子文献传递、数字资源检索等。

福建省高校数字图书馆(FULink)整合线上文献资源,现拥有学术文献资源 5.9 亿篇、中文图书书目 480 万条、中文期刊 6420 万篇、外文期刊 1.09 亿篇、中文学位论文 500 万篇、外文学位论文 250 万篇。FULink 全天 24 小时有工作人员值班。读者通过 FULink 平台检索,查到某高校图书馆有所需图书时,只需提供书名和作者姓名,发出需求单。很快,该图书馆工作人员将电子图书发到了她的邮箱,并快递寄来了纸质图书。FULink 打破了校与校之间的围墙,打通了馆与馆之间的壁垒,为师生提供了丰富的文献资源。

此外,厦门大学、集美大学等高校图书馆还积极参与中国高等教育文献保障系统(CALIS)、中国高校人文社会科学文献中心(CASHL)等的全国各项资源共建共享活动,与国内多家图书馆建立了馆际互借、文献传递、文献交换等共享合作关系,力求形成多层次、整体化的文献信息保障服务体系。

厦门市公共图书馆服务联合体筹建于 2008 年,由厦门市图书馆牵头,厦门 10 个区级以上公共图书馆参与,由厦门市图书馆制订《厦门市公共图书馆服务联合体建设方案》《厦门市公共图书馆服务联合体章程》以及《文献编目工作规则》《自动化集成系统工作规则》《文献流通工作规则》等业务规则,并通过协商取得本市各公共图书馆的共识;选用"图书馆集群自动化管理系统"(Interlib)作为联合服务的基本平台。厦门市公共图书馆服务联合体依托厦门市图书馆雄厚的技术力量,而选用 Interlib 管理系统,其操作界面将各项功能集成在同一界面,比 ILAS 系统更容易为使用者接受,而厦门市图书馆前期做出的一些准备工作,也有助于更快地推动联盟建设工作。

2009 年 8 月 20 日,厦门市公共图书馆服务联合体正式启动,一个基于计算机广域网上的公共文献信息资源共享网络系统终于建立起来了。厦门地区的市民终于能像上银行、邮局那样,凭着一张社会保障卡,在本市各公共图书馆里方便地借书、还书,还可以在任何时间、任何地点登录厦门市图书馆网站,便捷地享用服务联合体远程提供的数字化资源。它的成立极大地推进了厦门地区公共文献信息资源的社会共享,提升了厦门地区图书馆的整体水平和服务能力。①

为了拓宽公共图书馆服务联合体的服务领域,把图书馆的服务深入市民中间去,厦门市政府极力推进"街区24小时自助图书馆"建设,以实现"家门口的图书馆"。2012年11月,湖里区在全区布局了35台"街区24小时自助图书馆";2013年初,思明区在全区建设20座"街区24小时自助图书馆",这些街区自助图书馆交由厦门市图书馆中心馆统一运营管理,与全市各个公共图书馆实行"一证通用、通借通还",读者只要在自助图书馆上自行操作借阅图书,阅毕后在任何一台自助图书馆或任何一家公共图书馆就可以还回。岛外各区级公共图书馆也陆续建起一批"街区24小时自助图书馆"。

随着公共文化服务体系建设浪潮的兴起,公共图书馆的联合服务网络进一步拓展开来。2016年,厦门市创建公共文化服务体系示范区领导小组办公室发文,要求各加盟区级公共图书馆与基层通过托管型分馆的建设模式,建立总分馆制,将服务功能拓展到基层社区。所谓托管型分馆,是厦门市图书馆创新的总分馆建设与管理模式,它是由基层组织如街道办事处、乡镇政府、社区居委会或管委会等与各公共图书馆签订协议,将其所属的图书馆委托给公共图书馆筹建与管理,从而以规范化的管理形式,为本社区居民提供文献信息服务的办馆模式。其创新之处在于"委托管理、分馆运作"。所谓"委托管理",是基层组织将这个馆的运作管理,包括馆舍与设备等财产、人员工资以及运作经费等统统托付给公共图书馆管理。在托管期间,由基层组织所投资的馆舍、设备等财产的所有权仍属于基层所有,而管理使用权则交给了公共图书馆。所谓"分馆运作",是指承担管理的公共图书馆采用"分馆制"的管理模式,将受托管理的图书馆纳入自己的分馆管理系统,实行统一规划、统一组织、统一行动的管理机制。托管型分馆的建设模式,建立起良好的办馆保

---

① 陈峰."织"网记[M]//厦门市图书馆编.回望　思索　前行:厦门市图书馆人回忆录.厦门:厦门市图书馆,2009:18-22.

证机制,解决社区自行办馆中难以解决的问题,全面建立了地区性公共文献资源共建共享体系。自 2016 年至 2020 年间,厦门全市 40 多个街道、镇全面建成了托管型分馆,从而实现了以厦门市图书馆为中心馆、各区图书馆为总馆、街道(镇)和社区(村)图书馆(室)以及其他类型图书馆为分馆的公共图书馆服务联合体,形成覆盖全市、惠及全民的图书馆服务网络。它极大地推进了厦门地区公共文献信息资源的社会共享,提升了厦门地区图书馆的整体水平和服务能力。

此外,各公共图书馆还配置汽车图书馆,定时下到偏远地区的流通点开展服务。2010 年,还与国家数字图书馆签订战略合作协议,实现"国家数字图书馆厦门全覆盖",有效地提升了厦门地区数字资源的服务能力。

厦门市图书馆作为中心馆,除了在网站上为各区馆提供数字资源访问外,还开展共享图书扫码服务,实现一家出资、百家共享资源。即把各单位自购的触摸屏与市图书馆的电子图书资源对接,实现扫码借阅市图书馆的电子图书。目前集美区和湖里区有近 100 台触摸屏可以共享市图书馆的电子图书资源。

第三节　当代厦门私家藏书

作为藏书事业的组成部分,私家藏书是华夏文明重要的矿脉,内容极为丰富,在我国文化传承中占有举足轻重的地位,千百年来衍延不息。由于近代机械排印技术取代了雕版印刷,私家藏书随着时代的变迁而由鼎盛进入转型时期,藏书不再是追求版本,而更多是致用。新中国的诞生,是中国社会一次最深刻的伟大变革。民主革命对中国藏书事业最明显的影响是公私藏书的兴替。大量的私家藏书转而或出售、或捐赠给了公共图书馆与高校图书馆,成为广大民众可以利用的资源。然而,这不是私家藏书的终结,因为公共图书馆只能代替私家藏书的部分功能,它并不能时时处处满足人们对书籍的需求,这既有借阅上的不便,又有求而不得的缺憾,因此,它不能全部取代私家藏书的使命。为此,在政治清明、社会稳定、经济发展、文化兴盛的时代,私家藏书活动又行复苏,涌现了新的藏书家。20世纪80年代末以来,随着改革开放的进程,我国群众性的藏书活动日趋活跃,呈现出历劫重生,以至方兴未艾之势。这表明中国的藏书文化仍是深入人心,成为中华民族的精神财富。厦门的私家藏书同样也是劫后复苏,尤其是在1998年厦门市首届"家庭藏书评选活动"的推动下,厦门私家藏书活动逐渐显露头角,形成蓬勃发展之势。本节对厦门私家藏书活动做一简介,并选择部分著名的当代厦门藏书家做一介绍。

一、当代厦门私家藏书活动

新中国成立后,厦门民间陆陆续续兴起藏书活动,涌现出许许多多当代的藏书人、藏书家。这些藏书家既有从事于学术研究的专家学者,也有基于研学进修的普通知识分子,还有普通的干部、职工,乃至社会底层的草根藏书家。这些私家藏书各有各的藏书思想,各有各的藏书特色,形成了丰富多彩的当代厦门私家藏书活动。

经历了十年"文化大革命"的浩劫,厦门私家藏书从一片凋零中逐渐复苏。20世纪80年代,极左的禁锢被冲破了,书籍出版广泛放开,学习与研究的风气成为社会的潮流,私家藏书活动又渐渐活跃起来,涌现出一大批图书收藏者。这些收藏者或许比不上以往藏书家的收藏规模与数量,可能称不上藏书家,然而他们的收藏却有以往藏书家所没有的自身特色。归纳起来,当代的厦门私家藏书有着以下几方面特点:

首先,藏书者群的构成比以往任何时代都更广泛。古代或民国时期的厦门藏书家,要么是达官贵人、士绅乡宦,如宋代的苏颂、石元教等,明代的刘存德、蔡献臣等,清代的苏廷玉、杨继勋等;要么是潜心力学的学士儒生,如清代的陈思敬、林树梅等;要么是经营实业的富商巨贾,如清末民初的黄仲训、林尔嘉等。这些藏书家大都有着较强的经济实力支撑,因而能够大规模地收藏图书典籍。在诸多的藏书家中,鲜有平头百姓。而当代的私家藏书者,身份则十分广泛。既有大学教授,如国学大师、史学大家韩国磐教授,从事中国近现代思想文化研究的汪澍白教授等,又有专家学者,如被誉为"厦门地方史的活字典"的洪卜仁编审,从事闽南文化、郑成功研究的何丙仲研究员,从事世界华文文学研究的刘登翰研究员等;既有国家公务员,如原厦门市社科联主席方友义、厦门同安区文旅局副局长范世高等,又有教育工作者,如原厦门一中校长任勇、集美大学体育学院教师吴鹭江等。此外,还有一般知识分子、普通职工,甚至平民百姓,如鼓浪屿"兄弟藏书"之藏主曾志学。

其次,是从传统的善本观念变为个性情趣的藏书风气。历代的藏书家收藏风气较为相似,多是以珍稀善本的收藏为"正统",对宋元版本趋之若鹜。这种传统型的善本观念,承自传统学者型藏书风气,搜亡接隐,参稽互证。而像民国时期的陈盛明那样,以专题文献的搜集为目标的藏书家十分少见。当今的厦门藏书,则呈现百花齐放、百舸争流的收藏风气。主要的有几种类型:一是为了学术研究,收藏的图书基本上围绕自身研究的方向。如史学大家韩国磐以收藏历史类书籍为主,中国魏晋隋唐史学科和中国经济史学科书籍尤为重点;地方文史专家洪卜仁则重在闽南地方史料、南洋华侨史料的收藏,而近代地方史的剪报则是其收藏特色;从事世界华文文学研究的刘登翰,其藏书以台港澳暨海外华文文学研究资料为特色;史学大师陈寅恪的助手黄萱的藏书虽然不多,然大多是为配合陈寅恪的工作而收藏的工具书、诗词文学类和历史类图书,以古籍线装书为多,是研究陈寅恪后期历史研究方法的重要参考资料。二是为了个人阅读方便,专门收藏自己阅读兴趣的或学习所需的图书。如一中校长、数学教师任勇的藏书中,各种教育管理、数学学科的图书在藏书中占据半壁江山,而其个人业余兴趣的谜语类书籍,也在藏书中占很大的比例。三是以个人喜好和鉴赏情趣为出发点而收藏书籍的藏书者亦大有人在。如专藏连环画的张敬军藏书,以作者签名本为特色的张云良藏书,还有专门收藏音像资料的,专门收藏中外文学作品的,不胜枚举。

再次,惠及学林的藏书思想成为当代藏书的主流。与以前的私家藏书者大不一样了,私有独占、遗传子孙的观念相当淡薄,许多藏书家考虑的是如何使自己的藏书惠及学林,发挥更大的作用。因此,不少藏书家将藏书向社会开放,如洪卜仁的藏书,成了很多媒体记者和一些社会人士的"图书馆"。更多的藏书家则是于晚年将自己的藏书捐给图书馆等藏书机构,变私藏为公藏,造福社会。洪卜仁的藏书在其生前就分别捐赠给市图书馆、市博物馆和华侨博物院;省社科院原副院长、华侨华人问题专家黄猷的藏书,厦门市社科联主席方友义的藏书,也在其生前陆陆续续地分批捐给市图书馆;八旬本土学者、福建省作家协会副主席刘登翰,分两批次将他的专著及其1万多册个人藏书捐赠给厦门市图书馆,为闽台关系和华文文学研究者提供了系统的参考资料;史学大师陈寅恪的助手黄萱的藏书,亦由其子女捐赠给厦门市图书馆,为后来研究者提供了一把开启陈寅恪先生学术宝库的钥匙;在市图集美新城馆区五楼的名家赠书馆的书架上,还排列着厦大人类学研究所前后任所长陈国强、郭志超等人的藏书。此外,何丙仲等藏书家也都表示将把自己的藏书捐给图书馆。这些藏书家的无私襟怀,带动了许多藏书人纷纷将他们的藏书捐献给社会,成为当代厦门私家藏书活动的一道亮丽风景线。

最后,藏以致用是当代私家藏书的方向。有一批年轻的藏书人,不仅从藏书中获取丰富的知识,提升了自己的素养,更以藏书为基础,作用于社会,致力于阅读推广和闽南文化的挖掘,产生了较好的效益,体现出一种崭新的藏书思想。如厦门市滨北小学高级教师杜文斌,九年如一日做儿童阅读推广,带着孩子们阅读了上千本书,既有经典图画书,更有古今中外的文学名著。他的阅读"故事角",逐渐发展为"小杜叔叔儿童书友会";又如厦门市思明区语文高级教师吕珈臻,带领思明区12名热爱阅读、有志于阅读教学研究和推广的语文老师组成吕珈臻名师工作室,怀着"做真诚的阅读推广人"的教育理想,在思明区各小学开展阅读推广活动。第三届全国"书香之家"获得者袁雄天创办"时间旅行读书会",与广大阅读者共同分享生活、职场、家庭、教育等主题的阅读感想。而厦门同安区文旅局副局长范世高,公务之余致力于闽南文化的挖掘,通过大量田野调查,发表了近百万字的地方文化随笔。这些藏书家们,虽然其藏书各有特色,然而他们的藏书活动体现的是"藏以致用"的思想,而这种思想正代表着当代厦门私家藏书的方向。

厦门私家藏书活动的显山露水在于20世纪90年代末。1998年,为了推动阅读,营造全民学习、终身学习的浓厚氛围,推动建立学习型社会,厦门市新闻出版办公室、厦门市社会科学界联合会和鹭江出版社联合举办了首届厦门市"书香鹭岛活动月"。活动中一个主要的项目就是厦门市首届"家庭藏书评选活动",首次对厦门地区的私家藏书进行一次全面的扫视。此次评选活动从1998年6月2日开始报名至7月8日评审工作结束,历时一个多月。有55名藏书人申报参评,其中有教师、记者、干部、职工、医务人员、工商企业界人士及至个体户,年龄最大者80岁,最小者34岁,且有女性参评者,具有广泛的社会代表性。评选活动由厦门市各大图书馆推选的8位高级职称的专家,根据活动的评选原则、标准和方法,逐家入户,实地查看,对各位藏书人的藏书数量、品质、特色及藏书管理,藏书的历史跨度以及个人人文修养和行业影响力等方面进行全面考量,最终评选出韩国磐、洪卜仁、方友义、汪澍白、吴鹭江、韩昇等6名最佳奖,张敬军等23名优胜奖。这些获奖者,或在藏书质量上,或在管理和利用上,有其突出的特色。其中,韩国磐、洪卜仁的藏书反映了当时厦门私家藏书的最高水平。

自这次家庭藏书评选之后,厦门又多次组织"家庭藏书""特色藏书"等评选活动,如2004年厦门新闻出版局、厦门市社科联联合举办"2004年厦门个人特色藏书评选"活动,自2004年12月1日至2005年1月30日,历时两个月。我市还推选优秀的藏书家参加全国的家庭藏书评选,2013年7月首届全国"书香之家"推荐活动,厦门有何丙仲、任勇入选;2015年7月第二届全国"书香之家"推荐活动,厦门有丁晓君、张云良、华晓春入选;2017年7月第三届全国"书香之家"推荐活动,厦门有袁雄天、范世高、杜文斌、吕珈臻入选。这些评选活动,推动了厦门私家藏书活动风起云涌,一批又一批的藏书人、藏书家在活动中崭露头角,具有新时代特点的厦门私家藏书活动,在崭新的藏书思想引导下,正在厦门藏书舞台上蓬蓬勃勃地上演着新的一幕。

二、当代厦门著名藏书家

改革开放以来,随着社会物质生产水平的提升和精神产品生产的不断丰富,人们对物质文化和精神产品的要求也必然提高。在这政治清明和思想开放的社会环境下,几成绝响的私家藏书活动又走向复兴。一些原本藏锋守拙、低调行事的藏书家开始显露头角,渐为人知。这是改革开放以来一个非常重要的文化现象。他们的藏书活动,引导广大市民读书爱书的良好风气,促进市民文明素质和城市文化实力的提升。本节选择部分当代厦门著名藏书家做一介绍。他们当中,既有大学教授,又有中学教师;既有文史专家,又有党务工作者。他们的藏书各有特色,颇具一定的代表性。

韩国磐

国学大师、史学大家韩国磐,其学问在我国史学界首屈一指,而其藏书在厦门的当代藏书家中亦是名列前茅。

韩国磐(1919—2003),字漱石,号蘧庵,江苏南通如皋人。高中毕业后就读于苏皖学院史地系,后转入国立厦门大学历史系,1945年毕业。毕业后,任教于厦门大学,从事大学教育五十多年,为厦门大学文科资深教授、中国古代史博士生导师,我国第一位经济史专题的经济学博士后导师,是当代中国魏晋隋唐史学科和中国经济史学科的奠基者之一,也是我国第一个专门史(经济史)国家重点学科的主要奠基者和学术带头人。被评为全国优秀教师,并享受国务院特殊津贴。曾任福建省政协常委、全国人大代表,以及福建省历史学会会长等。

韩国磐一生著述等身,出版专著《隋唐五代史纲》《魏晋南北朝史纲》《南北朝经济史略》《敦煌吐鲁番出土经济文书研究》等20多部,主编《中华文明五千年》等书10多部,发表学术论文130多篇,还发表古典诗词《韩国磐诗文钞》。其《隋唐五代史纲》和《魏晋南北朝史纲》,影响了整整一代的历史学人;《隋朝史略》是共和国第一部断代史专著,对当代中国史学体系的构建具有重要意义;《北朝经济试探》《南朝经济试探》是新型断代经济史的开创之作,也是新中国第一套经济专史;《隋唐的均田制度》是我国第一部关于均田制的专著;《隋唐五代史论集》中的许多论述更是成为经典理论并载入高校教材。

韩国磐的藏书历史,可以追溯到抗战时期。1940年秋,他南下福建崇安,参加政治学院(后更名为江苏学院)的入学考试,一路颠沛流离,碰上日伪检查,衣物、书籍被刺刀挑散一地。1942年,他又成功考取厦门大学。当时,厦门大学播迁长汀,藏书散失,所存不多,他就节衣缩食,自己买书补充。只要一册在手,他就忘了一切艰难困苦。"幸有残书慰岑寂,一篇骚赋几孤吟",乃是其困苦之下坚持读书的写照。抗战胜利后,学校返迁回厦门,图书馆恢复了,他更如饥似渴地阅读,"厦大图书馆的中国古代史尤其是隋唐史都被他读过"[1],这为他日后的成就奠定了雄厚的基础。

韩国磐将其书斋称作"老榕书屋",藏书有2万多册。在那面积不算大的书屋里,紧挨的书架排满各种书籍。书架装不下了,就一沓沓地码放在地上。每一堆书,韩国磐都夹上标签,要用时就可很快地找到。其实,不夹上标签,他也能很快地找到所需要的书,因为他对每本书都是那么熟悉。他的藏书,以历史类书籍为主,中国魏晋隋唐史学科和中国经济史学科书籍尤为重点。他对史料的要求十分严谨,一般都从原版书中去查检,因此在其藏书中,古籍线装书尤其之多。

洪卜仁

厦门文史专家洪卜仁,被誉为"厦门地方史的活字典"。其真功夫不只是惊人的记忆力,更在于他博览群书,善于从他所搜集的丰富地方文献中,挖掘出闪光的史料。

洪卜仁(1928—2019),福建厦门人,祖籍福建惠安。1945年,因父亲早逝,高中未毕业即辍学,赚钱养家。1947—1949年,在厦门海外新闻社和《厦门日报》晚刊做记者、编辑。新中国成立后,先在四中、二中、厦门女子中学代课,后在厦门六中正式成为历史教师。1957年,他被错划为"右派",直至1979年才获得改正,恢复了政治待遇和工资级别。1983年2月,开始担任厦门市地方志办公室副主任直至退休。兼任厦门市政协文史资料委员会副主任、厦门市社科联副主席、厦门大学人文学院兼职教授、福建省文史研究馆馆员、厦门市政协特邀研究员、厦门市非物质文化遗产保护中心专家组成员、厦门市政府地方志办公室高级顾问、厦门大学出版社特约编审等。

洪卜仁早年就对历史研究有极大的兴趣,在他被错划为"右派"之前,就曾在《光明日报·史学》发表《郑成功收复台湾经过》《太平天国革命时期闽南

---

[1] 夏俊山.海安奇士韩国磐[N].海安日报,2013-01-07.

小刀会的反清起义》等论文。1957年3—4月,在《厦门日报》发表连载《厦门史话》,从此他的研究方向转向地方史,逐步涉猎华侨史、台湾史、近代史,是新中国成立后较早开展郑成功研究、台湾研究、华侨研究的学者之一。1983年调任市地方志办公室副主任后,更是全身心投入地方志研究,主编《闽南革命史》《闽南小刀会起义史料选编》等10多部专著。退休后,更是焕发学术研究之青春,主编《厦门市土地志》《近代厦门经济社会概况》等,并著有《陈嘉庚与福建抗战》等专著。晚年,担任大型丛书《厦门文史丛书》的主编,为厦门历史研究留下了32部珍贵史料。

洪卜仁的藏书活动,始于年青时代。当时,他喜欢收藏鲁迅先生的杂文。当记者后,将书斋命名为"偷闲斋",寓忙中偷闲藏书读书。1949年投奔闽中游击队时,家被国民党所抄,偷闲斋藏书被扫荡一空,这是他的藏书第一次遭受劫难。新中国成立后,他又在教学之余开始图书收藏,而藏书重点转向地方文献和旧报刊资料,这也成就了他的后半生从事的事业。1966年开始的"文革"风暴中,他再次遭受被抄家的厄运。"红卫兵小将遵照上级'片纸不留'的指示,将他家所有的图书、报刊及地方文献一扫而空,连《毛泽东选集》《红旗》等书刊也全部抄走。"这是他的藏书遭受的第二次劫难。

即便如此,他仍痴心不改。改革开放之后,他又开始了第三次藏书活动,并将书斋命名为"知不足斋"。他利用出差、出国的机会,寻访古旧书市,北京、南京、西安等城市,以及日本、东南亚等地,凡是他足迹所至,无不满载而归。20世纪80年代,他的居所只有6平方米,就堆满了书报。后来换居三房一厅,他又把对面的二房一厅租下专做书房,仍旧是满屋书报。他时时坐拥书城,笔耕不辍。

洪卜仁的藏书近2万册,以历史类书籍为最。从其赠送给市图书馆的书籍来看,历史类占35.2%,居于首位。其中地方史籍、史料约占38.3%;其后排序依次是文学类、经济类、政治法律类、综合类、文教体育类……由此可见洪卜仁的收藏乃以其历史研究为侧重点,尤其是地方文史研究;而经济思想和经济史、政治法律等改革开放之后的热点,也是他所关注的。

洪卜仁收藏的另一个特色,即其搜集整理的剪报资料。这些剪报资料是从各种图书、杂志、报纸乃至档案资料中裁剪下来,按照"厦门地方史""抗日战争""华人华侨""闽台关系"等专题汇集成册。这些剪报乃颇费功夫才收集来的,资料性极强,是一个价值不可估量的资料库。洪卜仁主编《厦门文史丛书》等著述,这些资料被大量地引用。

洪卜仁的藏书向社会开放,"成了很多媒体记者和一些社会人士的'图书馆',每每有社会人士向他咨询地方事物,他总能慷慨地提供帮助"[①]。有时其藏书被人借走不还,他也无悔,仍一如既往地帮助他人。晚年,他将藏书分别捐赠给厦门市图书馆、厦门市华侨博物院和厦门大学图书馆,所有私藏归之于公,体现了他的博大胸怀。

方友义

他是一个爱书人,一生与书为友,读书、聚书、编书、著书、送书,孜孜不倦。其家庭藏书多达4万册,堪称厦门藏书"首富"。他就是活跃于厦门文化界的方友义。

方友义(1931—2015),福建厦门人,祖籍金门烈屿。7岁时,厦门岛沦陷,逃难鼓浪屿,在父亲的苦求后,获得在福民小学就读的机会。1946年,考入"全公费"待遇的国立第一侨民师范学校。1947年,投身于革命的学生运动,翌年加入中国共产党。新中国成立后,当过小学教师、机关人员。25岁那年,方友义被任命为厦门市委党校副校长,为培养政治素质和思想水平优秀的党员干部而不懈努力。然而,1957年,响应党中央号召,在机关内部刊物《学习生活》上发表了两篇杂文,却被错划为"煽风点火"的"右派分子",被送到农场进行劳动改造。方友义没被突来的人生变故打倒,而是给自己定下了"四不"原则,以坚强的毅力度过了那苦难时光。十一届三中全会后,他在政治上重获新生,被任命为厦门市委讲师团团长、厦门市委宣传部副部长、厦门市社科联主席等职,无论在什么岗位上,他都为厦门市的改革开放摇旗呐喊,不遗

[①] 陈红秋.论洪卜仁的藏书活动和藏书思想[J].福建图书馆理论与实践,2011(4):54.

余力。

方友义少年时就好读书,小学四年级,响应学校的招募,到学校图书馆当义务小管理员,获得遍读学校藏书的机会。《三国演义》《水浒传》等大部头,全部啃完。参加地下活动时,保管一批革命书籍。每当夜深人静,他借着手电筒的微弱光线读书。反右派斗争时在农场劳动改造,工休时,旁若无人地看自己的书。干了一天的"苦力"回到宿舍,他还在小煤油灯前读书到深夜。就是那几年,他用挤出来的时间读了近千册中外名著,还写了数百万字书稿。

方友义聚书的历史跨度甚为久远。几十年来,方友义大量买书。工余时,他时常流连于书店、旧书摊,每个月妻子留下的一点"零用钱",除了理发,他全部"上缴"书店。淘书成为他的一大乐趣。就这样省吃俭用,日积月累,他的藏书达4万册。他的居室专辟出一间房间做藏书室,室内书架一个挨一个,书架之间的过道只能侧身而过。所藏的书籍放不下了,他向市图书馆借了个房间藏书。再多出来了,他就分批捐给市图书馆和妙法寺等单位。方友义的藏书种类十分广泛,《中图法》的22大类几乎全占了。他的书房是开放的,谁都可以来借书,唯一要求是"有借有还"。

方友义把他的书房命名为"学蜂书屋",这"学蜂"两字,满怀着他的深情。他说自己是"蜜蜂","我喜欢把酿的蜜与别人分享,带给他们甜蜜"。方友义编著出版大量的书籍,正是他献给这世界的"甜蜜"。从20世纪50年代开始,方友义就热衷于写作,60年代就有不少散文、杂文发表。改革开放后,编著出版了《无怨无悔之路——方友义诗文集》《郑成功研究》《陈化成研究》《经济特区建设经验探索》《郑成功族谱》等70多部著作,主编过《厦门民俗方言》《厦门社科联学刊》等杂志。

将藏书惠及学林,是方友义藏书的一贯思想。晚年,他分期分批分别对象地把大量藏书无偿地赠送给厦门市图书馆、厦门市少儿图书馆、思明区图书馆、理工学院图书馆、农村文化站、妙法林爱国主义教育基地图书室等单位。送书,成了他晚年的一件大事。直至临终前,他还惦记着这件大事,在遗

第五章　信息时代的厦门藏书与图书馆事业

嘱中特别交代:"藏书除自留外,可送市图、妙法寺、朝宗宫三地方。"①

何丙仲

"读书、藏书、著书",乃何丙仲平生志业。遵循古人书涯"三部曲"的教导,他一路走来,成绩斐然,在闽南文化、郑成功、鼓浪屿文化的研究和闽南古籍的整理校注等领域皆有建树。

何丙仲(1946—),福建厦门人,祖籍福建惠安,出生于湖北恩施。毕业于复旦大学历史系文物博物馆专业,厦门市博物馆、厦门市郑成功纪念馆原副馆长,文博研究馆员。历任第九、第十届厦门市政协委员,鼓浪屿"申遗"顾问。出版专著有《何丙仲学术文集》《鼓浪屿公共租界》《厦门碑志汇编》等,译著有《厦门纵横——一个中国首批开埠城市的史事》《近代西人眼中的鼓浪屿》等,古籍整理有《〈夕阳寮诗稿〉校注》《〈遁庵全集〉点校》等,总共17部,学术论文数十篇。

少年时期,何丙仲受家庭影响,喜欢读书。先祖父仰潜公是前清秀才,家中藏有《大学》《中庸》《古文观止》《五经备注》《唐诗选注》等国学书籍。受其熏陶,读高中时,他就开始购买《〈诗经〉注》《聊斋志异》《阅微草堂笔记》等古文读物,印度泰戈尔、德国海涅和俄国普希金等全套的名著,以及《山水画技法》《砚边点滴》等美术方面的书,计有百本之多。工作以后,正值"文革"时期,书坛萧寂,他就千方百计搜寻旧书,所购得的有李白、杜甫、苏轼、陆游等人的全集,以及《汉魏六朝文选》《诗人玉屑》《诗词曲语汇解》《唐宋十八家诗》《随园诗话》等名著。当时刚开始时数量虽然仅有五六百册,但他却珍藏至今。这是他有目的地收藏图书之起点。

参加文化工作以后,由于专业的需要和业余兴趣所致,何丙仲的藏书比较侧重在历史文化和考古文物方面,偶尔也涉及古诗词。为了搜集到心仪的图书,他不仅常逛书店、旧书摊,还利用一切外出的机会淘书。1984年,北京海王村书店出售一批早期出版的议价书,其中颇有珍本。何丙仲加入抢购队伍之中,竟抢出一套经验来:事先带着一个大编织袋,不分青红皂白把大致面

---

① 方友德.打断骨头连着筋的兄弟——哭大哥方友义[J].炎黄纵横,2016(2):31.

熟的书先抢得来,再到人少处挑选。那次得到百来册心仪已久的旧书,现在还经常翻阅。2004年12月,他作为省文化代表团成员访问台湾地区,在台北搜集了一大纸箱的书。然而,当地邮局暂时没有邮寄大陆的业务,正在发愁之际,邮局小姐一句话提醒了他,"可以把书寄到金门代转"。于是,他把书寄到金门朋友李炷烽县长处。人还没回家,李县长已托人把书送到厦门。不久后,一篇题为《一箱书牵动两岸情》的报道,成就了一段佳话。

他就是这么见缝插针地淘书,日积月累,藏书数量已达1.1万余册之多,楼上楼下各辟一个书房藏之。

何丙仲的藏书大致分为十二类:厦门、鼓浪屿历史文化;福建、闽南历史文化;台湾史、闽台文化;南明史、郑成功历史;明史、清史;中国近代史、租界史、中外关系史(基督教来华史迹);工具书、词典;历代诗集;线装古籍;当代文化专著;书画艺术、画册;杂类。其中,有不少珍品和有价值的史料。如钤有"果亲王府藏书"印章的《韩文起》(《韩文公全集》)十二卷(缺一二卷),是部具有版本价值的清初善本。此外,还藏有清嘉庆坊刻本《秋江集》,题有明崇祯款的手抄本《白毫庵肤偈》等线装古籍。又如台湾出版的《热兰遮城日志》、《巴达维亚城日志》和《荷兰联合东印度公司台湾长官致巴达维亚总督书信集》(四大册)以及《明清史料》等郑成功研究的史料。而厦门方志、地方文献和本地先贤著述,闽南各地县的文史资料,以及海峡两岸研究成果的书刊和资料也较齐全。此外,从创刊号至120期全套的《福建文博》,20个年度的英文杂志《美国地理杂志》,以及旧报纸《集美周刊》等,均有史料价值。由此可见学术专业性强乃其藏书之特色,而在数量的基础上,更重视书的质量。

何丙仲的藏书理念有三:藏书是为了用(学习、写作),决不用来摆设门面;书籍不能论价,有用的书再贵也无所谓;藏书不出家门。因此,其藏书的作用可谓发挥到极致。他的17部著述和数十篇论文,是他阅尽相关文献而得出的研究成果。为此,他不惜重金从台湾地区购得一大批珍贵史料。而随着年岁的增大,他的"书不出家门"的理念也在改变:这么宝贵的一笔财富,应该为社会共享。近来,他取得妻女的理解,准备把所有的藏书捐赠给厦门市图书馆。他觉得,这书涯三部曲还得加上"捐书",才算完整。

任 勇

在厦门当代藏书家中,数学书籍的收藏绝对没人有他的多。在任勇的书橱里,数学书籍几近万册,这是一个数学教师的收藏特色。

任勇(1958—),河南信阳人,出生于福建泉州。福建师范大学函授本科毕业,福建省特级教师。1980年始任福建省龙岩一中教师。1996年,他以特级教师的人才身份从龙岩引进至厦门,历任双十中学教师、教研室副主任、校长助理、副校长;2002年任厦门一中校长;2006年始任厦门市教育局副局长、市委教育工委委员、市教育局巡视员等职。先后荣获福建省优秀青年教师、福建省科技教育十大新秀、福建省优秀专家、厦门市拔尖人才等称号。已编写和参与编写《任勇与数学学习指导》《数学学习指导与教学艺术》《走向卓越:为什么不?》等81部学术专著,在省级以上刊物发表各类文章710余篇。

任勇爱读书是出名的。他读书的时间并不固定,都是利用一些碎片时间看书。他的车上就放有好几种不同种类的书。上班15分钟不宜读长篇,可以读一小段;如果有1小时的坐车时间,可以读一本厚一点的书;如果是出差,有3小时的时间,还可以边读书边做点小学问。他曾说:"我特别希望能回到少媒体时代,这样我们就有更多的时间能够沉下心来做学问。"

因爱读书而喜藏书。还在龙岩的时候,任勇就收藏大量的书籍。从龙岩山区调到厦门工作的时候,他虽然卖掉了很多书,但打包带到厦门的书还有125捆。搬家公司的工作人员看到这么多书都惊呆了,直呼"上当"。刚到厦门时,住房很小,这125捆书只好都放在床下。为方便找书,他在每一捆书上都写好了编号。每次要找什么书,都要大费周章地把成捆的书搬出来。

后来,生活条件好了,任勇购买了套三居室的新房,黑色的桃木书橱填满了房间和客厅。但是,书太多,家里还是放不下,他就另外购买了一套一房一厅的房子专门做书房。在外人的眼中,这一举动似乎是到了疯狂的地步。在他一房一厅的"书房"里,有专门设计的书橱,每层有两进,常用的书排于前一进,不常用的置于后一进,这样才容下近2万册藏书。这还不包括在单位办公室里的几千册书。这近2万册藏书中,数学书占到了一半以上,几乎各种研究数学的书全都有了,其余的是一些教育类和文化类的书。[①]

　　在文化类的藏书中,灯谜类书籍尤其引人注目。灯谜,是任勇的业余兴趣之一。在他看来,猜灯谜时可以锻炼思维能力,这对学数学很有帮助。因此他建议学生,要全面发展,除了做学问还要懂得其他知识,要有专业以外的副业。任勇的数学课就不是单纯地讲数学公式,而是通过很多生动的例子来让学生理解知识,灯谜也是其中一例。为此,他十分注意搜集灯谜书籍,不仅是为了个人兴趣,也为了教学。

---

　　① 谭雅环.他家书太多 买房来"安置"[N].海西晨报,2013-10-09(A06).

结　语

对厦门藏书事业的历史回顾,除了可以保存其发展的历史资料,让人们了解其成长的足迹外,更主要的是在于鉴古知今,从中探究其社会职能,总结其发展规律,并探索其发展的趋势,从而不断地创新,使当代图书馆事业不断地走向更为崭新的前程。为此,本章以"厦门藏书事业的社会职能、发展规律与未来"为主题,作为本书的结束语。

一、厦门藏书事业的社会职能与作用

任何事物的存在都有其必然性,而其必然性是由事物的本质所决定的。藏书作为一种社会存在的事物,其本质是什么呢?考察藏书的起源,我们可以发现,藏书是在图书出现之后就出现了,它是人类信息从单纯的直接交流到间接交流的变革。人们收藏图书,目的是要借助某种手段,使图书中的各种信息通过各种流通的途径而传递出去,从而克服直接交流的时间与空间限制,达到交流的作用。藏书机构就是这样的一种中介机构,在图书与读者之间建立起一个联系的环节,使图书中的信息得到传递。因此,由各种藏书机构组成的藏书事业,无论是古代的藏书楼,还是近现代的图书馆,它们的本质属性都是中介性。

事物的本质属性决定了其社会职能。藏书机构作为一种具有中介作用的形态存在,它是通过搜集、整理、保管和利用图书,为一定社会服务的文化教育机构。因此,从藏书事业的历史发展轨迹来看,其社会职能基本上有四个方面:一是保存人类文化遗产,二是开展社会教育,三是传递文献信息,四是开发智力资源。然而,藏书事业的这四个社会职能不全是与生俱来的,而是在这个事业发展过程中逐渐形成的。藏书事业的这四个社会职能,同样地在厦门藏书历史中逐步发展起来,且根据社会的需求而体现出其具有本地特色的作用。

　　首先,藏书的产生,是保存人类文化遗产的需要,它使人类的社会实践所取得的经验、知识得以系统保存并流传下来,成为今天人类宝贵的文化遗产和精神财富。因此说,收集和存储图书是藏书的基本功能,厦门藏书,无论是古代藏书楼、近现代图书馆还是民间历代的私家藏书,都以此为己任。

　　厦门始有藏书之记载,是950多年前问世的同安官书。同安知县林㵣以"聚图书"为宗旨建起县学藏书;860多年前,同安主簿朱熹征集、整理同安官书,并编纂条款严密的目录,以便长期地保存。可以说,厦门藏书自诞生之时起,就将收集与保存图书作为其职能。可见,这种职能是藏书机构与生俱来的。

　　在历史长河中,藏书者总是期望藏书能代代相传。如明代同安的藏书家蔡献臣,寄望其子侄们能秉承家风,故其子蔡谦光、蔡甘光,侄子蔡国光均建楼置斋,藏书读书其中,形成了藏书世家。即使不少藏书在社会动荡之中分合聚散,总会有些图书躲过劫难而留存下来,而为后来的藏书者接替地保存下来。如清朝中期同安藏书家苏廷玉殁后,其藏书大半散出,有一半归于藏书家邵实夫。许多藏书虽旋聚旋散,然散去的又被其他藏书家所收藏,由此家家相传地保存下来。近代红兰馆主苏大山收集了许多闽南前贤散失的藏书,而后又成公共图书馆的馆藏,同样也是这种传承。藏书如此薪火相传,生生不息,正是许多珍贵文献得以保存下来的原因。私家藏书的作用是如此,图书馆的藏书更是如此。清末教育体制变革后,书院藏书逐步走向消亡。在"公共图书馆运动"兴起的影响下,厦门诞生了以"保存旧学,启牖新知"为宗旨的厦门图书馆。这家图书馆就继承了玉屏、紫阳书院以及闻博书院的藏书。回望厦门藏书千年来聚聚散散而最终又百川归海的历史,不由得感慨藏书保存文献职能之巨大作用。

　　保存珍稀文献的另一种方法就是通过复制,使常人难得一见的珍稀文献化身千百。古代的珍善本复制,多是采用手工摹写的影抄和雕版翻刻的影刻等方法进行的,费时费工。近代的摄影技术在珍善本复制上的应用,则使这种复制效率更高,效果更好。改革开放之后,珍稀文献的保存又有了新的手

结　语

段,那就是通过现代化的文献复制技术进行珍稀文献的再造。这种再造不仅仿制更真,而且规模更大,流布更广。它将各地藏书机构如图书馆、档案馆收藏的,以及散落于民间的孤本、珍本、抄本进行复制,并将这些复制品提供给更多的藏书机构收藏,从而让无数珍稀古籍走出深阁大库,嘉惠学林。2002年国家正式立项建设的国家重点文化工程——"中华再造善本工程",就是一个十分典型的例子。在厦门,也有本地特色的珍稀文献再造。例如,厦大陈支平教授主编的大型丛书《台湾文献汇刊》,在保护地方文献和开展两岸交流方面具有重要的价值和意义。这部丛书遴选汇编了台湾历史文化研究领域最具权威性的珍稀文献资料六百余部,其底本绝大部分来自厦门藏书,包括厦门地区各图书馆和个人私藏。中共厦门市委宣传部、厦门市社科联编纂出版的"同文书库·厦门文献系列",同样也成为厦门藏书发挥功能和作用的重要途径。这套丛书目前已出版四辑,也是收集几成孤本或流散各地、面临失传的厦门近代文献,通过现代化的文献复制技术,再现原来图书的风采,对于厦门的历史文献保护、近代文脉传承,都具有重要的意义。

其次,藏书的文化教育职能,是藏书事业的客观作用。无论是古代的儒学、书院的传统教育还是近现代的学校启智教育,藏书均发挥其文化教育功能。厦门藏书也体现出这种作用。

北宋熙宁年间的同安官书,就是为适应大规模的"熙宁兴学"运动而创建起来的,目的就是给县学的生员们提供学习参考。这种作用在元明时期则延续下去,书楼时有修复,藏书时有补充。明朝后期,官学日渐衰落,书院逐渐取代了儒学,书院渐而成为学子们利用图书的主要场所。从元代的大同书院到明代的文公书院,再到清代的双溪、凤山、紫阳、玉屏、舫山等书院,都建有书楼或书舍,收藏图书,其作用就是服务于学子们的学习与考试。自宋代至晚清,厦门地区出了168名进士、447名举人(不含后来登进士第者)[①],而贡生则难以计数了。应该说,这成果是与厦门儒学与书院的藏书所发挥的作用是分不开的。对古代的选举制度而言,是具有时代功能的。因为如此,厦门的

---

① 数字根据民国《同安县志》卷十五"选举"的资料统计。

玉屏书院、同安的舫山书院等,不仅收藏大量的四书五经和史籍,还刊刻书院生员的课艺,藏于院中以供学子们学习参考。而近现代图书馆的教育功能则更是显著。近代大工业的产生,要求社会人有较多的劳动知识和劳动技能。时代的这种需求,促成了藏书楼向图书馆转变,藏书机构从而真正走入平民百姓当中,担负起了对人的文化教育的任务。民国初期厦门市图书馆的创办,正是为适应厦门近代城市发展的需要。而最为典型的例子,就是从晋江农村到厦门打工的杨贻瑶,因少时家贫,没能上学,为了获得谋生手段,在厦门图书馆中读书识字,汲取知识。数十年之后,当事业有成时,他为感谢图书馆而捐建了馆舍。现代社会,图书馆成为继续教育、终身教育的基地,担负了更多的教育职能。其教育作用更是以往藏书机构无法可比的。厦门大学、集美大学等高校图书馆的教育作用就不用说了,各级公共图书馆也办成了城市的大课堂,各种讲座、报告会、文化沙龙,各种展览、视频演播等活动,直接地、形象地把知识信息传递给读者,起着启迪智慧的作用。

再次,传递文献信息是藏书机构活动的主要目的。而这种传递活动,则是随着时代的发展而不断地扩大职能。从厦门藏书事业的发展,可以看到这种职能的进展轨迹。

传统的藏书机构,是通过图书的借阅来传递图书的内容信息。古代的藏书楼,其传递只限制在藏书机构之内,清末的闻博书院和早期的厦门图书馆,其图书是不外借的,这就限制了图书内容信息的传递。随着社会需求的不断提升,藏书机构的传递服务从图书的阅览扩大到外借,又从图书内容信息的传递拓展到读者未知的文献信息。现代图书馆通过文献检索、文献开发、参考咨询、定题服务等服务手段,为图书馆用户提供情报信息传递。而这种手段还不断地变革发展。如20世纪90年代始,厦门各图书馆陆续从文献的手工检索进入计算机检索;文献开发不仅有市图书馆的《厦门文献丛刊》等古籍整理,还有厦大图书馆多种全文数据库等的建设。21世纪,随着网络技术和信息科学的飞速发展,传递的形式和内容都发生了根本性的改变,实时交互咨询、智能化自行检索服务、网上信息站点导航、知识体系的咨询服务等各种方式纷纷涌现,而厦门各类型图书馆的智能化建设,为这种服务提供了强有力的技术保证,从而为读者提供实时、动态、便捷、高效的信息传递服务。

最后,开发智力资源虽是新时代藏书机构延伸出的新的社会职能,但无论是保存人类文化遗产、开展文化教育,还是传递知识信息,根本目的就是充分开发社会智力资源,从根本上推动人类社会的进步。因此,开发智力资源是图书馆社会职能的根本目标职能,也就在藏书机构发展中成为新的重要职能。

图书馆的智力资源,包括有形资源和无形资源。其智力资源的开发,既包含馆舍建筑、设施设备、文献、技术平台和网络等有形资源的开发,也包含信息、知识和馆员服务、管理等无形资源的开发。从知识交流的角度来看,图书馆智力资源的开发应具开放性。这个开放性,不是简单理解为打开大门,而是不断地突破传统的边界局限而达到整个系统的最优化。因此,图书馆智力资源的开发,必须立足于对社会全方位的开放,及时地、持续不断地与读者交流,从而促进知识信息的有效利用。在 21 世纪到来之际,厦门市图书馆为了对图书馆智力资源进行深度开发,提出了"全方位开放"的口号,在有形资源上,实行馆舍建筑、文献、设施设备和技术平台的社会开放,使读者无所拘束地进入图书馆,自主地使用文献,包括数字化资源的自由存取以及图书馆的各种设施设备的使用。在无形资源上,实行知识信息、馆员服务和管理的社会开放。这是更为深度的开发。馆员不再只是图书管理员,而是信息咨询员、知识传递者;服务管理不再是传统的以文献管理为主,而是以知识资源开发利用为主;服务模式不再是传统的藏借阅分流,而是以流通服务为基础、阅读推广为重心,检索、咨询、导读、活动等多功能并举的模式。通过深度开发,图书馆源源不断地向广大社会群体提供文化建设、素养技能提升、科学研究等的素材、资源,使读者获取的知识重组为新的文化思想,从而促进文化技术的更新、创造,促进社会进步和发展。厦门市图书馆的"全方位开放",使其智力资源获得最大限度的开发利用,成为厦门市民心中的网红图书馆。

二、厦门藏书事业发展的基本规律

无论是从全局上看中国藏书事业的发展历程,还是从局部上看厦门地区的藏书事业之足迹,我们可以看到,千百年来,中国的藏书事业是在封闭与开放这对矛盾之间此消彼长地发展着。而这种发展,是与历史背景和社会环境息息相关。古代社会的封建制度和农业经济,决定了古代藏书活动的封闭性占主导地位。文化启蒙运动和资本主义的兴起以及工业革命的浪潮,促使图书馆完成了从封闭到开放的蜕变,形成了近代图书馆。而当代社会的进步与高科技的迅猛发展,又推动了藏书形态从近代图书馆到现代图书馆的递进。藏书事业发展就是如此从封闭走向开放,从开放走向更开放的过程,这是藏书事业发展的一个必然规律。

封闭与开放,是相对立的两个概念。"封闭"一词,是关闭、封锁、紧闭的意思;"开放"一词,有敞开、解除限制的意思。而作为哲学概念,封闭性,是指系统自身抵制与环境交换的特性,即一个系统与外部世界缺少必要的联系;开放性,是指系统能够与环境进行交换的特性,即系统不断地解除其与社会之间的限制而积极融入社会环境之中。根据系统论的原理,一个系统,特别是社会系统、思维系统,只有对环境开放,与环境相互作用,才能生存和发展。开放得愈充分有效,自身的运行发展也愈有效。完全封闭或者开放不够,系统的生存发展将受影响,严重时会导致解体。由于系统存在着与环境区分开来的某种界限,即系统的边界,故系统具有开放性的同时,也存在着边界的限制,它是系统相对封闭性的表现。因此说,系统是封闭与开放的辩证统一体。任何系统都是在封闭与开放的矛盾运动中生存和发展的。

藏书事业作为一个社会系统,它同样要通过交换物质、能量、信息来实现与环境的相互作用、相互联系。因此,藏书事业同样存在封闭与开放的矛盾运动。几千年来,中国的藏书事业就是最大限度地吸收、包容、融合各种社会资源,在源源不断的新鲜血液灌溉中或新陈代谢中,转换自己的形态与机制,不断地突破某些边界的局限,即突破封闭的状态,不断地创新和发展,以适应社会的需要,从而实现自身的生存与系统的最优化。

回望厦门藏书事业走过的脚步,可以看到,它同样是在封闭与开放这对矛盾之间此消彼长的运动中发展的。

由于古代社会的封建制度和农业经济的封闭性,古代厦门藏书也就多处

结 语

于封闭状态,因此,其由于与社会的需求脱节而时常出现由盛而衰的状况。如宋熙宁元年(1068年)知县林滉"新庙学、聚图书"时建立的同安官书,到宋绍兴二十五年(1155年)主簿朱熹因兴学所需重整官书时,不过88年,所余者"皆故敝残脱,无复次第"。而朱熹所建的藏书楼——经史阁,到了元大德年间也不过150年时间,也需重建。这种时盛时衰的现象,也就在于其封闭性。由于县学藏书只限于学校生员所用,与社会需求关系不大,故当教育兴旺之时,就有发展;而当社会动荡之时,其就衰颓。古代厦门藏书所留下的史料极为有限,这也与其封闭性有关。如寺院藏书只是藏经,使用有限,也就不为人知。官府藏书、书院藏书也多有这种原因。

可见,藏书事业只有向社会开放,才能够得到发展,而且开放程度越高,发展越快。从厦门近代图书馆的形成与发展,到现代化图书馆的变革与跨越,可以看到这种基本发展规律。

清末博闻书院的出现,无疑对封闭的古代藏书是一种冲击。虽然,它是仿照当时西方图书馆的模式,服务手段主要是阅览,服务对象局限在"仕宦绅商文雅之士",与其后的公共图书馆的服务仍有一定差距。但是,其公开宣称"本书院内所有各书各报,欲看之人俱请来院阅看",就已具有公共图书馆的"公开"特性。可以说,它对厦门近代图书馆的产生起了一定启蒙作用。民国初诞生的厦门公共与学校图书馆,就是以"公平、公开、公益"的姿态走上了厦门藏书的舞台。它们所具有的开放性,使自己得到不断的发展。为了满足读者在图书馆闭馆时能够继续阅读的需求,图书馆开始了图书外借服务;为了读者准确地找到所需图书,图书馆的借阅方式从闭架服务走上开架服务;为了读者快捷地找到所需图书,图书馆的目录从手工卡片换成了计算机检索;为了让远离图书馆的民众也能利用图书馆,图书馆派出了图书流通站、汽车图书馆;为了让读者不受时间与空间的限制而随时都能利用图书馆,图书馆推出了基于现代化新技术的24小时自助图书馆、街区图书馆、数字图书馆、掌上图书馆等服务……近代到当代,厦门的各类型图书馆就是这么根据社会的需要和读者的需求,不断地开放,一次又一次地突破其与外部环境的界限。每一次革新、每一次创造,不仅推动自身从近代图书馆形态到现代图书馆形态递进,而且随开放程度的增强,更是促进其今日突飞猛进地走上智能化的道路,用更为先进、更为便捷的服务手段为广大民众提供优质服务。

图书馆的不断开放,带来的是流通量的不断增大,社会效益的日愈提升,因而获得了社会的认可,进而获得政府的投入与社会的支持,而这些投入与支持则成为图书馆发展的源泉。21世纪厦门图书馆事业的跨越式发展,正是图书馆不断地改革、不断地开放所带来的成效。事实证明,封闭使藏书事业凋落,开放使藏书事业进步。

从上面所述的事例可以看出,藏书的封闭与开放,是与历史背景和社会环境息息相关。社会的开放与否,无不影响着图书馆的开放。回顾厦门藏书的历史发展过程,我们可以看到,它其实是中国藏书事业发展的缩影。它的成长,也遵循着中国图书馆的发展规律:社会经济实力、文化与教育水平、科技发展程度以及社会环境构成它发展的外在动力。社会提供的活动承受力和范围越大,图书馆本身活动的范围就越大,其发展也越快。北宋熙宁年间,在"熙宁兴学"的大规模兴学运动中,同安知县林滉重兴县学,创办了厦门最早的县学藏书——同安官书;20世纪20年代,厦门近代城市化建设的需要,催动了公共图书馆的诞生;20世纪30年代,国民经济的相对稳定,使厦门的藏书事业有一定的发展;新中国成立初期的大规模社会主义建设,推动了厦门各类型图书馆的成立;改革开放的经济发展,更是催动一大批新图书馆的诞生,也掀起新中国成立后首轮新馆舍建设的高潮,为厦门图书馆事业注入了新鲜血液;20世纪90年代以来,信息技术的迅速发展和信息环境的巨大变化,更是催动图书馆的自动化建设,实现图书馆的现代化转型和跨越式发展。这一切都说明了厦门藏书事业的步步发展,是社会环境的外在动力所推动的。反之,当社会环境恶化、经济衰败,图书馆的发展就受挫、停滞不前甚至消亡。厦门沦陷时期,在那场可恶的侵略战火之中,图书馆惨遭破坏,馆藏被劫,厦门市立图书馆甚至毁于一场大火之中;"文化大革命"时期的社会动乱,同样地引起图书馆的衰退,直至"文革"结束才恢复元气。这从反面说明,历史背景和社会环境巨大地影响着图书馆事业的发展。

图书馆的社会环境固然很重要,然而从唯物主义辩证法的观点来看,它

结 语

只是事物发展的外部原因,是事物发展的第二位原因。它虽然对事物的发展有重大影响,有时能引起事物性质的变化。但不管它的作用有多大,都必须通过事物的内部原因才能起作用。图书馆发展的内因,也就是图书馆作用于社会的能量,即与社会的交流和它对社会的吸引及影响的程度。这是图书馆生存与发展的根本动力。

图书馆对社会生活的影响,是通过其社会职能作用于社会。图书馆的社会职能从最初的保存人类文化遗产一直发展到开发智力资源等多个方面,这是图书馆在封闭与开放这对矛盾此消彼长的运动中发展起来的。图书馆只有充分发挥其社会职能,才能有效地为发展社会物质文明和精神文明服务。而只有其服务能融入社会,满足社会的需求,那才能获得社会的支持,包括政府的投入和社会的赞助。厦门市图书馆在改革开放的大潮中,主动作为,积极推进全方位开放的办馆方针,实施"藏借阅"一体化的服务模式,为读者提供便捷的借阅服务;举办展览、讲座、文化沙龙征文竞赛等活动,积极进行文化推广,丰富群众的文化生活;开拓自助图书馆、街区图书馆、数字图书馆、掌上图书馆等服务,突破了图书馆服务在时间与空间上的限制……图书馆人发挥主观能动性而开拓出一系列的便民服务,深受社会的欢迎,从而受到政府的重视,不仅图书馆的购书经费和活动经费年年增加,而且继 1991 年公园南路综合楼建成开馆之后,又于 2007 年择址体育路建起 2.5 万平方米的新馆舍,并于 2018 年完成近 6 万平方米的集美新城馆并开馆,使厦门市图书馆一跃而成全省规模最大的公共图书馆。这个结果完全是厦门市图书馆作用于社会而产生的反馈,从而促进自身发展。

当然,主观能动性的发挥,还必须根据客观条件来进行决策,否则会对事业造成伤害。"大跃进"时期的"放卫星"急躁冒进思潮下,没有充分考虑图书馆的人力、财力等客观条件能否维持拓展的需要,而做出了许多不切合实际的决策,就是一个教训。历史的经验告诉我们,图书馆事业的发展,必须尊重图书馆的发展规律,并运用内外因方法论来谋划各项工作。在做出一项新的决策时,我们既要发挥自身的主观能动性,又要看到客观因素是事物发展变化的不可缺少的条件,有时这些因素甚至对事物的发展起着重大的作用。因此，坚持内外因相结合的观点，才能使我们的决策立于不败之地。

综上所述，从封闭走向开放，从开放走向更加开放，这是社会发展的永恒主题，也是图书馆发展的永恒主题，因此是藏书事业发展的一个必然规律。社会环境是藏书事业发展变化的外在动力，而藏书事业主动地作用于社会则是藏书事业发展变化的根本动力。图书馆就是在这外因与内因的矛盾统一中不断地发展成长。

三、厦门图书馆事业的未来方向

信息革命带来了图书馆的巨变，而今，图书馆已经走进了数字化时代。现代的图书收藏已不只是"藏"的概念，而且还被赋予许多"用"的概念，赋予社会价值的概念。当今社会，以大数据、云计算、移动智能等为代表的新一代信息技术浪潮正在引领新的变革，图书馆将朝什么方向发展呢？

图书情报学专家吴建中博士在中国图书馆学会2015年年会上的演讲，曾对2025年的图书馆发展做出预言。他说："20世纪是以技术力为主导的世纪，而21世纪是数据的世纪，讲究的是数据力。我们是否身在21世纪，却仍然踩在20世纪的地平线上呢？地平线不同，语境不同，思考方式和话语体系也是不一样的。到2025年，图书馆将成为知识中心、学习中心和交流中心。用一句话概括，图书馆不只是一栋建筑、一个机构，而是作为社会、经济与文化发展的助推器，图书馆与社会各界之间的关联度将更为密切。"[①]

吴建中的这段话，实际上就是预示图书馆未来的发展方向，图书馆密切与社会之间的关联度，成为知识中心、学习中心和交流中心，靠的是什么呢？他说到，是数据力。所谓数据力，是指人类利用数据技术认识和改造自然的能力，既是一种认知能力，又是一种生产力。数据力的大小，主要取决于数据技术的发展水平。数据技术，包括采集技术、数据存储技术、数据传输技术、数据处理技术、数据安全技术等系列技术环节。新一代信息技术浪潮中的大数据、云计算、移动智能等也就是当今数据技术的代表。图书馆充分运用大

---

① 吴建中.2025年图书馆"长"什么样子[N].解放日报，2016-01-23.

结　语

数据、云计算等新技术来发展服务能力,从而达到作为知识中心、学习中心和交流中心的发展目标,这应该就是图书馆未来的发展方向,而实际上,图书馆人正在对此进行探索。

有研究文章认为,大数据在图书馆的应用有以下几个方面[①]:

一是大数据改变图书馆决策观念。即决策行为将基于数据分析做出,而不是像过去那样更多地凭借经验和感觉。

二是大数据改变数字图书馆建设模式。其数字资源建设应加强顶层设计,精准分析、合理预测,通过战略规划和制度设计,整合政府、行业、企业、市政等方面的数据,建立统一的数字资源发掘利用中心,而不是像过去那样重复建设、各自为政。

三是大数据提高图书馆服务水平。在满足读者需求方面,可通过大数据的分析预测读者需求,实现图书个性推送、精准推送;在参考咨询、残疾人服务方面,通过计算分析系统所具备与人类相仿的感知能力进行问题的分析,给读者提供高效、可靠的回复。

四是大数据提升图书馆服务质量。在个性化服务方面,系统通过对读者阅读行为、喜好的分析,从而获得对用户需求的感知,以智能定制来提升读者阅读体验,从而获得一种更为智慧的个性化服务;在引导阅读方面,由知识点到知识面、知识团,然后形成主题,发展到专题,不断延伸阅读范围,从而引导读者进行深层次阅读。

五是大数据推动图书馆服务由文献服务向知识服务转型。大数据技术将带来新型的阅读形态与知识结构,在内容上,数字图书将改变以往以书本、文献等为单位,转而形成以知识要素为单位的数据化模块;在形式上,综合文字、图片、音视频、动画、软件模拟、数值模拟等多种形式的多媒体技术,将为读者展现一幅幅立体化、可视化、动态化的知识地图,把读者的思维带进无限的知识空间和想象空间。

六是大数据提高图书馆的整体技术水平。在大数据背景下,图书馆对数

---

① 金星,陈丽萍.图书馆与大数据应用[J].漯河职业技术学院学报,2018(4):103-105.

据处理的范围、方式、对象、目的将发生巨大的变化,仅仅依靠目前的技术水平已经不能满足需要。这就促使图书馆努力提高数据挖掘和数据分析等技术的利用水平。

由上述可见,大数据不仅为图书馆提供了一套数据技术工具,更提供了一套思维模式。它在图书馆的应用,不仅具有工具价值,而且具有思想价值。其思想价值在于立足用户服务,一切以用户服务价值为出发点,去推动图书馆管理与服务的变革,从而实现图书馆知识中心、学习中心和交流中心的发展目标。

基于这样的认识,厦门图书馆人该为未来发展做些什么努力呢?

首先,要在开放知识环境中寻求新定位,实现从藏书中心到知识中心的观念转变。图书馆作为文献收藏机构,其传统观念就是以书或者说以文献为主,包括纸本的和各种介质存储的文献。这就形成了"馆藏资产"的概念,各个图书馆以自己拥有多少馆藏资产为傲。这种馆藏资产无形中构成了相互封闭的"墙",图书馆之间的资源共享受到限制,尤其是一些珍贵的文献资料被束之高阁。为了打破这种封闭,图书馆人做了许多努力,如加强馆际协作,开展馆际互借;实施联合服务,开展通借通还;组建咨询联盟,开展资源共享……不过,这些服务的拓展,都是立足于馆藏文献。而今的21世纪是一个知识时代,一切活动围绕知识展开。知识资源成为引领发展的主要因素,知识创新成为发展的核心要素,知识创新与应用成为经济增长、社会进步与可持续发展乃至人的全面发展的主要方式。图书馆在这新的环境中,必须寻求自己的定位,将图书馆打造成知识中心。

其次,要在数字时代形成资源管理的新机制,构建区域的知识信息资源共享平台。作为知识中心,图书馆不只是拥有文献信息,而是囊括了信息、数据、图像以及智力、想象、品牌、知识产权、流程、管理模式和价值观等无形资产。知识的生产和再生产过程的基本单元,将从作为研究成果的学术杂志及论文,向作为研究过程的科学数据及预印本转移。因此,图书馆的资源建设,不再只是订购纸本的和其他各种介质存储的文献,而是海量的数据,才可能为读者提供最及时、最可靠的信息。在这么一个数据密集型科学发现的时

结　语

代,图书馆不仅不可能依靠自身的馆藏,也不只能依靠馆际的共享,而是与各图书情报机构、各科研机构、各企事业单位等社会力量紧密合作,构建区域性的知识信息资源共享平台。只有这样,才能保障作为知识中心的丰富资源,也才能保证作为学习中心的资源。

再次,要在创新环境中开发馆舍空间的新功能,打造"智慧图书馆"。智慧图书馆是指把智能技术运用到图书馆建设中而形成的一种智能化建筑,是智慧建筑与高度自动化管理的数字图书馆的有机结合和创新。它是一个不受空间限制的,但同时能够被切实感知的一种概念,能够给读者带来一种全新的图书馆体验的建筑。一般来说,它是通过物联网、云计算、智慧化的一些设备来实现智慧化的服务和管理,从而改造传统意义上的图书馆。实际上,这种变革,厦门图书馆人正在尝试之中。厦门大学图书馆经过早期的自动化、网络化和数字化发展,为智慧图书馆建立了科学的资源体系和服务体系,从而结合"智慧校园"数据库平台,打造智慧图书馆;集美大学图书馆的服务,已融入学校信息化中心规划设计的"智慧集大"建设之中;厦门市图书馆集美新馆的智能化管理系统实现了图书管理及读者服务的人性化,蓝牙导航系统、RFID系统、观书屏等各种设备为读者带来了多样化的阅读体验。这些探索,无疑是具有技术敏感性和前瞻性的,但从其应用的层面来看,尚局限在建筑与技术领域,还缺乏对于智慧图书馆的灵魂与精髓的阐释,因此,尚处于技术层面的智能图书馆之探索。以智能化建筑打造智慧图书馆,应以智慧环境为基础,以智慧服务为目标,从人的知识服务角度着手去满足读者多样化的精神需求。智慧图书馆在新一代信息技术环境下的通体转型升级,涉及图书馆管理、服务、资源的所有方面,因此,它还有许多领域需要图书馆人去探索、创新。

最后,要在数据环境中发掘阅读的新价值,创新图书馆的阅读推广。阅读是图书馆最基本的业务,图书馆再怎么转型,也不可能放弃阅读。图书馆要成为学习中心、交流中心,更离不开阅读。因此,阅读推广是现代图书馆的重要工作任务。随着各类智能便捷工具的运用,阅读推广模式正朝着高效、智慧、个性化推进。当前,图书馆将其储存大量的电子资源对读者开放,供在线阅读、下载，这是阅读推广的基础；而通过建立网络同步交流平台，将各色的微读书会联合成为一个整体，打破地域和时间的隔离，提供各类微读书会以供读者选择，这是阅读推广的发展。然而，仅此似乎是不够的，如何保障读者的高质量阅读，避免"浅阅读""碎片型阅读"的不良倾向，是一个需要重点探讨的方向。在未来大数据环境下的阅读推广，更要注重数据的存储与挖掘。要搜集和整理读者的阅读兴趣、习惯等阅读行为信息，包括结构化、半结构化及非结构化数据，并利用大数据技术进行深度挖掘和分析，通过分析，定向地为读者推荐个性化的阅读信息。

在高速发展的信息时代，信息技术日新月异、变化万千。层出不穷的新技术将不断刷新人们的认识。在大数据环境下，图书馆的发展，必然会在时代背景和社会环境的变化中不断地调整自身的发展方向。但是，万变不离其宗，图书馆的发展必然还是要遵从发展规律，即不断地从开放走向更开放。在未来的知识时代，图书馆将肩负更为光荣的任务，这是社会所赋予的期望。因此，图书馆人更要主动作为，积极融入社会，以开放的观念，最大限度地吸收、包容、融合各种社会资源，在源源不断的新鲜血液灌溉中或新陈代谢中，转换自己的形态与机制，突破各种边界的限制，在不断创新和发展中适应社会的需要。这也是厦门图书馆事业的发展方向。

参考文献

谢灼华.中国图书和图书馆史[M].武汉:武汉大学出版社,2005.

焦树安.中国藏书史话[M].北京:中国国际广播出版社,2011.截

徐晓望.闽南史研究[M].福州:海风出版社,2004.

程焕文.晚清图书馆学术思想史[M].北京:北京图书馆出版社,2004.

(清)朱奇珍修,厦门市同安区地方志编纂委员会办公室整理.大同志[M].福州:海峡书局,2018.

(清)吴堂修,刘光鼎等纂.(嘉庆)同安县志[M].民国八年(1919年)高梅仙补刊本.

吴锡璜著,厦门市同安区地方志编纂委员会办公室整理.(民国)同安县志[M].北京:方志出版社,2007.

厦门市地方志编纂委员会办公室.(民国)厦门市志[M].北京:方志出版社,1999.

厦门市地方志编纂委员会.厦门市志[M].北京:方志出版社,2004.

同安县地方志编纂委员会.同安县志[M].北京:中华书局,2000.

同安县政协文史资料委员会.同安文史资料[M]:第6辑、第7辑.同安:同安县政协文史资料委员会,1986、1987.

(宋)朱熹撰,陈峰校注.大同集[M].厦门:厦门大学出版社,2019.

(明)池显方著,厦门市图书馆校注.晃岩集[M].厦门:厦门大学出版社,2009.

(明)刘存德著,陈峰校注.结凳堂遗稿[M].厦门:厦门大学出版社,2014.

(清)林树梅著,陈国强校注.啸云诗文钞[M].厦门:厦门大学出版社,2013.

李启宇.厦门书院史话[M].厦门:鹭江出版社,2015.

厦门文化艺术志编纂委员会.厦门文化艺术志[M].厦门:厦门大学出版社,1999.

洪文章,陈树硕.同安文化艺术志[M].厦门:厦门大学出版社,1996.

"中央研究院"近代史研究所.中国近代史资料汇编:海防档[G].台北:"中央研究院"近代史研究所,1957.

厦门市档案局,厦门市档案馆.近代厦门教育档案资料[Z].厦门:厦门大学出版社,1997.

鼓浪屿文史资料再版委员会.鼓浪屿文史资料:上册[M].厦门:鼓浪屿申报世界文化遗产系列丛书编委会,2010.

厦门图书馆馆史编委会.厦门图书馆馆史(1919—1998年)[M].厦门:厦门图书馆,1999.

林丽萍.回望 思索 前行:厦门市图书馆人回忆录[M].厦门:厦门市图书馆,2009.

洪卜仁.厦门文化艺术资料选编[M].厦门:厦门大学出版社,2017.

李泽文.陈嘉庚与图书馆[M].厦门:集美图书馆,2008.

陈文革.泉州藏书史[M].长春:吉林文史出版社,2012.

陈盛明.明诚集[M].厦门:厦门大学出版社,2015.

后　记

图书是人类文明传承的重要载体，图书收藏则使这种载体得以长远保存，并充分发挥传承作用，它对于国家和社会的发展发挥着潜移默化的影响。一个地区的藏书，对本地区的社会发展同样有着重要的影响。因此，对厦门藏书历史的研究，显然是厦门地方的文明传承研究不可或缺的组成部分。

然则厦门的历史较短，开发也迟，唐贞元十九年(803年)在今厦门辖区内的同安正式置县，也不过只有1200多年，故历史上厦门地方的藏书与其他地区相比并不丰富，留下的史料也不充盈，因此，以往有关厦门藏书的研究较为零散，缺乏系统的梳理和深入的探究。21世纪初，厦门市图书馆学会曾计划组织会员对此专题做个研究，我受命拟出了《〈厦门图书馆事业百年〉编撰计划》，希冀通过对近代厦门图书馆事业历史和现状的描述，全面、系统地反映近百年来厦门地区图书馆事业发展的轨迹，从中总结历史经验，探索发展规律，为今后厦门地区图书馆事业的发展规划和业务建设提供参考依据。然而，刚打算投入运作，厦门市图书馆文化艺术中心新馆进入紧锣密鼓的建设阶段，参与撰写的几位同事都转入紧张的建馆工作而无暇顾及，编撰计划就这么胎死腹中。每当我翻出当年拟订的计划，心中总有些不甘。

2017年底，我辞去退休后的返聘工作，有自己支配的时间了。此时，我又想起那件未尽之事。翻出我当年撰就的部分初稿和多年来收集的资料，我以为当责无旁贷地肩负此事。而为系统地反映藏书在文化传承中的时代轨迹，我将厦门藏书事业研究，溯源到厦门藏书滥觞之时起。于是，题目定名为《厦门藏书史略》。

书稿的撰写始于2018年春。前三章有初稿，进度较快。而后，因其他写作任务而时断时续。2019年的一场重病，使得书稿几近无法收尾。幸而在我的主诊医生精心医治下，终于在病情有所好转之时将书稿完成。因此，我首要感谢的是我的主诊医生！也感谢我的家人始终细心的照料！

今天，本书能得以付梓，更要感谢市社科联给予资助出版。

写作过程中，有幸得到王日根老师、洪峻峰老师、何丙仲老师的指教，何丙仲老师还为本书作序，令拙作蓬荜生辉，特此向三位老师致以崇高的谢意！

还要感谢厦门大学出版社薛鹏志主任和章木良老师勤力校理，尽瘁编务，付出甚多艰辛劳动！

由于本人水平有限，本书不免有粗疏讹误之处，敬祈诸位方家有以教正。

陈　峰

2020 年 10 月 25 日